国家社科基金项目"中国武术国际化传播形象研究"
（项目编号：15BTY093）结项成果

中国武术
国际传播形象论

李源 梁勤超 孙刚 等◎著

中国社会科学出版社

图书在版编目(CIP)数据

中国武术国际传播形象论/李源等著. —北京：中国社会科学出版社，2022.7
ISBN 978-7-5227-0110-3

Ⅰ.①中⋯ Ⅱ.①李⋯ Ⅲ.①武术—传播学—研究—中国 Ⅳ.①G852-05

中国版本图书馆 CIP 数据核字(2022)第 066657 号

出 版 人	赵剑英
责任编辑	郭晓鸿
特约编辑	骆　珊
责任校对	李　莉
责任印制	戴　宽

出　　版	中国社会科学出版社
社　　址	北京鼓楼西大街甲 158 号
邮　　编	100720
网　　址	http://www.csspw.cn
发 行 部	010-84083685
门 市 部	010-84029450
经　　销	新华书店及其他书店
印　　刷	北京明恒达印务有限公司
装　　订	廊坊市广阳区广增装订厂
版　　次	2022 年 7 月第 1 版
印　　次	2022 年 7 月第 1 次印刷
开　　本	710×1000　1/16
印　　张	18
插　　页	2
字　　数	240 千字
定　　价	99.00 元

凡购买中国社会科学出版社图书，如有质量问题请与本社营销中心联系调换
电话：010-84083683
版权所有　侵权必究

目　录

自序 / 1

绪论 / 1
  第一节　研究背景与问题缘起 / 1
  第二节　研究方法与主要内容 / 10
  第三节　研究意义与重要价值 / 17
  第四节　核心概念与理论借鉴 / 18

第一章　中国武术国际传播形象认知与定位 / 30
  第一节　中国武术形象的概念内涵与外延 / 31
  第二节　中国武术形象域外认知差异 / 39
  第三节　中国武术国际传播的二元形象认知 / 48
  第四节　中国武术国际传播的形象定位及意涵 / 61

第二章　中国武术的"自我"与"他者"形象 / 77
  第一节　中国武术"自我"形象的历史演变 / 77
  第二节　武术"他者"形象：西方现代性想象的中国武术 / 90
  第三节　中国武术国际传播的形象变迁 / 113

第四节　中国武术"自我"与"他者"形象的跨文化融合 / 127

第三章　中国武术在日、俄、欧美的形象 / 142
　　第一节　中国武术在日本的形象 / 143
　　第二节　中国武术在俄罗斯的形象 / 160
　　第三节　中国武术在欧美的形象 / 169

第四章　日韩武道国际传播形象塑造及启示 / 184
　　第一节　日本武道国际传播形象塑造及启示 / 184
　　第二节　韩国跆拳道国际传播形象塑造及启示 / 196

第五章　中国武术国际传播形象塑造及机制 / 210
　　第一节　中国武术国际传播形象塑造的实践路径 / 210
　　第二节　中国武术形象国际传播的途径及机制 / 226
　　第三节　中国武术形象国际传播的价值与效应 / 238
　　第四节　中国武术国际传播的品牌形象及塑造 / 246

结语 / 261

主要参考文献 / 266

后记 / 277

自　序

我们正处在一个精彩的全球化时代的社会。在经济全球化大潮所携带的经济强制力逐渐统摄人类社会之时，文化全球化的时代也在经济全球化的裹挟中不约而至。"传播全球化是跨世纪的连接符"[①]，"全球村"正在成为一种和现实世界共存的真正的虚拟世界。传播行为无处不在，文化与传播如影相随。"传播是生物界中的一种非常普通的现象，它是社会的锚固剂，传播手段越清楚和精确，社会的运转效率就越高……如果没有充分的整合手段，人类社会可能早已消失……今天，视听手段通过大众媒介使知识扩散到全世界。这些不断扩展的传播手段对于维持人类群体的平衡与和谐是必不可少的。他们确保了人类文化的统一性。"[②]

中华文明自古具有造福人类的优良传统，作为中华民族优秀文化代表的中国武术自然也是"人类文明与进步的主要'使者'之一"。在当今信息社会文化传播全球化到来的历史起点上，我们将中华优秀传统文化典型代表之一的中国武术置放在西方现代性框架内思考其未来发展的方向，以期在新时代构建人类命运共同体的中国治理方案中奉献和分享东方身体文化的灵动智慧。

[①] ［法］阿芒·马特拉：《全球传播的起源》，朱振明译，清华大学出版社2015年版，第1页。
[②] ［法］阿芒·马特拉：《全球传播的起源》，朱振明译，清华大学出版社2015年版，第356页。

中国武术国际传播的形象研究源起于当下中国武术文化自觉的问题。中国武术作为中华民族优秀的文化形态，一直游弋在西方文化霸权主义权力场域的边缘，面对中国武术国际传播三十年取得的成就，武术文化研究学者王岗先生有过这样的描述，"我们可以直言不讳地说，中国武术'走出去'的现状就像一个'有价无市'的艺术品一样，有满意的数字化组织机构，但着实缺少轰轰烈烈的人气"[①]。尽管中国武术的国际传播表面上看起来轰轰烈烈，实际上却像有价无市、无人问津的艺术品市场。面对中国武术国际传播的现状，应该彻底反思存在问题的根源，并积极寻找解决问题的途径和方法。基于中国武术文化的自觉省思，提出中国武术国际传播的形象问题，正是尝试解决这一问题的积极努力。

中国武术国际传播的形象研究，必然要面对西方现代性文化霸权的现实问题。西方文化霸权主导的奥林匹克运动会，中国武术无论如何改变都无法加入这个世界级的体育盛会，说明西方现代性的文化霸权实实在在左右着中国武术的国际传播。正是中国武术形象的世界观念体系中强大的西方文化霸权的存在，导致西方的中国武术形象为其设定问题，提供思想根源、想象方式与表述策略。在西方现代性文化霸权下，从现代性思想中拯救中国武术文化的主体，思索如何在西方观念体系中表述中国武术话语的生产方式与意义就成为中国武术国际传播形象塑造和话语权重拾的现实问题。

中国武术的国际传播无法回避"他者"的视阈，中国武术国际传播的形象研究涵盖了世界不同国家和文化区的中国武术形象、西方文化语境下中国武术的"他者形象"、中国武术的"自我形象"等理论体系。中国武术形象的世界观念体系中存在着西方文化霸权的控制与影响，导致西方的中国武术形象直接或者间接控制着世界的中国武术形象

---

① 冉学东、王岗：《对中国武术文化"走出去"战略的重新思考》，《体育科学》2012年第1期。

的表述。自我在向他者投射的同时，他者也延伸入自我，中国武术他者形象从他者的概念出发，深入分析西方现代性社会想象中的武术形象及意义。西方的中国武术形象是西方现代性武术文化的自我确证与隐喻，而本书则是要深入思考中国武术形象跨文化流动和传播新的思路，阐释中国武术他者形象世界观念体系的深层原因，解读中国武术文化国际传播所面临的西方文化霸权的问题，求解中国武术国际传播突破西方文化霸权主义桎梏的途径与方法。

中国武术国际传播形象研究以跨文化研究的方法，分析域外（主要指西方）国家和文化区一般社会想象中作为文化他者的中国武术形象。在理论与实践层面需要解决的主要问题包括：中国武术自我形象的构成与意义。中国武术的他者形象（西方的中国武术形象）是如何形成和演化的？中国武术的他者形象如何塑造或影响中国武术的自我形象和自我想象？中国武术他者形象塑造的内涵是什么？中国武术国际传播中的形象塑造的实践途径。中国武术国际传播中的形象传播机制与效应等等系列问题。中国武术他者形象存在着西方现代性逻辑中的话语构成原则，探究这种话语构成原则背后的权力结构，是确认中国武术现代文化身份的需要。确认了中国武术的现代文化身份，完成了西方镜像前中国武术的自我身份确证，才能在西方现代性的宏大叙事中完成中国武术主体性的自我建构，这也正是西方文化霸权背景下中国武术国际传播所必须解决和必须面对的现实问题。

自我认同与异己分化是西方现代性精神中对立统一的两个层面。中国武术在西方现代性的自我认同力量中保持中国武术的自我独立个性，在西方强大的异己分化力量中完成中国武术主体性形象的自我建构，向国际社会和域外民众展示中国武术跨文化交流中的美好形象，是中国这一负责任大国在构建人类命运共同体的宏大叙事中担当精神的体现。中国武术文化是中华民族典型的传统文化形态，武术文化的价值不仅体现在对个体心智的塑造，更体现在对人类世界这一人类命运共同体的

"塑造"。面对西方文化霸权和强大的异己分化能力,中国武术的国际传播应当站在服务人类命运共同体的高度,塑造新时代中国武术国际传播的美好形象,翻开新时代中国武术国际传播的新篇章。

李源

2021年3月于济南

绪　论

第一节　研究背景与问题缘起

一　研究背景

习总书记强调中华文化"走出去"应当"增强对外话语的创造力、感召力、公信力，讲好中国故事，传播好中国声音，阐释好中国特色"[①]。实施中国文化"走出去"战略，推动中华文化走向世界，已经成为国家共识。近几年的《中国国家形象全球调查报告》表明，国际民众认为中国武术是最能代表中国文化的重要载体之一。在这个意义上，中国武术能够承担"讲好中国故事，传播好中国声音，阐释好中国特色"的时代重任。中国武术的国际传播已经成为增强中国文化软实力，展示中国国家形象，提升中国国际影响力的重要途径与方式。

文化的发展问题，已经成为新时代中国社会关注的重点问题。本研究正是在新时代中国文化发展和中国文化"走出去"国家战略的时代背景下，基于文化全球化人类命运共同体构建中世界对中国期待的现实

[①] 《习近平谈治国理政》，外文出版社2014年版，第162页。

要求下提出的。本研究的目标是为中国武术"走出去"提供顶层设计的理论依据,在文化全球化的世界图景中重拾中国武术的国际话语权,塑造中国武术国际传播的正面形象,增进域外民众对中国武术文化的认同和接纳,为新时代世界发展对中国的期待做出现实回应。

(一)文化的发展问题,成为新时代中国社会关注的重点问题

新时代的中国,已经将建设社会主义文化强国上升为国家发展的重要目标。围绕这一目标,党的十八大通过了《中共中央关于全面深化改革若干重大问题的决定》以及《扎实推进社会主义文化强国建设》的纲领性文件,提出"建设社会主义文化强国,增强国家文化软实力,必须坚持社会主义先进文化方向,……构建现代公共文化服务体系,提高文化开放水平"[①]。新时代的中国将建设文化强国定位于国家重要战略,凸显了新时代党中央对我国文化发展的高度关切,聚焦文化的发展,就成为新时代中国最为关注的重点问题。"文化是民族的灵魂,高度的文化自觉既是一个民族自尊自强的表现,也是促进国家进步的基础"[②]。在我国体育事业的转型期,文化的发展问题,从来就没有像今天这样受到关注和重视。中国武术根植于中华民族传统文化的土壤,沉淀着中华民族自强不息的伟大民族精神,凝聚着中华民族厚重的爱国情操和家国天下的人类情怀。在建设社会主义文化强国的新时代,中国武术不能缺席,中国武术文化的发展问题和国际传播,理应受到更多的关注。

(二)中国文化"走出去"国家战略提出的时代背景

中国文化"走出去"的国家战略是党的十六大以来我国确立的文化发展战略,开创了中国文化国际传播的新局面。此后,党的十七大明

---

① 国务院新闻办公室网站:《中共中央关于全面深化改革若干重大问题的决定(全文)》,2013年11月15日,http://www.scio.gov.cn/zxbd/nd/2013/Document/1374228/1374228.htm,2021年9月29日。

② 李源、王岗、朱瑞琪:《中国武术负面形象的形成原因及反思》,《北京体育大学学报》2013年第9期。

确了文化软实力的理论和观点;党的十八大提出了建设社会主义文化强国,增强文化整体实力;党的十九大报告提出了中国发展新的历史方位,中国特色社会主义进入了新时代。习总书记关于新时代中华文化"走出去"的重要论述进一步丰富和完善了中华文化"走出去"的国家战略思想,使得中国文化国际传播呈现快速发展的趋势。

提出文化"走出去"的国家战略,是建设社会主义文化强国的必然要求。中国文化"走出去",是为了增强国家文化软实力,谋求和平稳定的国际环境,为中国的进一步发展赢得国际社会和国际民众的理解与支持。改革开放以来,随着中国经济的强势发展,世界各国也将关注的目光聚焦中国。中国的可持续发展需要一个和平稳定的国际环境,而一个有利于中国自身发展的和平环境,需要增强中国自身的文化软实力,换句话说,中国自身需要向国际社会寻求对中国和平发展的尊重和支持。"要坚持和平发展道路,奉行互利共赢的开放战略,继续同世界各国人民一道推动共建人类命运共同体"。① 实施文化"走出去"国家战略,助推中国文化走出国门,既是建设社会主义文化强国的必然要求,也是提升和增强国家文化软实力的时代要求。

在对不同国家的普通民众的调查中发现,国际民众认为最能代表中国文化载体的是中国武术。止戈为武的中国武术作为中国和平型文化的典范,倡导人与人、人与自然、人与社会的和谐统一。因此,中国武术的国际传播必然成为增强中国文化软实力,展示中国文化形象,提升中国国际影响力的重要途径。中国武术是中国和平文化的代表,中国自古热爱和平,强大的中国是世界和平的保障,而不是西方某些国家妖魔化的"中国威胁"。在中国文化"走出去"国家战略的时代背景下,迫切需要推进中国武术的国际传播,增强国际社会和国际民众对中国武术文化的认知了解,分享中华武术文明,重塑新时代中国武术国际传播中的正面形象,在构建人类命运共同体的中国方案中彰显大国责任,展示中

---

① http://politics.people.com.cn/n1/2019/1002/c1024-31383277.html,2019 年 10 月 2 日。

国和谐和平的文化形象。

（三）世界发展对中国的期待及中国对世界期待的现实回应

纵观人类社会和人类文明几千年的发展历史，引领时代潮流先进理念的思想力量始终是人类社会发展和不断前行的动力源泉。当今世界走到百年未有之大变局的重要历史时刻，习近平总书记提出"人类命运共同体"的新理念为"人类向何处去"的"时代之问"带来了新的曙光。"人类命运共同体"确立了由命运相互依赖并升华而成以人类命运为本位的整体性发展理念。"人类命运共同体"这一新的理念既体现了中国人民愿意为人类发展做出更大贡献的意愿，也指明了人类社会未来发展的方向。"西方之乱期待中国之治，世界发展期待中国方案"①，新时代的中国以一个谋求人类和平的负责任的大国形象登上了世界舞台的中心，永久和平是世界人民的共同期盼，"有了和平稳定，人类才能更好地实现自己的梦想"②，显然，拥有世界上最古老文明的中国在未来世界秩序重建和世界和平的道路上备受世界期待，而中国自然要对世界期待做出明确回应。

西方之乱的不稳定因素成为人类世界和平发展的阻碍，新时代的中国倡导人类命运共同体的新兴力量必然成为未来世界和平和秩序重建的重要保障。"人类正在进入一个不同文明必须学会在和平交往中共同生活的时代"③。中国武术是中国和平价值观的表征，作为传统文化，中国武术契合了人类世界对和平未来的期待；作为中华文明，中国武术彰显文明共享的宽容情怀。"中国的大门对世界始终是打开的，不会关上。开着门，世界能够进入中国，中国才能走向世界"④。可以这样说，中国武术国际传播的实现，是世界发展对中国文化的期待，也是中国对

---

① 财新传媒编辑部：《世界期待一个怎样的中国》，红旗出版社2017年版，第1页。
② 张珊珍：《党史必修课》，人民日报出版社2017年版，第332页。
③ ［美］塞缪尔·亨廷顿：《文明的冲突与世界秩序的重建》，周琪等译，新华出版社2010年版，第297页。
④ ［美］塞缪尔·亨廷顿：《文明的冲突与世界秩序的重建》，周琪等译，新华出版社2010年版，第297页。

世界和平期待的现实回应。

二 问题的提出

（一）塑造正面形象，增强中国武术国际传播的文化发展力和文化吸引力

"在现代社会，形象对个体或者社会组织的生存、发展起着越来越深刻的影响和作用。"① 回顾人类社会的历史发展，"世界上的一切都是以形象的方式而存在。人类的文明正是在形象的发生和发展中展现出来的。"② 形象作为人类文明的伴生物，在人类历史发展的不同阶段，其规定性和力度都不相同。今天，人们对形象的自觉关注已大大超越了以往任何一个时代，中国武术国际传播和未来发展同样需要一个良好的正面形象。中国武术作为中华民族传统体育文化，凝聚着中国传统文化的核心价值和民族精神，但是在文化全球化的冲击下，中国武术文化的传承与保护深受来自域外其他武道项目的影响，在向域外推介过程中，掣肘于异质文化和不同文明之间的冲突现实，中国武术传播中会面对文化认同和文明接受的重重阻碍。

"文化传播指当某种文化的成员发出一个信息给另一个文化的成员接收时而形成的一种传播活动"③，因此，文化传播是一种文化互动现象。中国武术的国际传播同样是一种文化互动现象，是在不同文化背景的成员之间进行的文化交流行为，实质上是跨文化传播行为。中国武术的跨文化传播涉及不同国家、不同民族、不同地域等的多个群体成员，群体成员的性别、年龄、身体能力以及其他条件都不尽相同，因此，中国武术的跨文化传播必然存在一定的态度障碍和行为障碍。显然，中国

---

① 秦启文、周永康：《形象学导论》，社会科学文献出版社2004年版，第50页。
② 宗坤明：《形象学基础》，人民出版社2000年版，第1页。
③ 李正良：《传播学原理》，中国传媒大学出版社2007年版，第412页。

武术正面形象的塑造无疑将会在不同文化背景的成员之间搭建起良好的沟通桥梁，进而在不同文化背景成员之间形成强大的传播力量，为中国武术的跨文化交流打下坚实的基础。

"一个社会，或部落，或部族，面对无数人类行为的可能性，选择是必不可免的。而正是这不同的选择，形成了诸文化间的迥然相异。而这样一些差别，绝不是生物学意义上的那种必然差别，是文化，社会选择的结果。"① 与东方文化传统不同，西方国家的民众对其自身民族文化有着天生的优越感，这种天生的民族优越感显示自己国家的文化群体优越于其他文化群体的信仰和信念，民族优越感一定程度上阻碍了不同文化背景人们之间的跨文化交流与传播。当然，认为自身民族文化优于他者文化是可以理解的，这体现着不同文化背景成员对自身民族文化的自信。中国武术国际传播正面形象的塑造，提升中国武术国际化推广中的文化传播力，就是让不同文化背景的人群对中国武术这一他者文化引起好奇，或者说对中国武术这一中华民族个性化的生活方式增强体验的动机和兴趣。

文化发展力是代表一个国家文化发展综合实力的概念。文化发展力是一个国家通过文化的快速发展力量实现其在国际社会竞争中的优势地位，也就是说，文化的发展既可以通过文化产品的创造和服务形成文化市场，也可以通过文化资源为国家经济发展增加一定的附加值，并在国际上传播自身文化的价值理念来赢得国际社会的情感善意、文化认同与合作发展。在文化全球化时代，提升中国武术国际传播中的文化发展力，就是把中国武术打造为最具民族个性的文化形态，塑造中国武术自身独特的形象定位，奏响中国武术国际传播中的主旋律，让中国武术赢得国际社会和域外民众的情感善意，成为国际社会和与域外民众值得信赖的文化选择。

---

① [美] 露丝·本尼迪克特：《文化模式》，王炜等译，生活·读书·新知三联书店 1988 年版，第 4 页。

全球化的今天，中、西文化交流日益广泛。西方的肯德基、麦当劳改变着国人的生活方式，中国武术作为中国人的生活方式也同样在影响着域外人们的生活。中国武术是一种以身体为载体的肢体文化，我们相信来自武术受众自身体验的真实武术，能吸引域外民众更多的关注。武术的正面形象是中国武术国际传播的重要助推力量，塑造中国武术在国际传播中的优秀文化形象，增强中国武术国际传播的文化发展力和文化吸引力，已经成为中国武术跨文化交流和当代发展必须思考和解决的现实问题。

（二）传播武术声音讲述武术故事：中国文化"走出去"国家战略的现实应答

中国文化"走出去"是建设文化强国、增强国家文化软实力的重要举措和必经之路。中国经济的发展需要和平稳定的外部环境，在外部世界并不太平的今天，中华民族敞开国门，不仅积极"拿来"国外的优秀文化，同时也把中国优秀的传统文化"送出去"。"中国文化走出去，就是要为我国在国际文化领域争得一席之地，让世界各国了解中华文明，增进彼此的了解和认同。"① 中国文化"走出去"的国家战略，为国际社会和国际民众了解与认知中国提供了平台。中国文化"走出去"，将和平开放的中国形象展示在全世界面前，国际社会和国际民众将会给予中国发展以更大的情感善意和足够的理解支持。

在中华文化庞大的文化丛群中，需要针对性有选择地向国际社会和国际民众推介和传播具有中国文化个性和特色的文化品类。中国书法、中医、国画以及中国武术被陈炎先生称为中国现代人文版的四大发明，特别是博大精深的中国武术被域外民众选为代表中国文化的独特标识，成为表征中华文化的代表性符号之一。中国武术风格迥异的拳种类型，象征着中国武术广博深邃的内容体系；中国武术丰富的技术系统，蕴

---

① 杨利英：《新时期中国文化"走出去"战略的意义》，《人民论坛》2014年第8期。

含着中华民族独特的思维方式，体现着中华民族个性化的生活方式。中国武术映射着中华民族的文化身份，中国武术的国际传播，提供了传播中国武术声音讲好中国武术故事的国际舞台，既是宣扬中华民族和平价值理念的世界符号，也是对中国文化"走出去"国家战略的现实应答。

（三）建构话语体系，思考并解决中国武术国际传播的形象理论问题

"文化不但不是一个文雅平静的领地，它甚至还可以成为一个战场，各种力量在上面亮相，互相角逐。"① 因此，文化霸权主义应运而生，对文化的控制权和领导权成为西方帝国主义扩张不可或缺的争夺领地。应当看到，当今世界并不太平，西方文化霸权主义仍然在一定范围内长期存在，因此必须警惕西方文化霸权主义对于中国本土文化和传统文化所构成的冲击与威胁。中国本土的传统文化是中华民族的精神支柱和民族血脉，中国武术是中国本土文化的典范，保护和传承中国武术文化一定程度上就是保护了中国本土传统文化。

我们需要反思的是，我们引以为骄傲的中国武术文化为什么经过多年的对外传播，依然在域外民众的大众传播层次上整体认知度偏低，成效有限？如果说中国武术已经拥有自己的话语系统和知识体系，那么，我们能不能更好地解释中国武术的自身？能不能更好地向域外民众讲述自己，引起其兴趣、好感与认同，并深度参与中国武术的体验？在当前西方文化占主流地位的世界文化体系中，西方文化霸权不仅影响着非西方国家对中国武术形象的认知，也实实在在地影响着中国武术的自我想象。因此，中国武术"走出去"必然面临西方文化霸权的影响，在西方文化霸权背景下中国武术文化既要保持民族文化的个性，也要实现中国武术主体性正面形象的建构，这是中国武术国际传播的文化自觉与反思，也是中国武术国际传播的自我救赎。

---

① ［美］萨义德：《文化与帝国主义》，李混译，生活·读书·新知三联书店2003年版，第4页。

中国武术作为中国"和平型"文化形态，如何让他者自愿接受中国武术文化，对中国武术文化既信服又认同，这就需要中国武术自身具有一种吸引他者的"软文化"的"强力量"，这种"强力量"就是国际传播中的知识话语。一方面，被冠以博大精深的中国武术，门派林立，重塑中国武术的正面形象各拳种门派很难找到一个共同努力的支点；另一方面，面对西方文化霸权主义的冲击与威胁，中国武术必须主动"走出去"，让国际社会和域外民众在自身体验中重新认知中国武术文化的和平价值诉求，以赢得国际社会和域外民众的尊重理解和善意情感。

"任何一个文明的核心都是它的知识体系。西方媒体的强大，但媒体只是一个技术和形式的东西。西方媒体的强大是因为它背后有一台知识体系，媒体只是把这个体系传播出来。西方媒体的强不是传播技术的强，是它后面知识体系的强。"[1] 中国武术作为中国历史悠久的传统文化，曾经的辉煌不能掩盖今天的失落。为了进入奥运会，中国武术不惜反复修改竞赛规则，以迎合和满足那些手握投票权的众多西方强势文化代表的奥委会会员。显然，中国武术这种"依附性"的知识话语体系，已经不能解释中国武术自身，中国武术在入奥的过程中，一直沿用西方文化的话语来说明自己，结果是越说越不清楚。建构中国武术国际传播的话语体系，既要反对西方文化的逻辑强加给中国武术，又要确立中国武术自身的知识话语体系。

中国武术在国际传播和推广的过程中，的确有需要认真反思的地方。在理论上，必须建构属于中国武术自身的知识体系和理论系统，这种能够解释中国武术自身的特殊体系是不依附于西方的知识体系的。中国武术的国际传播无法回避"他者"的视阈，中国武术国际传播的形象研究，是建立在中国武术作为文化他者的理论假设之上。阐释中国武术他者形象的内涵与意义，解读中国武术他者形象话语的构成特征，探

---

[1] 财新传媒编辑部：《世界期待一个怎样的中国》，红旗出版社2017年版，第185页。

究这种话语构成原则背后的权力结构,是确认中国武术现代文化身份的需要。确认了中国武术的文化身份,完成了西方镜像前中国武术的自我身份确证,才能在西方现代性的宏大叙事中完成中国武术现代性的自我构建,这也正是西方文化霸权背景下中国武术国际传播困境所必须解决和必须面对的现实问题。

如何塑造中国武术国际传播的主体性正面形象?中国武术在世界不同国家和文化区的形象具有怎样的话语特征,这些形象话语特征又是如何生成的?中国武术自我形象的构成与意义?中国武术的他者形象(西方的中国武术形象)是如何形成和演化的?中国武术的他者形象如何塑造或影响中国武术的自我形象和自我想象?基于以上的思考,本研究提出了关于中国武术国际传播中的形象研究论题,以跨文化研究的方法,分析域外(主要指西方)国家和文化区一般社会想象中作为文化他者的中国武术形象。通过审视中国武术国际传播的形象问题,厘清中国武术国际化推广传播需要解决的理论问题,希冀可以为处于发展困境的中国武术国际传播提供思路和启示,引领新时代中国武术国际传播的重新出发和启程远航。

第二节 研究方法与主要内容

一 研究对象

本书研究对象为国际传播中的武术形象,其中的中国武术是指广义上的武术文化范畴,并非指向具体的武术拳种或武术形态。

二 研究方法

1. 文献资料与文本分析:通过检索查阅期刊全文数据库、学术会议和学位论文数据库、中国重要报纸数据库以及国家图书馆文献等进行了相关资料的检索查询，梳理学术界近30年对武术发展、武术文化传播、武术形象等研究的热点，查阅传播学、文化学、形象学等相关学科的专著以及论文文献等，为本研究提供研究基础和参考依据。武术文本包括在民众中广为流传的武术影视作品，各种报纸、杂志等纸质媒体记载的武术图书和武侠小说等文学作品。通过对相关武术文本信息进行专题分析，探讨国际传播中武术形象的历史变迁，澄清西方话语中国际民众对武术形象的误读，修复和重塑中国武术的正面形象。

2. 调查研究与专家访谈：根据研究需要就国际民众对中国武术形象认知情况进行调查研究。设计"中国武术国际传播的形象调查问卷"，采用现场发放和网络在线调查两种形式，以此来获得国际民众对中国武术形象认知的真实情况，为本课题有效进行中国武术国际传播的形象设计提供富有针对性、可操作性建议。在课题的准备阶段，拟对形象学、传播学、社会学以及文化学的专家学者进行深度专家访谈，使本课题的理论模型建构更加严谨和科学；就中国武术国际传播的相关问题访谈本领域的知名专家以及有关人员，根据专家学者的意见和建议完善课题设计，为课题的顺利进行提供重要依据。访谈采用开放式和半结构化方式，就访谈提纲咨询专家相关问题并记录，并包括专家对本书研究的意义、价值等基本看法，与本研究有关的研究成果和重要资料。

3. 个案研究法与比较研究法：本课题选取中国武术太极拳的形象塑造作为中国武术国际传播的典型个案进行研究，分析中国武术太极拳形象塑造的成功经验以及形象传播的运行机制，为国家层面的武术形象传播策略的顶层设计提供决策依据。本课题将日本柔道和韩国跆拳道这两个国家的武道文化纳入研究视野，通过国外武道与中国武术国际传播的形象塑造的比较研究，这两国为中国武术国际传播的正面形象塑造提供样本参照与经验借鉴。

4. 历史研究法：运用历史研究法，针对中国武术的自我形象变迁，按照线性历史的视角详细梳理中国武术在不同历史时期的形象变迁，寻找中国武术自我形象变迁的规律和演变特征；运用历史研究法，梳理中国文化海外传播的历史进程，在此基础上分析中国武术国际传播中的形象演变，寻找中国武术形象在中国武术文化传播的不同历史阶段中形象变迁的历史规律、演进特征和时代意义。

三 本研究的主要内容

本研究认为中国武术正面形象构建是中国武术国际传播的关键。首先，通过查阅相关资料确定研究框架，借用"形象学理论"，界定中国武术形象的概念、中国武术"他者形象"的内涵，并对中国武术形象国际传播的二元形象认知进行理论阐释。其次，进行专家深度访谈，确定国际传播的武术形象主题；回答国际传播为什么需要塑造武术形象，需要怎样的武术形象，中国武术在世界不同国家和文化区的形象等问题。最后，借鉴日本武道和韩国跆拳道国际传播形象塑造的成功经验，提出中国武术国际传播形象塑造的实践路径。本课题研究的具体内容主要有：

1. 中国武术国际传播的形象认知及定位。"中国武术形象，是指作为一种文化形态的中国武术在传播和发展过程中，形成的社会个体、群体、民族对中国武术的整体认知和评价，是对中国武术特征的抽象反映，是融会着主观情感对中国武术想象而完成的一种表意实践。"[①] 形象定位是形象塑造的基础，形象的定位应该追求"特色"或者"个性"。文明武术、艺术武术、自然武术、智慧武术形象是中国武术国际传播的形象定位，体现着中国武术的内在品质和武术精神，也是中国武术国际传播追求的"特色"与"个性"。

任何文化及形象的认知都是基于一定的文化语境进行的，中国武术

---

① 李源、王岗：《中国武术形象的概念内涵与价值阐释》，《成都体育学院学报》2014年第4期。

形象的认知在世界不同民族、不同民众群体或个体眼中同样存在认知差异。中国武术形象本身的复杂性，东西方文化传统、文化个性以及文明特性的不同是造成对中国武术形象认知差异的重要原因。"打"和"不打"的二元形象，长期以来一直成为中国际传播中普通民众对中国武术形象的二元化认知。"打"是一种技击技术，"不打"的是一种技艺境界。中国武术从"打"的形象到"不打"的形象，体现了中国武术从务实到务虚、从"打"的"野蛮表象"到"不打"的"文明内在"的形象升华和超越。中国武术的"不打"以"打"为原点，通过能"打"的假想和预设，塑造了拳理、拳法、拳势三位一体攻防技击表意的中国武术真实形象。

武术形象的定位是中国武术国际传播中形象塑造的基础。该定位必须展现真实的属于中国身份的武术个性，体现中国武术的核心价值理念和身体文化特征，并有利于中国武术的国际传播和未来发展。文明武术、艺术武术、自然武术、智慧武术形象是中国武术国际传播的形象定位，体现着中国武术的内在品质和武术精神，也是中国武术国际传播追求的"特色"与"个性"。文明的武术形象体现了中国武术对道义和谐的追求，艺术的武术形象表征了中国武术是蕴含东方神韵的身体技击艺术，自然武术形象体现了中国武术的生态人文关怀，智慧的武术形象闪耀着中华民族的灵动智慧。

2. 中国武术的"自我"与"他者"形象。中国武术是在东方文化的人文性、包容性、创造性等文化特质基础上形成的，其"自我形象"是东方文化语境下身体攻防技击的表意实践。历史是不断发展变化的，武术从起源到现在历经数千年的洗礼，人们对于武术自我形象的认知也伴随着时代的变迁在不断发生着变化。从历史的视角而言，中国武术形象有一个从原始社会"人兽相搏""军事武艺""图腾武舞"的原初形象到当代"健身武术""竞技武术""艺术武术"等多元化形象的演化过程。整体上，中国武术形态经历了由实到虚，由单一形象到多元形象的历史演化进程，武术形象的演化是当时社会主流思想和主流文化引导的结果。

中国武术的国际传播离不开他者的视阈，因此探析中国武术"他者形象"的蕴涵就成为中国武术国际传播必须思考的理论和现实问题。我们把中国武术放在西方现代性社会他者的视野中追寻异域民族对中国武术形象表征意义的理解，探究西方的中国武术形象是如何生成的。在考察西方关于中国形象话语传统、思维方式、意象传统特征的基础上，揭示西方对中国形成刻板印象的成因，分析西方的中国武术形象作为一种有关"文化他者"的话语，是如何结构、生产与分配的。中国武术"他者形象"是"他者主体"关于中国武术的社会集体想象，是他者文化表意实践中自我隐喻的象征；历史语境、意识形态是中国武术国际传播"他者形象"建构的重要条件。思考西方现代性"异己分化"力量对中国武术他者形象建构的影响，并在他者意象关联中提出重构新时代中国武术国际传播的主体性形象。

3. 中国武术在日、俄和欧美的形象。在现代性的观念体系中，西方与非西方（东方）二元对立的世界观念结构一直习惯性左右着现代不同国家和地区的民族身份自我认同的想象秩序。显然，全面考察中国武术国际传播的形象问题，必然将研究视野投向世界不同国家和不同文化区的广阔空间，带着全球主义的视野与期望研究世界不同国家和文化区的中国武术形象，思考这些国家和文化区关于中国武术形象特征与表现方式的话语表征，尝试寻找这些不同国家和文化区的武术形象是否具有某种共性或者导向，是否隐藏着现代性赋予西方的武术形象的文化霸权。

由于现代世界存在着不同的文化区，这些文化区的国家对于中国武术的形象认知囿于自身文化传统与视野，从而表现出不同的话语特征。中国武术在不同国家和不同文化区的形象存在着自身的特色和传统，这是由其自身的视野与关切决定的，但是无论哪个文化区和哪个具体国家,都不可避免地相互影响着彼此的形象认知与想象。这种影响力或者话语权取决于本国或者该地区的文化国力,地区性大国影响着该地区其他不同国家对中国武术文化的形象认知。"对中国产生最大影响的三个国家,是日本、俄罗斯/苏联和美国。"① 按照文化类型和文化区的划分,并考虑近代以来对中国产生的影响因素,我们选择日本、俄罗斯以及欧美来阐述他者视阈下对中国武术形象的认知与意义。

4. 日韩武道国际传播形象塑造及启示。日本武道在国际传播中成功塑造了自己的文化形象、创新形象和开放形象,这是日本武道在国际社会赢得广泛赞誉和认同的重要基础。韩国跆拳道在国际化推广过程中,根据各自的受众需求进行了技术改造,竞技跆拳道的简约化技术改进契合了跆拳道作为竞技体育的需求,传统跆拳道则融合了中国武术与日本武道的相关技法,创新了传统跆拳道特色化的技术体系。韩国跆拳道在国际化推广中,重视跆拳道杰出传播人物的重要作用,塑造了跆拳道的精神形象和文化品牌形象,为跆拳道的国际化推广奠定了坚实厚重的基础。

文化全球化已经成为当今世界主流趋势,世界上不同国家和民族都具有自身的文化传统和文明历史,不同文化之间的交流和异质文明之间的互鉴建构了一个五彩缤纷的人类世界。借鉴日本武道和韩国跆拳道国际传播形象塑造的成功经验,为中国武术国际传播提供样本参照,这是对中国文化"走出去"国家战略的回应,也是加速中国武术国际传播步伐的现实关切,从而可以为新时代中国的和平崛起赢得国际社会和域外民众的尊重理解和情感善意。

5. 中国武术国际传播的形象塑造及机制。中国武术国际传播的形象塑造是按照形象定位、受众需求、传播模式等要求,通过一定的方法和途径,对中国武术形象的构成要素进行优化,以期塑造出有利于中国武术发展和国际传播的正面良好形象。塑造中国武术国际传播形象的途

---

① 王秀丽、梁云祥:《日本人眼中的中国形象》,北京大学出版社2017年版,第1页。

径有：树立武术形象国家意识，加强武术形象顶层设计，塑造中国武术国际传播的国家形象；注重武术价值与精神内涵传播，拓展武术传播媒介与途径，塑造中国武术国际传播的文化形象；注重参与者主体性体验，提升武术传播者自身形象影响，塑造中国武术国际传播的技术形象；基于武术拳种品类细分，彰显拳种民族个性，塑造中国武术国际传播的拳种形象；基于讲好中国武术故事，做好武术文本译介输出，塑造中国武术国际传播的艺术形象。

在西方体育文化占主流意识的话语秩序中，中国武术形象的国际传播处在一个不平等的话语秩序内。我们需要从形象传播的理论基础出发，厘清中国武术形象国际传播的途径与方式，探寻中国武术形象国际传播的话语体系和内在机制，以期为中国武术形象国际传播的价值实现提供理论借鉴与实践帮助。人际传播、群体传播、组织传播和大众传播是中国武术形象传播的主要途径。语言交流与非语言行为差异、话语权和意识形态等都是影响和制约中国武术形象国际传播内在机制的主要因素。人际传播和群体传播应当重视传播中"关系"这一核心观念；组织传播既要重视组织传播的网络特征，也要注意职位论、关系论和文化论这三种主要方法；大众传播不仅要重视宏观层面上媒介与社会机构的关系，也要重视微观层面上媒介与受众的复杂性联系。

价值多元化是社会文化发展的产物。随着文化全球化的到来，中国武术形象国际传播的价值也表现出多元化的特征。中国武术形象是中国武术和民族文化的身份象征；中国武术形象根植沉淀了中华民族精神，是中国武术精神的重要呈现；中国武术形象是国家形象的展示窗口；中国武术形象是中国武术自身发展与国际传播的声誉基础。中国武术形象国际传播中一个重要的问题是对域外社会及民众个人产生什么样的影响，即社会效应和个人效应。基于传播效应的理论基础，分析中国武术形象国际传播的社会效应和个人效应，实现中国武术国际传播价值评估的重要意义。在中西文化交融过程中,要研究和适应"国际游戏规则",既要重视中国武术形象国际传播中的社会效应和个人效应,又要坚守中国武术文化的精髓内涵和价值自信。在文化全球化的时代,中国武术需要以更加积极的姿态塑造良好的正面形象。

第三节 研究意义与重要价值

一 研究意义

中国期待一个灿烂的未来,世界期待一个负责任的中国。武术形象根植于中国武术的核心价值理念,沉淀在中华民族对个体生命和宇宙生命存在意义的理解与尊重。中国武术国际传播的形象研究,是中华民族站在服务人类命运共同体的高度,塑造中国武术国际传播的主体形象,向国际社会展示一个良好正面的中国武术形象,实质上是与世界人民一起分享中国传统文化的价值与精神,这也是本书的根本目的所在。

本研究从学理上对中国武术形象进行理论阐释,解读中国武术国际传播的形象定位和形象塑造的内涵、阐释他者视野下中国武术他者形象的深层意蕴、解密中国武术在不同国家和文化区的形象话语特征与意义等,对武术形象学的理论建构和武术基础理论的完善具有重要的理论意义;从实践上提出塑造中国武术国际传播正面形象的方法路径,建构中国武术国际传播的话语体系,对于提升中国武术的文化软实力和声誉资本,促进武术文化的世界认同具有重要的现实意义。

二 研究价值

尽管中国武术的国际传播已经取得了一定成就,但整体而言并不能让人满意。反思中国武术自身形象存在的问题,梳理中国武术国际传播中的武术形象历史演变过程，解读中国武术国际传播的形象定位和塑造的内涵，阐释中国武术他者形象在西方现代性社会想象中的话语特征和隐喻意义，探讨中国武术国际传播形象塑造的实施路径和传播机制等成为本课题研究的主要目标。本书主要目标是为国家实施武术文化"走出去"的战略目标提供顶层设计提供参考依据，不断提高武术文化的国际吸引力，重拾中国武术的国际话语权，增进国际民众对中国武术文化的认同和接纳。

学术理论价值：对中国武术国际化形象的概念内涵、他者形象、历史演变、建构途径等进行学理阐释和实践求证，为建构武术形象学奠定理论基础；同时从形象学、传播学的视阈对中国武术国际传播中的形象内涵进行系统的理论阐释，解读中国武术在不同国家和文化区的形象意义等，打开武术基础理论研究的新视角，对丰富武术基础理论和完善武术学术体系具有独到的学术理论价值。

现实应用价值：试图为中国武术的国际传播探索新的方向，尝试塑造中国武术的正面形象，维护中国武术的传统声誉，坚守中国武术的自信自强。不仅为武术的国际传播和未来发展指明方向，也将为中国武术"走出去"的战略目标提供顶层设计的理论依据，对于提升中国武术的文化软实力和声誉资本，促进武术文化的民族认同和世界认同都具有重要的现实价值。

第四节　核心概念与理论借鉴

中国武术国际传播的形象研究是建立在中国武术这一文化事项客观存在的基础上进行的。中国武术的客观存在决定了中国武术国际传播形象研究的前提，这是唯物主义思想指导下本研究的重要基础。概念的界定是研究的逻辑起点，因此，必须清晰界定什么是武术、什么是形象、什么是传播，这形成了本研究的核心概念。同时，形象学、文化学、传播学等相关成熟学科的理论为研究提供了重要的理论借鉴。

一 本研究的核心概念

（一）"武术"概念的界定

1. 武术作为文化的概念：国内学界的一致看法。尽管武术概念的界定是随着人们认识的发展不断变化的，但武术作为文化的概念一直都是学术界的一致看法。体育院校通用教材《武术》中把武术界定为"文化遗产"和"民族体育"①。《中国武术教程》中同样将武术界定为"注重内外兼修的民族传统体育项目"②。作为体育院校的通用教材，这一定义也是近年来最为代表性的定义之一。上述教材中的武术概念均指向武术为民族传统形式的体育运动，体现了武术作为传统文化的特性。

邱丕相教授同样把武术看作中国传统体育，是中国传统文化的重要组成部分。他认为，"武术是以人体运动形式表现的中国文化形态"③。王岗教授把武术界定为一种社会文化活动，他认为："中国武术是以弘扬民族传统文化为目的的一种社会文化活动。"④ 李印东博士认为无论是从广义概念上的"武艺""功夫"⑤，还是狭义概念上的"武术运动"，武术都指向为一种民族体育项目，因而带有传统文化的属性。刘俊骧学者认为"武术是一种人体文化，这种人体文化是建立在传统文化理论基础之上的文化形式"⑥。乔凤杰教授认为"武术是既需要保持

---

① 体育院系教材编审委员会武术编写组编：《武术》，人民体育出版社1978年版，第1页。
② 中国武术教程编写委员会、邱丕相主编：《中国武术教程》，人民体育出版社2003年版，第4页。
③ 邱丕相：《中国武术文化散论》，上海人民出版社2007年版，第14页。
④ 王岗：《中国武术文化要义》，山西科技出版社2009年版，第28页。
⑤ 李印东：《武术释义》，北京体育大学出版社2006年版，第18页。
⑥ 刘俊骧：《武术文化与修身》，中央编译出版社2008年版，第3页。

技击个性又十分开放的文化系统"。① 温力教授同样将武术界定为"中国传统体育项目"。② 杨祥全教授认为:"武术:保存、保养和体认生命的学问。"③ 2009年国家体育总局武术研究院召集全国专家专门研讨会,并发布了权威的武术定义,"武术是以中华文化为理论基础,以技击方法为基本内容,以套路、格斗、功法为主要运动形式的传统体育",这一关于中国武术的权威定义,基本形成了学界共识。

无论是作为民族传统体育(项目)、武术运动、开放的文化系统还是保养体认生命的学问等学界不同的观点,都指向武术作为一种文化事项的属性,体现了中国武术所具备的中华民族传统文化的固有特质,这也是目前学术界的一致看法。基于上述学术界对于武术概念的研究基础,本研究对武术作为文化的概念,沿用2009年国家体育总局武术研究院全国专家研讨会上形成的权威概念:"武术是以中华文化为理论基础,以技击方法为基本内容,以套路、格斗、功法为主要运动形式的传统体育。"这一概念突出武术在外表现为术,在内指向为道,强调武术作为民族传统文化,注重整体和谐和武道追求的文化属性。

2. 武术作为文明的诠释:本研究的独特视角。我们口中常常说的文明,一般意义上通常是和野蛮相对的一个词语。我们对待生活中发生的一切事件,都可以用"文明"或者"不文明"的方式进行表述。所以,给"文明"下一个准确的定义不是一件容易的事,文明与文化紧密相连,但是两者却又有着明显的区别。"文明"其现代含义是"进入开化状态的过程"④。作为新义而言,文明与教养、礼貌意义相近,意指与野蛮相对。因此,开化的人与原始的野蛮人或者蛮族就成为是否"文明"的两个相互对立的层面。尽管文化与文明在欧洲很长一段时间都具有相同的含义,但是人们最终还是对二者进行了区分。文明既含有

---

① 乔凤杰:《武术哲学》,社会科学文献出版社2007年版,第6页。
② 温力:《中国武术概论》,人民体育出版社2005年版,第20页。
③ 杨祥全:《中国武术思想史》,山西科技出版社2017年版,第44页。
④ [法]费尔南·布罗代尔:《文明史》,常绍民等译,中信出版集团2017年版,第4页。

道德价值方面的意义，又兼具物质价值层面的蕴涵。

文化和文明都是人类社会特有的现象，两者之间关系紧密。"文化是人类处理人和世界关系中所采取的精神活动和实践活动的方式及其创造的物质和精神成果的总和，是活动方式与活动成果的辩证统一。"① 文化的发展是一个创造的动态有机过程。"而文明则是这一有机过程的最高和最终阶段，是文化的有机逻辑的结果、完成和终局。每一种文化皆有其自身的文明，文明是文化的必然命运。"② 因此，文明是文化发展的必然结果，人类文明一般包括两个层面的意蕴，"一方面，它包括人类为了控制自然的力量和汲取它的宝藏以满足人类需要而获得的所有知识和能力；另一方面，它还包括人类未来调节人与人的关系，特别是调节那些可资利用的财富分配所必需的各种规章制度"③。

文明作为人类社会发展的特有现象，文明的产生同样是人类创造的动态过程。"一个社会从静止状态向活动状态过渡，一个新的文明于是在这种过程中产生出来，这就像一个文明从一个原始社会脱胎而来一样。"也就是说，文明的起源实质上是"人类社会再次动了起来"的必然结果，从这个意义上讲，中华文明是中华民族在其历史发展过程中产生并延续至今的人类文明。中华民族在发展过程中显示了巨大的凝聚力，尽管不断有新的文明因素"主动"或者"被动"地加入，但中华文明兼容并包的文明品性，形塑了中华文明强大的生命力和凝聚力，支撑着中华文明绵延不断。中国武术最早作为先民为了生存需求和保护自身生命需要而产生的防卫技术，这种保护生命的技击行为，随着中华民族的发展，在不同的历史时期演变为表征特殊意义和不同价值特征的文化形态。

文明的产生、稳定和成长需要经过一段漫长的历史过程，中华文明的产生和成长存在于中华民族漫长的发展历程中，成为中华民族"所

---

① 张岱年、程宜山：《中国文化精神》，北京大学出版社2015年版，第2页。
② [德] 斯宾格勒：《西方的没落》，陈晓林译，黑龙江教育出版社1988年版，第37页。
③ [西] 西格蒙德·弗洛伊德：《文明及其缺憾》，杨韶刚译，中国法制出版社2018年版，第1页。

共同遵守的某种东西"。从文明产生的地理空间上讲,"文明,无论是范围广大还是狭小,在地图上总能找到他们的坐标"①。在世界地理版图上具有广博地理空间的华夏大地,既是中华文明的发源地,也是中国武术产生的共同地理区域;从文明产生的社会和经济环境上讲,离开社会的支持,离开社会带来的张力和进步,文明便不能存在,武术文明的产生同样离不开我国社会环境和经济环境的滋养;从文明产生的集体心态上讲,"在每个时期,都有一种确定的世界观,都有一种集体心态支配着社会的全体大众"②。孕生于中国传统文化土壤的武术文明是在中华民族集体心态基础上凝结而成的中华民族精神财富,中华民族的民族精神和爱国精神是武术文明的核心体现。

武术文明是中华民族历史发展中形成的保护和体认生命的技术文明,凝聚着中华先哲灵动的身体攻防智慧,支撑着中华民族绵延不断,是中华文明强大生命力的真切体现。"人类创造文明财富的重大特征之一就是它的共享性"③"我们在长时期内仍然将面对事实上非常不同的各种文明。"④将中国武术置放于世界文明的宏大场域中,中国武术的国际传播是中华文明"和而不同"文明精神的具体实践,是人类世界文明互鉴、和平发展、共同繁荣理想的真诚期待。中国武术作为中华文明的重要组成部分,中国武术的国际传播并不是将中国武术文化强行推广到国际社会和域外民众,而是与人类世界共享中国武术文明,在建构人类命运共同体的中国方案中,让中华文明的天下情怀福泽人类。

可以说,中国武术文明是在华夏大地的地理空间中,在中国社会的历史变迁和中国经济的发展进程中形成的身体技术文明。作为文明的中国武术以身体技术的外在形式实现了对武术习练者"武以成人"的内在教化,古典哲学的宇宙观是武术文明的思想支撑和价值基础。事实

---

① [法]费尔南·布罗代尔:《文明史》,常绍民等译,中信出版集团2017年版,第10页。
② [法]费尔南·布罗代尔:《文明史》,常绍民等译,中信出版集团2017年版,第10页。
③ 马克垚主编:《世界文明史(下)》,北京大学出版社2004年版,第892页。
④ [法]费尔南·布罗代尔:《文明史》,常绍民等译,中信出版集团2017年版,第9页。

上，中国武术无论是在起源、发展和变迁中都具有中华文明的显著特征。中国是人类世界发展历史上唯一的文明型国家，新时代的今天，"中国的崛起不是一个普通国家的崛起，而是一个五千年连绵不断的伟大文明的复兴，是一个文明型国家的崛起"[①]。中国武术兼具传统文化和中华文明的双重身份，新时代中国武术的国际传播是向世界传播文明中国的声音和故事，也是中华文明建构人类命运共同体的情怀和责任。

　　武术既是中国传统文化的典型形态，也是中华文明的重要内容。作为文化的武术概念，体现了武术的载体是人，离开了人这一载体，武术所反映的内涵就失去了存在的基础。作为文明的武术诠释，将中国武术置放于世界文明的场域，体现了中华文明福泽人类的情怀。文艺美学理论家陈炎把中国武术看作中国人文版的四大发明之一，中国古代的四大发明成就了辉煌的古代中华文明，那么中国人文版的四大发明，同样可以支撑起现代中华文明的光明前景。将武术作为文明的阐释，不仅是本研究的独特视角，更是基于中国武术国际传播、武术文明人类共享的需要。应当指出的是，武术的概念是发展变化的，我们对武术作为文明的诠释无意引起学界对武术概念的论争，而是出于对本研究主题理解的本意。

　　（二）"形象"的概念界定

　　"形象"一词，是由"形"和"象"两个词构成的。"形"的基本意思是形体、形状和容貌等。《老子》云："惚兮恍兮，其中有象；恍兮惚兮，其中有物"；《说文解字》云："像，象也，从人从象，象亦声。"因此，"象"最初的本意是作为事物的相似性而衍生出来的，含有象征、物象等的意义。形象的本意是具体的"形"与抽象的"象"的对立统一。"形象"与"意象"一词有着密切的关联。"立象以见意"是"意"渗入"象"中，被人们感知和领会，在"物象"和"意象"的结合点上，"形象"的范畴因此确立。

---

① 张维为：《一个文明型国家的崛起》，上海人民出版社2016年版，第255页。

从不同的视角出发,形象具有不同的含义。从文学艺术的视角出发,文学艺术作品中创作的形象主要是指人物形象。这种人物形象渗透着创作者的想象并通过文本结构来呈现,其实质是一种审美形象,这种审美形象往往是审美直觉的瞬间"妙悟"或"感兴"。从心理学的视角出发,形象是一种外在刺激的再现,这种再现也称作表象。换句话说,心理视阈下的形象就是人们对某种对象的具体印象,因此,形象是容易变化的,形象在根本上与实际事物是有区别的。从传播学的视角认为,形象是信息通过特定媒介的符号传入而形成的。从哲学的层面来看,形象呈现为五个层面:"即个体形象、类形象、组织形象、艺术形象和创造形象。"[①] 从主体的视角出发,形象是人或者事物这一主体呈现的外在表象;从客体出发,形象是人们对作为客体的事物的总体评价或主观印象;从主观和客观的维度出发,形象是主观和客观的统一,是人们在一定条件下对他人或事物由其内在特点所决定的外在表现的总体印象和评价。也就是说,形象既不是纯粹客观的东西,也不是纯粹主观的东西,而是两者的有机结合,是主客观的统一体。从比较文学形象学的视角出发,把形象的性质界定为一种心理现象和表意实践,也就是说形象是一种心理现象之外,还是想象主体表达某种意愿的实践行为。显然,比较文学意义对形象性质的阐释对本研究的相关概念界定提供了理论借鉴。

根据以上论述,本研究将"形象"的概念表述如下:形象是在一定的社会关系和历史语境中主体对客体的整体性认知和评价,是融会了情感的主体通过对客体的想象而表达自我境遇的一种表意实践活动。这一形象概念将形象划分为感觉再现形成的感性形象、心理意义上的知性形象以及文化意义的表意实践形象。本研究对形象概念的界定,确立了形象的历史属性、心理属性和文化属性,体现了形象的自然性、社会性和精神性三者之间的关系。

---

① 罗长海:《关于形象五层含义的哲学思考》,《社会科学辑刊》2002年第3期。

(三)"传播"的概念界定

传播是人类历史上的普遍现象。文化与传播无处不在，如影相随，只要有人存在的地方就会有传播现象的存在，传播使人类文明得以传承，传播使人类情感得以传递，传播是人类社会生存和发展的基础。"传"的行为客体通常是信息、文化、情感等，强调"传"的流动性行为特征；"播"的意思是播种，引申为"播散"，强调"播"的范围扩散的外展特征。我们通常意义所说的传播，指的是信息的"传递"和"播散"。基于此，传播的概念可以这样界定："所谓传播，即是传授信息的行为（或过程）。"① "信息是符号和意义、精神内容和物质载体的统一体，它作为一个整体成为人与人传播的介质，成为传播活动的客体。"② 显然，信息无处不在，因而决定了传播行为的无处不在。

传播行为是基于信息为基础进行的，信息可以分为"物理信息""生物信息""人类信息"。广义上的传播概念是指信息的散播行为，这种信息散播行为并不单纯指向人类社会，还包括非人类的信息散播行为；狭义上的传播概念指向人传受信息的行为，也就是人类传播。因此，作为一种传播行为，是由传播主体、传播客体以及主客体间的关系决定着。狭义概念的传播主体指向人，传播客体指向信息，人与信息之间的关系方式是传递或者交流。我们通常所说的传播即是狭义上的人类传播行为。

要全面深入地理解传播的概念，首先需要确定传播这种行为的主体、客体以及主体对客体的作用方式或主客体的关系，其次还涉及对传播的特征、功能、作用的理解等。传播是一种有目的的信息扩散行为，因而传播具有目的性、共享性、社会性、双向性等特征；传播具有正面功能和负面功能这两种对立统一的功能；传播的作用，可以从政治、经济、教育、文化等方面加以理解。也就是说，传播通过反映政治信息和

---

① 张国良：《传播学原理》，复旦大学出版社2018年版，第6页。
② 李正良：《传播学原理》，中国传媒大学出版社2007年版，第45页。

表达政治观点,对于稳定国家政治生活具有重要的作用;传播对推动经济发展起到巨大的推动作用;传播对文化传承、文化交流、文化创造、文化共享等方面影响深远。

二 本研究的理论基础

(一) 形象学理论

"追求与塑造形象是人类生存、发展的目标和手段。"① 我们生活在一个形象的世界里,世界上的一切事物都是以形象而呈现的,可以说形象无处不在。形象学的研究发端于20世纪80年代,学术嗅觉敏锐的学者将研究视野拓展到对形象多维视阈的观照,既有对形象本质问题的理论思考,也有对形象塑造实践问题的揭示与剖析。形象学理论中关于形象本质、形象价值、形象塑造等的理论为本研究奠定了厚重的理论基础。根据人类认识的实际情况,借鉴形象学的理论,从形象层次的视角,可以把形象的存在形态分为"感性形象""知性形象"和"表意形象"这三个层次。中国武术形象的概念正是借鉴了形象学的三个层次的相关理论才得以形成,中国武术国际传播中的形象塑造的实践等问题也都可以从形象学的多维视野中找到借鉴的重要依据和理论支持。

(二) 文化学理论

文化差异(文化多样性)理论、文化认同(文化接受)理论是本研究借鉴的重要文化理论。文化差异理论(文化多样性)从人类世界是由不同民族组成的人类命运共同体这一现实出发,认为每一个民族都有其自身独特的文化传统,文化的差异性是显而易见的。差异性的文化,"就是将一组社会性的和有代表性的特性赋予既定人群,以此作为区别与'他性'的识别"②。因此,正是源于差异性文化的使用,文化

---

① 秦启文、周永康:《形象学导论》,社会科学文献出版社2004年版,第1页。
② 周宪、许均:《文化认同与全球化过程》,商务印书馆2006年版,第109页。

才被赋予对人类世界不同族群的识别及不同意义。"一种文化,就像一个人,或多或少有一种思想与行为的一致模式。每一种文化之内,总有一些特别的,没有必要为其他类型的社会分享的目的。"① 东、西方文化的差异是客观存在的,也是不可能消失的,所以对于中国武术的国际传播而言,必须正视这种东、西方文化差异的天然存在。

"文化认同是人类对于文化的倾向性共识与认可。"② 文化差异与文化认同是一个对立统一的关系,承认不同异质文化之间差异的客观存在性,由此形成了世界各民族不同文化的多样性。正是世界上不同民族不同特点的文化形态建构了丰富多彩的多元文化世界,不同异质文化之间才有了互相吸引、交流融合、互鉴互补的动力基础。文明是文化的最终命运和归宿,文化多样性也就意味着文明多样性的客观存在。"文明多样性是人类文化存有的基本形态……正是不同文明之间相互解读、辨识、竞争、对话和交融的动力。"正是由于文化差异的存在,不同文化之间也就产生了对异质文化的吸引力。中国武术作为中华民族的优秀文化,其国际传播是在尊重不同民族文化差异的基础上,实现"他者"对中国武术文化的认同,进而达到提升和增强国家文化软实力的根本目的。文化认同理论(文化接受理论)认为,文化的认同是建立在形象认同的基础之上,反之,形象的认同又促进了文化的认同。文化认同的内在机制给武术形象的建构提供了重要的理论基础。

(三)传播学的理论

传播学的学科形成于20世纪50年代,主要运用定性、定量以及定性与定量相结合的方法体系,聚焦研究人类传播史、人类传播形态、传播效果、人类传播结构与过程等。人类传播的形态根据不同的分类方法可以分为多种不同的类型。由于我们常说的传播学指向狭义上的人类传播,所以关于传播形态的分类也是指向人类传播的形态而言。当前比较

---

① 郑晓云:《文化认同论》,中国社会科学出版社1992年版,第50页。
② 郑晓云:《文化认同论》,中国社会科学出版社1992年版,第4页。

有代表性的分类方法是：二分法，即着眼于传播的技术与手段，分为亲身传播和大众传播；四分法，基于传播规模分为自我传播、人际传播、组织传播和大众传播。从传播实践上，自我传播形态属于规模最小的一种。人际传播是人与人之间的传播行为和传播活动。人际传播至少是两人，也可以是小群体和公众传播，只要没有正式组织的参与都可以称之为人际传播；组织传播是指以组织形式进行的传播行为；大众传播是一种规模最大的传播行为，读书、看报、上网都属于大众传播。大众传播的传播媒体既是信息的物理载体，又指向接受传播行为的对象。中国武术的国际传播并不是简单指向某一种传播形态。如何利用人际传播、组织传播和大众传播，塑造中国武术在国际社会和国际民众中的良好形象，决定了中国武术国际传播的效果。应当明确的是，传播形态只是传播的手段和行为，如何取得我们想要的结果这才是中国武术国际传播的目的所在。

结构功能理论和认知行为理论是形象传播的重要理论基础。结构主义源于语言学，功能主义产生于生物学。结构功能理论是基于系统原理运转的。系统由变量组成，强调有组织的系统为维持运转在功能网络中各种变量之间产生因果关系，也就是说，一个变量的变化会引起其他变量的改变。把这两种理论结合在一起便形成一个有着功能联系的因素结构的系统。形象传播中的组织传播形式就采用了结构功能理论。把组织看成是一个拥有诸如部门、工作活动和产品等相关部分的系统，组织系统是真实的和可以观察的，不仅如此，各部分共同运作以产生某些效果如传播准确性和满意度，而这一切也可以通过研究发现。传播的结构和功能理论把传播视为一种过程，在这当中个人用语言把意思传达给他人。认知和行为理论也和结构功能理论一样支持关于知识的普遍观点。认知理论承认刺激和反应之间的关系，但是它更进一步强调两者之间的信息处理过程。"认知"一词指的是思想或头脑，因此认知论强调的是人们怎样思考。在认知理论中，传播被理解为个人的思想。一个认知传播理论可能揭示人们评价信息特征如可信度、组织和论争等的方式，它对人的思想产生影响的信息类型做出预测。显然，认知行为理论是形象建构和形象认知的重要理论基础。

"传播是一种有目的性的行为。"① 传播效果的理论研究主要聚焦于议程设置理论、培养理论、沉默的螺旋理论、框架理论，等等。议程设置理论是不断强化某类话题在受众心目中的重要程度；培养理论是一种涵化和教化理论；沉默的螺旋理论揭示这样一种现象，当个人意见与优势意见趋同时，就会毫无顾忌表达自己观点，反之则会趋于沉默；框架理论是在传统媒介议程与公众议程的基础上，探索媒介议程对受众归因的影响。因此，就中国武术的国际传播而言，其中自然包括传播主体对中国武术传播的期望和目的，那就是塑造中国武术国际传播的正面形象。换句话说，通过中国武术的国际传播，使得国际社会和国际民众在思想、情感、态度等方面形成对中国武术的良好认知和情感善意，从而建构中国武术在国际社会和国际民众中的良好形象。

在中国武术国际化的传播实践中，需要合理进行议程设置，不断强化武术话题在受众心目中的重要程度以影响受众认知；基于培养理论，通过大众媒介影响受众关于中国武术的观念；借鉴知识理论，从宏观社会结构层面注重不同社会层面人群在中国武术传播过程中知识获取方面存在的差异；基于沉默的螺旋理论，打造中国武术正面形象的意见领袖和舆论领袖。塑造中国武术国际传播的正面形象，达到我们所期待的传播中国声音讲述中国武术故事的良好效果，传播学相关理论为中国武术国际传播以及中国武术形象塑造的实践提供了重要的理论借鉴。

---

① 李正良：《传播学原理》，中国传媒大学出版社 2007 年版，第 341 页。

第一章　中国武术国际传播形象认知与定位

中国武术形象，是指作为一种文化形态的中国武术在传播和发展过程中，形成的社会个体、群体、民族对中国武术的整体认知和评价。"定位"的本意是把事物放在适当的地位。"形象定位，就是找出并确定形象主体在相关公众心目中区别于其他形象主体的形象特色或个性。"① 可见，形象的定位应该追求"特色"或者"个性"，中国武术国际传播的形象定位即是确定中国武术形象主体在域外民众心目中区别于其他域外武道形象的特色和个性。

任何文化及文化形象的认知都是基于一定的文化语境进行的，对于中国武术文化以及武术形象的认知同样如此。如同观察事物一样，不同文化语境下文化传统的不同，文化价值观的差异，意识形态的分歧，文化个性的迥异，以及所站的位置视角，所看到的视野宽度，甚至所观察的事物本身的复杂属性等原因，都会导致不同文化语境下对此种事物的认知差异。武术形象的认知在不同民族、不同民众群体和个体眼中同样存在认知差异。探究跨文化传播语境下武术形象认知的差异，是顺应文化全球化时代中西文化交流的时代趋势，消弭武术形象认知上的误解，增加文化交流互信，促进中华武术文化"走出去"的应有之义。

---

① 秦启文、周永康：《形象学导论》，社会科学文献出版社2004年版，第207页。

第一节 中国武术形象的概念内涵与外延

从逻辑学的视阈出发，概念的内涵是指概念所反映事物的特有属性和本质特征，而外延则涵盖组成该事物的"类"，包括概念所反映事物的具体范围、具体事物等。因此，内涵强调的是概念所反映的思维对象本质属性的总和，而外延则指向概念所反映的本质属性的一切对象，是内涵表述的具体化。本节主要从逻辑学和形象学理论出发，阐述中国武术形象的概念内涵，厘清中国武术形象的属性与外延，并尝试建构中国武术国际传播的形象指标体系。

一 中国武术形象的概念及内涵

形象学理论认为，对"形象"概念的界定从三个层次和三个维度来确立：第一个层次是作为各种感觉再现形成的对某种事物的整体印象，即把形象作为认知对象的"感性形象"；第二个层次是作为社会集体想象物的"形象"，即社会心理意义上的"知性形象"；第三个层次是作为表意实践的"形象"，即文化实践意义上的"表意形象"。三个维度是指主体、客体以及主客体关系。基于此，对中国武术形象概念的理解也应该从三个层次和三个维度来认识，即不仅要关注作为感觉再现形成的"感性认知形象"，也要关注社会心理意义和文化实践意义上的"形象"。同时，还要从主体、客体以及主客体关系这三个维度去全面地把握中国武术形象的概念。

理解中国武术形象的第一个层次是对通过感觉再现形成的对中国武术的"感性认知形象"，对应的是对中国武术本体的认知，即把中国武术作为认知对象的"感性形象"。人们在武术的习练过程中，通过反复的感觉再现，去理解和体味中国武术的动作节奏和生动气韵，从而形成的对中国武术认知的整体印象。很显然,在对武术的习练过程中,习练者是把中国武术作为认知对象确立而产生的关于中国武术的"感性形象"。

第二个层次是作为社会集体想象物的"知性形象",对应的是中国武术的客体对中国武术的想象。很显然,作为一种社会集体想象的"知性形象",确立了"武术形象"是一种社会心理现象的性质,是存在于社会集体心理世界中的主观想象和主观印象。从这个意义上讲,中国武术形象不是对中国武术现实情形的反映,而是对中国武术总体印象的集体想象,其中包含着社会集体的心理创造。

第三个层次是指作为表意实践意义上的"表意形象",对应的是关于中国武术的主客体的关系,反映的是想象主体表达某种意愿的实践行为。"表意实践"也可称为"表征的实践","是指把各种概念、观念和情感在一个可被转达和阐释的符号形式中的具体化"①,表意实践从某种意义上说就是对符号的运用,形象作为一种集体想象,不仅是一种心理活动,也是一种具体的符号形式。因此,形象不是仅仅作为一种心理现实存在的,也是作为一种活动过程存在的,从这个意义上讲,形象就是表意实践,形象赋予对象的意义实际上也是想象主体自己意愿的表达。所以,对武术形象赋予的各种含义,实际包含着我们自己意愿的各种表达,正是这种美好意愿的表达,让我们重塑中国武术美好形象,才有了可能空间和努力动机。

从形象的主体维度出发,形象是由人或者事物内在特点所决定的外在表现。因此,中国武术形象自然是指中国武术自身内在特点决定的外在表现。在这一维度上,中国武术形象首先应该是实际已经存在的,这种实际存在的武术形象可能与内在一致,也可能不一致,甚至完全相反。正因为这种实际存在的武术形象与其内在特点出现的偏差和误解,

---

① [英]斯图尔特·霍尔编:《表征:文化表象与意指实践》,徐亮、陆兴华译,商务印书馆2003年版,第10页。

所以才留下了对武术形象重塑的可能空间，根据武术自身内在特点重塑的武术形象，力争贴近中国武术本真的面目。

从形象的客体维度出发，形象是人们在一定条件下对他人或者事物的总体评价和印象，因此，人是形象的确定者和评价者。中国武术形象的客体是指对中国武术的观察者、思想者和反映者，即相对中国武术之外的"他者"，包括社会个体、群体以及民族。从更宽泛的意义上讲，"他者"还包括异国的社会个体、群体以及民族。因此，从这个意义上出发，中国武术形象就是在一定条件下，人们在习练武术过程中或各种社会实践活动中通过感觉器官获取的关于中国武术的相关信息，从而形成的对中国武术的有关印象和相关评价。

从形象的主客体关系维度出发，中国武术形象主客体的关系是指在一定条件下对中国武术由其内在特点所决定的外在表现的总体印象和评价。可以这样说：中国武术形象实际上是一种关系，相关条件的改变将会导致人们对中国武术形象的改变。胡塞尔认为：每个认识者都是一个特殊的认识主体，在其意识中都有自己的"生活世界"。为了达到对世界的共识，人们就要相互交流，转换视角，并把世界理解为"一个主体间性世界"。因此，形象的产生源于主体与客体的相互交往和共识——自我共同体的需要。从这个意义上讲，对中国武术形象的重塑就是要改变某种影响人们对中国武术形象的条件，达成自我共同体需要的共识，从而让人们获得对中国武术良好形象的总体印象和评价。

基于上述对中国武术形象的多层次和多维度的理解，我们可以把中国武术形象的概念表述为：中国武术形象，是指作为一种文化形态的中国武术在传播和发展过程中，形成的社会个体、群体、民族对中国武术的整体认知和评价，是对中国武术特征的抽象反映，是融会主观情感对中国武术想象而完成的一种表意实践。因此，从武术形象的构成要素上来看，武术形象包括武术认知、武术评价和武术情感三个重要构成因素。武术形象的内涵是武术形象特有属性的反映，中国武术在经历数千年的风雨洗礼中依然具有旺盛顽强的生命力,展现出了武术形象所蕴含的激荡在武术发展历史过程中的正能量,这种正能量正是武术形象背后对人类持续影响的精神背景,包括武术的核心价值、武术的精神等内涵。

二 中国武术形象的外延与属性

根据上述武术形象的概念内涵,人们对武术形象的认知可以分为三个层次和三个因素。首先,武术形象是武术作为"物"的延伸,没有客观的武术自然"物"的存在,也就没有武术形象的存在;其次,情感和意识的作用确立了武术形象的质点,没有情感和意识的渗透也就没有武术形象的形成;最后,武术形象是主、客观的融合以及主体、客体实践关系的体现。主体和客体、主观和客观相互作用形成的历史规定反映了形象的内涵,外延则意味着历史生成的一切。因此,武术形象的内涵是武术形象特有属性的反映,武术形象的外延则是武术形象特有属性所反映的那些具体的事物,涵盖了武术在发展历程中所生成的关于武术的物质、精神、制度等的一切内容。

逻辑学上,属性是指对象的性质和对象间的关系。事物与属性是紧密联系的,任何事物都是有属性的,武术形象同样具有其本身固有的不可缺少的属性。从上述对武术形象概念内涵的阐释中,可以看出武术形象的形成并不是自发产生的行为。从视觉感受上来讲,中国武术形象是通过感觉再现形成的"感性认知形象",形成了武术形象的感性特征;从历史意涵上来讲,中国武术形象是在一定的历史语境中形成的,体现了武术形象的深层蕴涵,形成了武术形象的历史特征;从心理属性上来讲,中国武术形象是一种想象,是社会个体、群体、民族通过对中国武术想象与身体语言符号言说而表达自我境遇的一种实践活动,作为社会个体、群体、民族主观的心理行为和想象活动,体现了武术形象的情感特征。

1. 武术形象的感性特征。任何形象都是可感知的，武术形象同样如此。从辩证唯物主义的立场出发，武术形象是在武术客观存在的基础上形成的，武术形象作为一种客观存在，是中国武术在现实世界的存在方式。比如，武术的技术动作，武术的"四击八法十二形"，其中的十二形，实际就是武术动作展示出来的各种形象。这种武术技术动作和各种形象是可感受到的，可能指向视觉感受，也可能指向听觉感受，体现着武术形象所具有的明显的感性特征。

2. 武术形象的历史特征。从历史属性上讲，武术形象是在一定的历史语境中形成和发展起来的，因而武术形象的深层规定必将蕴含着中国武术丰富的历史内涵和内在品质。在中国武术的发展历史中，不同历史时期和不同的历史语境下，武术形象具有不同的历史内涵，武术形象是不断客体化的历史主体，武术形象的总体特征和历史意涵也随着武术历史的发展而不断变化，人们对武术形象认知的变化必然成为影响中国武术存在与发展的重要因素。

3. 武术形象的情感特征。从心理属性上讲，中国武术形象是社会个体、群体、民族通过对中国武术想象与身体语言符号言说而表达自我境遇的一种实践活动，是一种心理行为和想象活动，具有明显的情感特征。武术形象是建立在中国武术这一客观存在的"自然物"的基础之上的，但是武术形象又是对中国武术这一"自然物"的超越，而这种对中国武术自然物的超越又与武术形象蕴含的情感因素紧密联系。

在某种程度上，我们给予事物意义是凭借我们表征他们的方法来实现的，所以，武术形象既是对武术文化现实的描述，也是想象主体通过这种描述能够表达自身意愿的文化实践。显然，对于中国武术而言，国人自身对于中国武术这一民族传统文化的美好感情是显而易见的，但是作为"他者"的异域民族并不一定会产生这种"美好情感"。情感特征构成了武术形象的一个重要因素，可以说，契合"他者"视阈中对中国武术的"美好情感"正是中国武术国际传播形象塑造的应有之义。

三 中国武术形象的分类与评价

（一）中国武术形象的分类

武术形象作为对中国武术想象而形成的表意实践，具有复杂性的特征。一方面，形象本身具有复杂性；另一方面，由于历史语境和文化环境的不同，不同的社会个体、群体以及民族所形成的武术形象都具有差异性。武术形象的表层规定对应于人的感觉特征，武术形象的深层规定表征着中国武术丰富的历史内涵。因此，全面深入地了解武术形象问题，还需要从不同的维度和层面对武术形象进行恰当分类。

从系统论的视阈出发，武术形象可以分为整体形象和局部形象。我们经常把中国武术称为"博大精深"，这意味着把中国武术作为一个庞大的整体的文化丛群来看待，因此中国武术的整体形象实质上是被作为文化事项看待的文化形象。中国武术是由不同演练风格、不同技术特点的若干拳种形成的有机整体，因此，中国武术的技术形象、拳种形象、艺术形象等就是中国武术局部形象的体现。武术整体形象和局部形象不是截然分开、完全不同的形象类型，武术整体形象是在局部形象有机综合的基础上形成的，武术形象的整体性和局部性是紧密联系的。中国武术国际传播的形象研究，既要关注作为中国武术整体层面的文化形象，也要审视武术拳种形象、武术技术形象、武术艺术形象等局部形象及其内涵阐释。

从功能论的视阈出发，中国武术形象可以分为"打"与"不打"的二元形象。"打"的形象是相对中国武术作为技击功能的"能打"技术而言的形象，"不打"的形象则是从中国武术的健身、养生、审美等的功能呈现的形象。中国武术"打"与"不打"的二元形象在学界存在着不同的声音。应当指出的是，武术形象本身具有复杂性，功能论视阈下中国武术"打"与"不打"的二元形象划分，并不是绝对化的。

从价值论的视阈出发，中国武术形象可以分为：真实形象和虚假形象、正面形象和负面形象。一切形象都与人处在一种价值关系中。尽管对于中国武术形象的好与坏、优与劣的判断很抽象，但是中国武术的真实形象与虚假形象、正面形象与负面形象仍可以从人与中国武术的价值关系上进行评判。在中国武术国际传播过程中，只有在价值层面上契合"他者"的需要，并被认可为正面形象的时候，中国武术的国际传播才能被认可、传播和发扬光大。中国武术的真实形象和虚假形象作为一对矛盾，涉及了中国武术的本质与现象的关系，真实形象通常被认为是能反映中国武术的内在特征和意涵，而虚假形象则体现了对中国武术本质的否定。应当指出，反对中国武术的虚假形象，并不意味着反对通过对中国武术进行艺术创造和加工的手段而塑造出的武术艺术形象。

从存在形态的层次上讲，中国武术形象可以分为：内在形象和外在形象、物质形象和精神形象。武术的内在形象是人们对中国武术内在品质和武术精神的认知，是一种对中国武术知性形象的认知，又可以分为：自然武术、智慧武术、文明武术、艺术武术；外在形象是中国武术作为感觉的对象而存在的形象，属于对中国武术感性形象的认知。物质与精神作为一对哲学的基本范畴，物质形象属于客观层面、可见可感的物质载体呈现出来的形象；精神形象属于意识层面、不可见不可感并内在于人的观念和意识中，可用人的内心觉知来验证的形象。物质形象属于外在形象，而精神形象属于内在形象。从形象存在形态的层次上来看，任何事物的内在形象和外在形象、物质形象和精神形象都是统一的存在。

依据不同的分类标准和特定的角度把武术形象分成不同类的形象，是为了分析和说明问题的方便，任何层面和维度的武术形象分类都不是绝对化的，而是互相渗透、紧密联系的。无论何种层面和维度呈现的武术形象,都是中国武术这一民族传统文化外显特征与内在品质的展现。

(二) 中国武术形象的评价

形象评价是根据一定的标准,对形象计划、形象塑造的过程及效果进行衡量、检查、对照和估计,以判断其状态或价值。武术形象评价不仅可以增加目标公众对武术形象主体的认识、了解和理解,改变公众对形象主体的态度、期望行为,还可以产生和实现对武术发展和传播的良好影响。形象评价指标体系是把握形象的客观标准,没有客观的评价指标体系和评价标准,就无法科学地对武术形象进行实证评价,也会使武术形象的价值和塑造失去"效果导向"的重要依据。

借鉴形象学的评价方法,对武术形象的整体评价有两个最基本的指标,即武术形象主体的知名度和美誉度。知名度是武术形象主体被公众认知和了解的程度。中国武术国际传播的形象评价即是建立在域外"他者"对中国武术认知和了解的基础上,很显然,域外民众如果对中国武术不了解、或者了解很少,中国武术的国际传播必然会面临更多的阻碍。美誉度则是武术形象主体在公众赞许和信任的程度,即武术形象主体在公众心目中的地位和信誉。如果说知名度反映了公众对武术形象主体的认知程度和影响范围,那么美誉度则是公众在情感方面对武术形象主体的认可和赞许。

形象知名度和美誉度指标建立在对形象主体调查的基础上。武术知名度是公众对武术形象主体的了解程度,可以根据调查对象中了解武术形象主体的人数所占的百分比来确定。即:形象知名度=(知晓公众/调查公众)×100%。[1] 同样,美誉度是公众对形象主体的赞许程度,体现了形象主体在公众中受欢迎和认可的程度,可以根据调查对象中对形象主体赞许人数与了解形象主体人数的百分比来确定。即:形象美誉度=(赞许公众/知晓公众)×100%。[2] 从武术形象的构成要素上来

---

[1] 秦启文、周永康:《形象学导论》,社会科学文献出版社 2004 年版,第 293 页。
[2] 秦启文、周永康:《形象学导论》,社会科学文献出版社 2004 年版,第 293 页。

看，武术形象包括武术认知、武术评价和武术情感三个重要构成要素，其中武术认知即武术形象评价指标的知名度，武术评价和武术情感则指向形象评价的美誉度指标。

评估形象主体的实际社会形象，不仅要测量主体的形象地位，概括公众对形象主体的总体态度和总体评价，还需要考虑具体评价形象构成的具体要素，考察公众对形象主体所形成的不同看法、态度和评价的原因。现实中，由于武术形象的复杂性和动态变化，中国武术国际传播的形象评价不仅要考虑不同的个体、群体、民族对武术形象的认知差异、不同态度、复杂情感等主观感受，还需综合考虑域外文化、意识形态、历史语境等多重因素。

第二节 中国武术形象域外认知差异

任何文化及文化形象的认知都是基于一定的文化语境进行的，对于中国武术文化以及武术形象的认知同样如此。就形象本身而言，形象本身具有复杂性，武术形象也具有复杂性。武术形象的认知在不同民族、不同民众群体或个体眼中同样存在差异。在跨文化传播语境下，中国武术形象本身的复杂性，东西方文化传统、文化个性以及文明特性的不同都是造成对武术形象认知差异的原因。但是这种认知差异也不能无限放大，有部分学者夸张地认为西方人想要理解中国的文化和思想"就像同时看到镜子前后，不可能"[①]，这样的观点显然是片面的。考察西方文化语境下中国武术形象国际认知的差异，是为了在中国武术文化走出的过程中，消弭误读，增加国际民众对中国武术文化的情感善意，增强对中国武术文化的认同，更好的促进中华武术文化"走出去"。

---

① 赵毅衡：《对岸的诱惑：中西文化交流记》，上海人民出版社2007年版，第169页。

一 域外普通民众对中国文化以及中国武术的认知情况

中国国家形象调查是中国非官方外交与国际关系智库察哈尔学会和国际知名调研公司华通明略通过其共同打造的"察哈尔—华通明略"国家形象调查平台来完成的。其运用符合国际规范的科学调查方法，针对不同国家的不同受众群体，通过在线、书面或访问等方式，获取调查对象对中国国家形象、组织形象、国民形象、产品形象等的认知数据和信息。近年来，中国国家形象的全球调查数据表明，中国武术已经成为域外民众最为熟悉的文化选项，成为域外民众眼中最能代表中国文化元素的重要选项之一。

2013年的国家形象调查数据显示，国际民众认为最能代表中国文化的依次是：中国武术（52%）、饮食（46%）和中医（45%）。在对中国文化特征的选择中，国际民众认为中国文化具有"和平和谐""崇尚道德""天人合一"的特征所占的比例分别为18%、17%、17%。(2013年的调查样本覆盖了中、美、英、日、澳大利亚、印度、巴西、瑞典、阿联酋、南非和马来西亚11个国家，每个国家400个样本，共计4400个样本)。① 2015年中国国家形象全球调查报告显示：海外受访者眼中最能代表中国文化的元素，选择中国武术的比例为49%。[本次调查覆盖了G20中19个成员国（欧盟除外），访问样本共计9500个。]②

2016—2017年中国国家形象全球调查报告中，这一数据为44%。③ 在《中国国家形象全球调查2018》的22个国家中，在提供的17种能够代表中国文化的选项中，中餐、中药、武术成为最能代表中国文化的选择项，其总体比例数分别为55%、50%、46%。(2017年和2018年

---

① http://www.china.com.cn/news/2014-02/21/content_31547018_6.htm, 2019年12月10日。
② http://www.xinhuanet.com/world/2016-08/29/c_129261230.htm, 2019年12月10日。
③ https://www.useit.com.cn/thread-17732-1-1.html, 2019年12月10日。

的国家形象调查国家和样本涵盖了亚洲的中国、日本、韩国等6个国家，欧洲的英国、法国、德国等8个国家，北美洲的美国、加拿大、墨西哥3个国家，南美洲的巴西、阿根廷、智利3个国家，大洋洲的澳大利亚以及非洲的南非等不同区域的民众。样本共计11000个，每个国家500个样本）。[1] 在发展中国家，域外人们将能够代表中国文化的选项更多的投给了中医和武术，这说明中国中医文化和武术文化在发展中国家受关注的程度高于在发达国家。

二 域外习武民众对中国武术文化形象的认知情况

严格意义上讲，域外习武人群和域外普通民众是两个不同层面的人群。相对于普通人群而言，域外习武人群对于中国武术或者国外武道都有亲身习练和体悟的经历，因此，其对中国武术文化和中国武术形象的认知带有一定程度的欣赏态度和认可赞许的良好情感。"形象本身包含了态度、判断、理解、认识、评价、信念、观念、理念和印象等种种因素，但其本质是一种人的'认知'"[2]。因此，从这一意义上讲，域外习武人群对中国武术的认知情况一定程度上就代表着对中国武术形象的认知情况。

在设计的关于中国武术认知的12项指标中，包含着中国武术的文化特征、价值蕴含和发展瓶颈三个主要评价维度。通过对域外习武人群的认知调查，可以看到，域外习武人群基本认可中国武术悠久的历史（80.7%）、文化内涵（70.9%）和健身价值（71.8%）。在对外国习武人群对中国元素的认知调查中，调查结果显示：55.3%的外国习武人群认为中国武术元素可以代表中国形象，在列举的九种中国元素中排在首位。其他几种中国元素以及选择比例依次为：长城（49.1%）、茶叶

---

[1] https://www.sohu.com/a/348181569_179557, 2019年12月10日。
[2] 吴友富：《中国国家形象的塑造和传播》，复旦大学出版社2009年版，第1页。

(30.7%)、汉字(30.4%)、武侠电影(26.6%)、丝绸(19.8%)、李小龙(18.1%)、京剧(11.3%)、四大发明(5.5%)。①(域外习武人群的调查样本选择为外国生活的习武人群129人,其中以美洲和亚洲为主,占比69.1%,还包括欧洲的法国、德国、意大利等10个国家,以及非洲的南非和埃及、大洋洲的澳大利亚和新西兰)。这与近五年中国国家形象调查报告中,国际民众选择中国武术最能代表中国文化的调查结果基本一致。

三 中国武术形象域外认知差异的原因

(一) 中、西方文化传统的差异导致对武术形象认知差异

中华民族自古以来,内有多民族文化融合和协同发展的历史,外有与异域国家文化交往和文明交融的传统,体现了中华民族四海一家、和而不同的包容民族品格。但是,也应该看到中方文化与西方文化仍然具有本质上的差异,中、西方文化各自拥有自身独立的文化传统。作为东方文化典型的中国文化,既具有与西方异质文化交流的文化传统,又具有独立自主性发展的文化品性,从而使中华文化较完整地保留了民族文化传统。与之相同,西方文化也保留着自身特有的文化传统和文化品质。在西方文化强势的当今时代,中国社会面临着社会转型变迁以及现代化,在向西方先进文化学习的过程中,中国文化也不能失去对自身独立的文化传统,"中国文化传统之变迁与现代化,是不必变也不会发生'全盘西化'的现象的"②。因此,中、西方应当彼此尊重各自的文化传统,理性客观看待彼此差异。

传统强调的是一种潜移默化的精神力量,而文化传统强调的是内含于民族和国家历史中的文化核心精神,是具有传统文化特质的价值系

---

① 郭玉成:《中国武术与国家形象》,高等教育出版社2015年版,第193页。
② 金耀基:《从传统到现代(补篇)》,法律出版社2010年版,第168页。

统。"文化传统,则是文化类型的价值系统的制约、经过长期历史积淀形成而形成的、为全民族大多数人做认同的思想和行为方式上的习惯。"① 因此,对武术形象的认知是基于一定的文化传统和文化语境的,不同的文化传统和不同的文化语境对武术形象的认知存在差异是客观存在的现象。以中国文化为代表的东方文化把传统作为自身文化的原创,同样地,西方文化也具有自身的特色和自己的文化传统。文化传统体现了国家和民族文化的特质,文化传统的丢失也就意味着国家和民族的消亡和解体。抛弃自身文化传统的国家,无异于割断了通向文明的脐带,独自在文明的荒野中遭遇自我。"正如我们已经看到的,一些国家的领导人有时企图摈弃本国的文化遗产,使自己国家的认同从一种文明转向另一种文明。然而迄今为止,他们非但没有成功,反而使自己的国家成为精神分裂的无所适从的国家。"②

在中西方文化传统对比的视野下,双方之间的差异是显而易见的。首先,中国人是本体的,重视整体的和谐;西方人是分析的,重视分析的差异。代表中国传统文化典范意义的《易经》哲学是中国整体论和本体论思想的重要来源。中国整体思考和辩证思维的结合,在方法上强调"由多到一"的理念,而西方哲学则按照分析差异的原则强调"由一到多"的理念,在西方哲学理念下要了解一个事物,首先要了解它的结构、层层深入。在文化理性上,西方文化的理性趋于抽象化,理论理性发达,属于抽象的理性主义。中国文化则是基于一种整体本体的思考,中国文化的理性趋于具体,属于具体的理性主义。

其次,西方重视自我个性的重要性,中国文化则强调人与人之间的和谐关系。换句话说,西方文化倡导"法"的理性秩序,中国文化则提倡"礼"的文化传统。"法"的理性秩序使每个人在法律面前都可以

---

① 李宗桂:《传统与现代之间:中国文化现代化的哲学省思》,北京师范大学出版社2011年版,第35页。
② [美]塞缪尔·亨廷顿:《文明的冲突与世界秩序的重建》,周琪等译,新华出版社2010年版,第297页。

突出地去表现自我的个性,"礼"的文化传统强调的通过"理"的连接形成和谐的人际关系,所以,在中国文化传统中,"理"比"法"更重要,这也是中国人讲究"和而不同"的"和谐"理念的重要思想根基。从自然主义出发,西方文化倡导"法"的理性秩序,属于机械的自然主义,中国文化提倡"礼"的文化传统,属于有机的自然主义;从实用主义出发,西方文化体现了个人功利的实用至上行为,中国文化则是追求人格修养过程的精神实用主义。

因此,中、西文化传统在本体上的差异性,导致西方文化语境下看待武术形象的视角和分析方法上都存在差异。中国文化是"人对人"的文化,西方文化是"人对自然"的文化。作为伦理型的中国文化,重视儒家的中庸之道,主张矛盾的对立与转化,强调"家国同构""家国一体"的伦理情怀;而作为科学型的西方文化,则强调工具理性的作用,淡化了人文精神的渲染,形成了无限扩张的暴力倾向与野性情怀。中国文化具有重视生命的文化传统,武术文化从起源开始,就蕴含着保护自身生命的本质意义,即便发展到今天,武术文化对生命的尊重一直是中国文化传统实然意义的存在。

中国伦理型文化传统与西方科学型文化传统的分歧,导致双方在文化交流和事物认知上存在一定的差异。但是应该清楚地意识到,中国传统文化对本体意识的自觉和肯定是中、西方文化差异性的原始起点,事实上,本体也是整体性的一个原始点。这样,一方面在理性方面对本体有自知,另一方面本体能促使理性有更完整的发展。基于文化传统在本体意识方面的差异性,中、西方民众对中国武术形象的认知自然存在一定区别。西方民众眼中的中国武术形象是一个完全与人分离的两种概念,而中国文化传统下则是将武术与人、武术与自然界和谐统一,紧密联系,也就是说,习武者可以通过武术参与完成自身的道德品性修养,武以化人,武以成人,到达天人合一的境界。

(二)中、西方文化个性的差异造成对武术形象认知的差异

"文化个性"概念的提出具有深层的文化生存背景。"一个社会,

或部落，或部族，面对无数人类行为的可能性，选择是必不可免的。而正是这不同的选择，形成了诸文化间的迥然相异。而这样一些差别，绝不是生物学意义上的那种必然差别，是文化、社会选择的结果。"① 本尼迪克特认为，文化就是"大写的个性"，每一种文化都具有区别于其他文化特质的主旋律，不同民族文化的主旋律实质上就是该民族文化的独特价值。对于中国武术而言，这个主旋律就是武术文化个性的民族性，新时代民族文化的复兴就要奏响中国武术文化的主旋律，做好武术文化个性民族性的重建。正是由于文化个性内蕴的价值独特性才成就了不同文化具体形态，构成了人类文化的丰富性、生动性，也成为具体文化形态中文化自我身份确证的依据。

历史上各种文化都有其特定符号作为自己的象征，每一种不同的文化也都具有自己独特的个性特征。在中华民族特定的文化模式、文化结构和文化形态之中，蕴含着西方文化独特的内在精神、内在品性和价值理念。西方文化的"独立型自我"个性对武术形象认知的差异。东方与西方社会的根本不同就在于关于"个人"的地位及相应的"自我"概念。"自我"具有"个人"与"群体"的双重性质。在整个"自我"中，"个人"和"群体"的成分是相互补充的，而不是辩证相对立的，哪一部分得到强调因文化的不同而不同，但这并不意味着只能作"两者择一"的选择。西方文化表现出强烈的个人主义特征；而在东方，群体意识则扮演着更为重要的角色。

因此，西方人是倾向自我的，他们的行为在很大程度上取决于他们对自我的概念，我们将"自我"定义为一个人区别于其他人的身份、人格和个性。对他们而言，"自我"是个统一的概念，它赋予人们思考的角度、行动的方向、动力的源泉、决策的源泉，以及介入群体的范围。相反，东方人是集体取向的，他们依据所属群体里的地位得到身

---

① [美] 露丝·本尼迪克特：《文化模式》，王炜等译，生活·读书·新知三联书店1988年版，第4页。

份。换句话说,东方人是淹没在群体中的,当他们和群体的关系断绝或不存在时,作为个人,他们就会感到迷失和无力:"占支配地位的价值观是建立在人际关系而非个人基础之上的社会互动过程中所表现的同质性。群体成员间的义务网络,而不是人的'自我',才是参考的要点。在东方文化中,人们的行为首先取决于遵守群体规范以及维持良好的社会关系,个人目标仅处于次要的位置。"① 由此可见,基于文化个性上的差异,不同文化语境下对武术形象的认知必然表现出不同程度的认知差异。

(三) 中、西方文明特性的差异造成对武术形象认知的差异

从文明的视角出发,中、西文明也存在根本的差异,这种文明特质上的根本差异蕴藏着中西文化差异性的基因,也是西方文化语境下中国武术形象认知差异的一个重要原因。19世纪中叶以前,东方的农业文明连连在西方的工业文明面前吃败仗,这使得一向以"礼仪之邦"自诩的中国人大为震惊,近代中国曾经领先于周边国家,面对被工业文明武装起来的西方人,为了获得一个全新文化参照系,曾经先进的中国人开始从器物文化、制度文化到心态文化诸层面深入思考自身的文化传统与工业文明武装的西方文化传统区别的原因。从文明差异的视角出发,需要通过对比东方农业文明与西方工业文明这两种文化生态的差异中,对自己文化传统和文化特质重新认识。

西方文明发源于地中海沿岸,西方文明"以自然为恶""注意人为",由此派生出西洋的"主动文明";中方文明"以自然为善",以体天意,遵循天理,由此产生了中国的"主静文明"。中、西文明之间的差别,导致东西方社会现象"全然殊异",进而造成文化的大相分歧,但是正是两种文明的风格不同,形成了世界不同文明的绚丽色彩。动的文明,具都市的繁华景趣;静的文明,带田野的恬淡色彩。中、西双方文明各具特色,相得益彰,中方文明具有自己的独特个性,西方文明同

---

① [美] 露丝·本尼迪克特:《文化模式》,王炜等译,生活·读书·新知三联书店1988年版,第18页。

样具有自身独特的价值。"西方文明的价值不在于它是普遍的,而在于它是独特的……不是试图按照西方的形象重塑其他文明……而是保存、维护和复兴西方文明独一无二的特性。"①

东、西文明的差异同样表现在对中国武术国际传播中武术形象的认知的冲突。以主"静"为特征的东方文明对中国武术形象的考察,并不是仅仅停留在武术表象的攻防技击动作,而是探求这种攻防技击形象背后的意义,换句话讲,武术"打"的暴力形象,实际上只是中国武术的表象,中国武术的"不打"形象才是东方"静"文明特征下的真实形象。以主"动"为特征的西方文明对武术文化的考察明显倾向于对武术"打""暴力化"等表面形象的认知,这种表象认知实际是对中国武术内在形象的误读,特别是在中、西方文化传统差异的视野下,人为设置了中国武术国际传播中西方民众对武术文化认同的障碍,也在客观上加剧了中国武术融入西方文化的难度。

四 小结

在跨文化传播语境下,中国武术形象本身的复杂性,东西方文化传统和不同国家价值观的不同,东西方文化个性不同以及意识形态的不同等都是造成对武术形象的认知差异的原因。"就推广中华文化而言,你的受众是全世界,就当今社会而言,主流的思想还是西方文明。因此,你必须要用西方人或者说全人类共同的语言和说说的方式,来表达和推行你的东西。你千万不要'自说自语',营销的最高境界是,你需要通过'人所欲,施于人'的方式,达到'己所欲,施于人'的目的。"② 因此,考察西方文化语境下中国武术国际传播武

---

① [美]塞缪尔·亨廷顿:《文明的冲突与世界秩序的重建》,周琪等译,新华出版社2010年版,第287页。
② 欧阳斌:《名字决定品牌生死》,中国社会出版社2012年版,第190页。

术形象认知的差异,是为了在中国武术文化走出去的过程中,消弭误读,增加国际民众对中国武术文化的情感善意,增强对中国武术文化的认同。

第三节 中国武术国际传播的二元形象认知

一直以来,技击一向被公认为是中国武术的本质特征。国内很多学者也认同这种观点,离开了技击性,武术就不是武术了。古往今来的武术家、学者很少有人去质疑这种说法的正确性,"正因为中国武术历史上与格斗搏杀紧密相连过,以致很多人一提起武术便会想到'打'和'能不能打'来衡量武术的真伪"[①]。正是这种习惯性的认知,使我们不加思索地认为武术就是一种能"打"的形象,从而造成对中国武术真实形象的误读。打破中国武术国际传播中这种习惯性认知形象的偏见,探究中国武术"能打"形象的附魅与祛魅,厘清中国武术形象误读的原因所在,才能还原一个真实的武术,才能让中国武术自信地站在国际舞台的聚光灯下被世界打量。

一 "打"是普通民众对中国武术的习惯性认知

(一)"能打"是武术的原初形象

中国武术从原始社会的人兽相搏就被赋予了一种"打"的暴力的想象。中国的古代社会战争频繁,"在野蛮战胜文明的古代社会,谁具有最残酷的杀戮手段,谁的组织就拥有权力和财富"[②],所以,在冷兵器时代,武术与战争紧密联系在一起。战争作为暴力的最高形式,武术自然与暴力密切相关,由此引发了人们对武术与"暴力"及"打

---

① 王岗:《中国武术技术要义》,山西科技出版社2009年版,第28页。
② 孙澄:《形象的本质》,山东大学出版社2009年版,第503页。

斗"的无限想象。因此,"能打"的原初形象也是普通民众对武术的第一认知形象。自从有了人类的生息繁衍,也就揭开了人类历史的宏大篇章。

在原始社会,人们为了生存开始了和自然界的斗争,萌生了具有"攻防动作意识"的"武术"。应当说,原始社会的人兽相搏是出于人类保护自身安全和生存的需要,正是这种出于人类本能的自我保护,开始产生了与兽相搏的"暴力"打斗。远古时期的原始社会,在恶劣的生存环境的自然选择下,人类依赖自己的生理机能和求生的本能,逐渐摸索出许多简单的"攻防"动作以对付和防御野兽的侵袭,并使用简单的器械,如石块、木棒、弓箭等作为武器,以便在与野兽的搏斗中赢得胜利,获取可以满足中生存需要的物质基础。

因此,人兽相搏展现的是武术作为"暴力打斗"的形象。透过众多的考古发现,我们头脑中就会浮现这样一种画面:成群的原始人群手持棍棒投枪,高举火把,漫山奔跑,追逐四处逃跑的野兽。狩猎是先民为了生存必须进行的生产活动,人兽相搏成为原始社会人类生存的时代主题。人兽相搏是个人或者群体为了生存需要与野兽进行的打斗,这种打斗只是为了简单的生存的需要,人兽相搏诞生了武术作为最初"暴力打斗"形象的原型。到了私有制萌发的新时器时代,部落之间为了掠夺土地、财产以及人口经常发生激烈的争斗,这种争斗慢慢演变为规模较大的战争。因此,原来用于狩猎活动的攻防格斗动作被应用到部落之间的争斗和战争中,生产技能逐渐转为军事战斗技能,这就是军事武艺的起源。

武术与军事的结合成为部落战争所需要的军事武艺标志着武术功能的一次巨大转变,军事武艺没有改变武术作为打斗的形象,武术从简单的人兽相搏发展到部落群体的集体战争,已经蜕变成一种人类战争的最高级别的"暴力形象"。这种伴随战争形成的集体暴力形象一直都影响着人们对武术形象的正确解读。所以,无论是作为人兽相搏的打斗形象还是作为部落战争的集体暴力形象，当时的武术都体现了人们对武术勇武与暴力形象的追求，武术勇武与暴力打斗的紧密联系不仅是武术起源形成的客观存在，也形成和塑造了武术能打的原初形象。

我们不否认，作为一种以技击动作为素材的身体文化形态，"打"的技术存在是真实的。"武技研究的是制敌取胜之技法理论，要格斗搏击，自然就意味着暴力、流血和伤人，甚至杀人"①，在众多的中国武术拳种、流派的演进过程中，大量地流传着关于武术"打"的故事，造成了人们对武术"是一种打的文化""是一种暴力文化"等的习惯性认知。在文明主导的现代社会里，似乎暴力和打斗成为人们口诛笔伐的丑陋行为，因为"暴力不能促进事业的发展，也不能推动历史的进步或革命的发展，但它的确能把不幸的形象生动的表现出来，并使他们引起公众的注意"②。

正是在这样的偏见理解下，中国武术形象成为普通民众这种习惯性认知与误读的牺牲品。中国武术作为中国的传统文化被习惯性地误读为与暴力野蛮打斗等的词语相联系的行为，这样的现实多少让我们感到无奈。正如19世纪美国史学家中狭隘主义思想所说的那样，"西方体现文明，中国代表野蛮"③。这种文化相对主义，对20世纪的美国产生了重要影响。而对于中国武术而言，这种习惯性的偏见，也阻碍了武术的发展，损害了武术真实的美好形象。武侠电影《少林寺》在当时影响了一大批年轻人，很多男孩子甚至因为崇拜片中的"觉远和尚"，剃了光头去学习武术，但他们并不明白武术的真正含义，很多沦为街头混混，沉迷于打架斗殴。李连杰在拍摄完《少林寺》30年之后，还对自己在影视中塑造的"能打"的武术形象耿耿于怀，深感自责，这说明武术"打"的形象实实在在地误导着普通民众。

---

① 刘俊骧：《武术文化与修身》，中央编译出版社2008年版，第48页。
② [美]汉娜·阿伦特：《暴力与文明》，王晓娜译，新世界出版社2013年版，第2页。
③ [美]柯文：《在中国发现历史：中国中心观的兴起》，林同奇译，中华书局1989年版，第50页。

(二) 武术"能打"习惯性认知的深层原因

武术文化的内在形象与现实武术的暴力形象的误读与悖论，折射出武术的文化张力与武术的形象张力之间的"话语权"争斗。武术形象习惯性认知的深层原因是武术文化张力与武术形象张力的断裂。武术文化张力是指武术作为一种文化所具有的影响力与包容力，是中国武术通过历史的积累与沉淀逐渐形成的具有顽强生命力的文化存在的外在体现。武术的文化张力体现在武术以一种强势的身体技术形式来实现其自身的影响力。中国武术是沐浴在中国文化的母体中孕生的身体文化，中国文化本身的厚德载物、民胞物与的精神是以"天下""全人类"为对象而树立起来的。武术文化张力与武术形象的"断裂"来自域外受众对中国武术文化的漠视以及不正确的想象，当然这种文化漠视最根本的原因是中国武术文化话语权的缺失。

武术的形象张力不同于武术形象的塑造，而是指在"他者"视野下的中国武术主体形象背后所隐藏的话语权力。因此，武术的形象张力是通过对武术话语的言说建立起来的武术自身的话语权，并由此衍生出来的对社会公众产生的广泛影响力。因此，武术的形象张力是建立在"他者"对武术的认识的基础上带有武术象征性的内涵，成为"他者"认识武术、解释武术的一个语境。因此，武术形象的张力必然会影响武术文化张力的延续与扩张，甚至会对武术文化本身带来颠覆性的后果。一个被误读的武术形象，极大地妨碍了外部世界对中国武术的认知，甚至可能造成针对中国武术的完全负面的想象与臆测。而更为可怕的是，这种对武术形象的误解在他者的视野里恰恰是他们自认为的对中国武术的"合理性""真实性"的解释。

形象本身是他者意识的延续，武术形象是他者对武术认知所形成的一种对武术的想象和推测。因此，武术形象的话语权实际并没有掌握在中国武术的手中，而是为他者所掌控。所以，重拾武术形象的话语权必然要增强武术的文化张力，也就是说必须在他者的视野里增强武术的文化吸引力和价值吸引力。武术形象张力的影响最为显著的体现是在推进入奥的进程中。在进入奥运会项目的过程中，中国武术无视东西方文化的差异，盲目对自身进行变革以迎合和讨好西方文化意识为主导话语的奥委会的执委们，武术入奥的失败实际是一种必然。因为，中国武术并没有真正地对那些掌管奥委会话语权的执委产生足够的文化影响力和价值影响力。可想而知，一个对中国武术是什么都一知半解的执委又怎么会把票投给中国武术呢？

因此，武术文化张力与武术形象张力的"同一"不仅体现着武术形象的真实意蕴，也是重塑武术正面形象的真实追求。中国武术入奥彰显了武术自身的文化张力与他者对中国武术形象张力的断裂，如何消弭二者之间的矛盾是中国武术入奥和中国武术发展的关键所在。这就是文化张力与形象张力的"同一性"。"同一性"就是指中国武术自身的自证与自认与他者的认知与认证之间的一致性。全球化的时代不仅促使了根源文化的意识的觉醒，同时也是一个文化张力得以张扬的时代。

全球化时代的到来，对于中国武术的发展而言，提升中国武术文化的张力也就提升了中国武术的形象张力，这是中国武术发展的根本问题。按照我们的理想，中国武术的形象应当是中国武术作为一种文化的整体反应投射到他者的意识之中的产物。因此，尽管武术形象是他者的建构，但是作为他者的武术形象与作为主体的武术文化之间实际上应该具有"同一性"，他者对造成中国武术形象的误读，实际折射了作为他者的域外民众对中国武术想象的无意识和有意识的曲解，内在地反映了武术形象的话语权竞争。因此，中国武术的文化张力与他者的形象张力的"同一性"关系到武术发展的根本性问题，同时也是我们追求的理想化目标。

面对他者对武术形象有意识或者无意识的曲解，面对中国武术形象张力的无限扩大或夸张，甚至完全偏离武术的真实面目，我们应该在谋求中国武术文化张力的同时，保持与他者之间的交流对话。实际中国的强势崛起向世界传达了一个重要的信息:一个强大的爱好和平的中国对世界至关重要。中国与他者的文明对话是世界发展的趋势。中国武术作为中国根源文化的重要代表,必须建立起中国武术自身的文化张力,通过各种渠道去宣传客观真实的中国武术,加强与他者真诚交流获得彼此双赢的态度与共识,只有这样,我们才能够在武术文化张力与武术形象张力之间寻找到一个使自我与他者趋于和谐、求同存异、走向共生的双赢发展的契机。

二 "不打"是中国武术"能打"的超越和升华

(一) 中国武术"能打"的假想和预设

"技击是武术的原点特征","技击是中国武术产生时社会环境与世人赋予它的功能"[①],因此,我们习惯性地把"能打"误读为武术形象的真实。不否认,武术讲求"能打",是因为武术动作本身具有攻防含义,这是武术的主要特征,技击是武术赖以生存与发展的基础。但是,"能打"只是武术真实形象的假想和预设,是武术作为技击技术的外在形象,武术"不打"的内在形象才是我们真正关注和真正追求的。长期以来,"能打"作为武术技击本质特征的切实体现得到了广大武术学者的广泛认同,但学术界对武术技击本质特征的质疑声音也响亮地存在着。

学者王岗认为:"技击是武术的本质特征是一个封闭的论断""技击是武术的本质特征是一个习武人的论断。""人们为了获得武术的真谛,为了实现肉体与精神的双重自由,对技击有着近乎宗教般的顶礼膜拜,技击对于执着于武学的人来说,那将是全部。可以没有金钱,没有富足的生活,没有什么都可以,就是不能停止下来去追求技击的神话。"[②] 因此,能打的武术已经成为部分习武者的毕生追求,这不仅是

---

① 王岗:《中国武术技术要义》,山西科技出版社2009年版,第28页。
② 李仲轩:《逝去的武林》,当代中国出版社2006年版,第11页。

习武者的悲哀，更是对中国武术价值和存在的严重伤害。

事实上，既没有刀枪不入的武林高人，也不存在飞檐走壁的豪杰侠士，"从理论上推究，中国武术一直闪烁着神的光彩；从实践中考察，中国武术确确实实不过是凡人的行为。在人向神的精神过渡中，在武术界表现为极力突破人体的体能极限，去追求那种非凡人所能为的绝世武功，这在实践层面上是行不通的"①。回溯中国的历史，当遇到无法解释的自然现象时，国人就将其归咎于神灵的存在，因此，对神灵的崇拜也使得来自民间文化形态的中国武术蒙上了神秘的鬼魅色彩。但是在媒介发达的今天，中国武术能打的"秘籍绝招"已经无处藏身并毫无保留地暴露在公众面前。

早前传得沸沸扬扬的"天山武林大会"已经落下了帷幕，代表中国武林各门派最高功夫水平的掌门人，花拳绣腿险被观众打败的事实，也让原本高深莫测的"武林"二字逐渐褪去了神秘的光环，甚至有媒体调侃这根本就是一场"中老年人的 Cosplay"②。因此，当我们习惯性地认为武术"能打"的时候，竞技武术格斗中中国武术又不能"打"的事实，常常让我们感到失望。武术作为中国传统文化的典型代表，人们对武术"能打"的评价，从一定程度上能够满足人们多种层面的愿望和需要：在遇到坏人的时候能够战胜坏人从而达到防身的需要和愿望；在武术国际竞技的舞台上战胜他国选手进而满足其倍感荣耀的民族自豪感，等等。但是应当看到，当人们对武术形象形成一种习惯性的认知和误解的时候，人们对武术正面的内在形象的评价也存在着偏见和误解。

因此，当今天面对武术发展尴尬境遇的时候，的确应该深刻反思武术"能打形象"不仅不是武术真实的内在形象，更是阻碍武术发展的

---

① 李源、王岗、朱瑞琪：《中国武术负面形象的形成原因及反思》，《北京体育大学学报》2013 年第 9 期。

② http://www.guancha.cn/society/2013_08_15_165946.shtml，2019 年 12 月 20 日。

无形障碍。武术的"能打形象"不仅只是我们的假想和预设,更与中国传统文化追求和谐的诉求背道而驰。2008年的北京奥运会开幕式上,中国传统文化中对"和"的演绎和解读使得西方世界对中国产生了极大的好感。虽然武术从起源开始一直带着"暴力"的形象,可是中国传统文化中却始终强调对"和谐"的追求,这也让浸润在中国传统文化之中的武术有着自己终极的理想和价值。

古往今来的武术家始终将中国武术对"和谐"的追求视为他们的武术理想。西方武技强调"以暴制暴""恃武取胜"与中国武术"以德制胜"的武术思想恰好相反。中国武术向来不是"以暴制暴"的武技,但中国武术"以德制胜"是建立在武术高超技艺的基础之上的,这正是中国武术与西方武技的重大区别。可以这样说,即使武术真正地打遍天下无对手,武术的发展传播不仅不会一帆风顺,反而会遭遇更多域外格斗术的抵制和反击。道理很简单,武术的发展必须回归武术的本源,止戈为武的"不打"形象才是中国武术终极追求的真正的内在形象。

(二)中国武术"不打"的升华和超越

我们不否认武术的动作本身具有的攻防含义,从而造成了大众对武术"能打"的习惯性认知形象,但武术的终极追求却是"不打"的"崇尚和谐"的审美形象。因此,中国武术是一种理想化的技击艺术,中国武术讲求"打",是因为技击是武术的基本特征,同时,武术追求"不打",是因为文化的特性和民族属性决定了"打"是非主流的意识形态。正如王岗教授所说的那样:"武术是一种追求教化的文化""武术是一种理想化的技击艺术。"① 武术的"不打"是中华民族传统的价值观和文化个性决定的。正如中国人发明的指南针和火药并没有在中国人手里变成海外扩张和发动侵略战争的工具一样,凝聚国人勤劳智慧的武术并没有在中国人手里变成真正意义上对"打"的暴力追

---

① 王岗:《中国武术文化要义》,山西科技出版社2009年版,第111、126页。

求,武术的"打"仅仅是出于生存竞争的需求和抵御外侮防身自卫的需要。

　　中华民族"和合"的价值观体现了中华民族对和平的向往和追求,铸造了中华民族和平文弱的性格,这与西方民族"好斗""尚争"的文化品性形成鲜明的对比。冯天瑜先生认为,西方的文化是"智性文化",中国文化是"德性文化"①。张岱年等先生认为:"中国传统文化之重'德',并不是说它轻'智',而是一种德智统一、以德摄智的文化。"② 武术作为中华民族的传统文化,不仅蕴含着中华民族的勤劳智慧,更重要的是人们"寓武以道""寓武以德",将武术与民族传统的"和合"的价值观和文化个性紧密相连。"文化个性作为民族集体生命历程生成历程内蕴的文化精神,是生命生成、生命理解、生命伦理等多方面的合一。"③ 武术从起源就渗透着中华民族的文化个性,武术动作的攻防技击技术实质上包含着对生命伦理的敬畏和理解。

　　武术的"打"是一种技击技术,"不打"是一种技艺境界。武术"打"所追求的终极目的是"不打","不打"是对"打"的境界的超越。学者陈炎教授对武术有过这样的表述:"中国武术的最高境界不是对抗而是和谐,即体现了我们'注重和谐而非对抗'的民族精神。从造字学的角度上讲,'武'字是由'止''戈'两个字结合而成的,足见习武的目的不是为了征服别人,而是为了制止暴力。所以古人对习武者的德行要求很高,嗜杀好斗的人是不配习武的。"④ 因此,中华文化传统中以"仁、义、礼、智、信"为规范对人们的教化要求以及对"和合"价值理念的追求,无不体现着中华民族"和谐"的生命理解和生命伦理智慧,这种对生命理解和生命伦理智慧的理念决定着武术向往

---

① 冯天瑜:《中华文化史》,上海人民出版社1990年版,第232页。
② 张岱年、方克立主编:《中国文化概论》,北京师范大学出版社1994年版,第348页。
③ 陈文殿:《全球化与文化个性》,人民出版社2009年版,第288页。
④ 陈静:《汉字、中医、中餐和武术:中国还有人文版"四大发明"——陈炎教授访谈录》,《中国社会科学报》2009年9月17日第6版。

"和谐",追求"不打"的终极追求。

武术追求"打"的技术,也追求"不打"的技艺,这种看似矛盾的说法实际上体现了人们对武术形象认知的升华与超越。"真正能够达到武学至高至上境界的大师,所信奉的是对武术技击艺术化无限完美境界的理想追求和体悟。"① 伴随人类文明的发展历程,武术发展到今天,已经失去了武术作为"打"所存在的生存空间。武术"打"的形象只是武术技击思想、技击理念的艺术化和想象化的表意实践,而"不打"则体现着武术技击形象的艺术审美意蕴。武术"不打"的审美意蕴所表现的主题和内容是关于攻防技击的意境、思想和想象,使人"领略到武术对技击的体验、想象和期待"②。武术动作取材与技击动作,是技击动作的升华和艺术创造。"在这个创造过程中,武术家按照自己的文化观念和社会要求,将素材进行选择、提炼、修饰、分解、组合、概括、抽象,再依据攻守进退、动静疾徐、刚柔相济等规律进行排列组合,串联成套,从而用艺术的形象,集中表现出技击动作最具普遍意义的特征。"③

因此,武术对技击的艺术表现是虚拟的,与现实中的技击有着本质的区别。武术中的刀、枪、棍、剑的击刺动作,闪展腾挪的跳跃翻滚都是一种虚拟对手的攻防动作。习武者在不断的练习过程中,将实战中的真实对手虚化为攻防情境编织中的虚拟对手,并仔细揣摩每个动作的攻防技击含义,完善自己的技艺。对于观看武术表演的观众而言,人们对武术的演练中所展现的攻防动作有着无限的想象,感受着武术演练动作所要传递的和表达的技击表意,从而淡化了武术技击动作外显的斗狠和血腥,含蓄内敛地表现了武术攻防技击动作蕴含的攻防原意。因此,武术的"不打"形象实质上是武术"打"的形象境界上的超越,是对武

---

① 王岗:《中国武术文化要义》,山西科技出版社2009年版,第135页。
② 戴国斌:《看不见的武术套路美:一项文化研究》,《体育科学》2004年第4期。
③ 王岗:《中国武术文化要义》,山西科技出版社2009年版,第142页。

术技击的再现和想象,赋予了武术技击无尽的艺术审美意蕴。

三 武术形象本原:拳理、拳法、拳势三位一体的攻防技击表意

　　武术形象的本原是指中国武术客观存在的面貌,是中国武术的原始存在的自然状态,这是塑造和修正武术形象的基础,武术形象的本原是拳理、拳法、拳势三位一体的攻防技击表意。中国武术素有"起于易、成于医、附于兵、扬于艺"之说法,中国传统文化的理论依据必然是武术形象形成的重要基础,《易经》作为中国哲学的元典,其思想和理论对武术拳理有着深刻的影响。中国武术作为一种身体文化,武术的演练是通过身体体验达到锻炼身心感悟生命的目的,这种重视以修炼身心,重视个人生命体验的特征与中国古典哲学重视生命的基本特征相契合。无论是儒家还是道家都是一种从人体感悟中升华的生命哲学,都强调和重视以生命的体验和理解去看待宇宙和人生。

　　中国哲学源于人体文化极大地影响着中国武术身体文化形象的丰富和发展。中国哲学中"天人合一"观对武术影响至深。"天人合一"形成了武术"师法自然"的特征。如象形拳就是通过人体动作去模仿自然界中的各种事物而演变成的拳种,同时又赋予象形中丰富的含义,"象形取意"形成了各种特色鲜明风格独特的象形拳种。阴阳五行与八卦化生的哲学理念都是中国武术的拳理依据。在阴阳辩证的观念指导下,形成了武术快慢相间、动静相生、刚柔相济、虚实开合、进退攻守等诸多技术特征和技击原则。五行相生相克的哲学理念构成了形意拳的拳理依据,八卦化生的哲理形成了八卦掌的理论依据。可以这样说,中国武术无论何种拳种流派其拳理依据都可以从中国传统文化和古典哲学里找到理论依据,武术的拳理正是武术形象产

生的理论基础。

拳法是武术形象形成之"度"。这里所说的拳法并不是通常意义上所说的"拳法"。"法"是法则和准则，是武艺最基本的技术运行规则。古语有"进退顺法，动作合度"，这里的"法、度"就是指法则、标准和规律。也就是说武术技术的运行规律，是武艺训练和实用中最具普遍意义价值的原则。戚继光的《拳经》中有"手法利捷""脚法轻固"之说，李小龙讲"以无限为有限""以无法为有法"、武术技击中的奇正关系、武术套路演练中的对比均衡等都说明了武艺的规律性。如武术中的"奇正"关系。"斜中寓直，寄中寓正，正中含奇，以奇求正，均为重力平衡，总体上平衡"①。如剑术动作中的快速行步，醉拳中的醉步，在动作的变化中寻求平衡，使动作充满动感和无限的张力，凸显了武术的形象。武术中的对比相当于书法艺术中的长短曲直、粗细方圆、润枯浓淡等，在一个整体的书法作品中互相辉映凸显和谐；武术中动静起落、高低快慢、刚柔轻重、进退快慢等在一种不均衡的对比中相反相成，在相互照应中凸显武术的形象魅力。

拳势是武术形象的直观展示。从字面的含义来理解，"势"就是技术动作的姿势。"中国武术的表层或表现，指的是中国武术的技术，其体现为动作的姿势、形态、过程、方法，我们可以简称为武术的'势'"②。武术丰富多彩的直观形象是通过武术动作的不同姿势来展示出来的。武术作为一种操作性和效应性很强的身体文化，离开了身体动作的姿势，也就失去了武术的根基，因此，拳势是武术的基础所在，武术形象的形成首先是通过身体展示的技术动作来展现的，拳势是武术形象的直观展示。中国武术拳种流派众多，拳势千变万化，造就了中国武术丰富多彩的万千形象。当前竞技武术的比赛，观众对武术的直观认知，通常是通过变幻多端的丰富的拳势动作来体现的。学者王岗教授用"武不尽势、

---

① 邱丕相：《中国武术文化散论》，上海人民出版社2007年版，第235页。
② 王岗：《中国武术技术要义》，山西科技出版社2009年版，第53页。

势无穷意"①来形容武术技术的磅礴之气和深邃意蕴。正是"武不尽势"带给人们对中国武术丰富形象的无穷遐想和无限向往。因此，无论何种拳种流派呈现的何种武术形象，其本原都是拳理拳法拳势三位一体的攻防技击表意。

四 小结

中国武术从最初的直接用于格斗对抗的能"打"之术，形成了普通民众对中国武术"能打"的习惯性认知，而"不打"则是中国武术"能打"形象的超越和升华。武术的"不打"看似背离了"打"的初衷，但从"打"到"不打"，武术始终没有离开技击的原点。相对于西方武术追求直接格斗对抗的"能打"诉求，中国武术显然更多的在追求"不打"。中国武术无论在运动形式上还是在价值追求上都有别于西方格斗术的直接攻防对抗。中国武术本身的内倾性体现了中华民族重内、重意、重合、重直觉的文化心态，使得中国武术更加注重文明的格斗，在规则约束下避免伤害对手。

生态文明的未来社会必然要求中国武术要摆脱工业文明时代激烈竞争的搏斗格杀，追求一种充满艺术情境和意境的艺术化格斗去表现人类的格斗生活。通过对武术技击的抽象与概括，艺术性的展现具有武术特色的人类技击本原的能力，这是人类生态文明时代对武术提出的主流要求。如果仅仅将武术停留在一般的角斗上，仅仅局限于搏斗厮杀，中国武术永远不能成为登上大雅之堂的具有典雅性、包含人文精神的文化艺术精品。中国武术走"儒雅"的艺术之路，不仅体现了中国武术的审美思想，也是生态文明时代中国武术成为中华民族文化精品的必然选择。

---

① 王岗:《中国武术技术要义》，山西科技出版社2009年版，第79页。

第四节 中国武术国际传播的形象定位及意涵

中国武术形象的定位是中国武术形象塑造的基础。中国武术国际传播的形象定位必须展现真实的属于中国身份的武术个性，体现中国武术的核心价值理念和身体文化特征，并有利于中国武术的国际传播和未来发展。文明武术、艺术武术、自然武术、智慧武术形象体现着中国武术的内在品质和武术精神，是中国武术国际传播中应当追求的"特色"与"个性"。文明的武术形象体现了中国武术对道义和谐的追求；艺术的武术形象表征了中国武术技击艺术的东方神韵；自然武术形象体现了中国武术的生态人文关怀；智慧的武术形象闪耀着中华民族的灵动智慧。

一 中国武术国际传播的形象定位

（一）文明武术形象：对道义和谐的追求

"道"一直作为中国古典哲学思想中的理论发端，"道义"则是中国武术伦理性质的体现。强调哲理与伦理的结合是中国武术与域外武技的重要区别。著名文化学者王蒙认为："最应该弘扬的是中华文化的道义崇尚、精神崇尚。"[①] "道"是指古典哲学中的阴阳、刚柔、动静、虚实等哲理内涵，这些哲理与中国武术的完美结合体现了中国武术的拳理内涵，而道义则体现了中国武术内在丰厚的伦理蕴含。武术以一种近乎完美的运动形式诠释着古老的中国古典哲学的思想内涵，追求那种完美而和谐的人生境界和人生道义。武术外显的"打"并不是"为打而打"，而是"为不打而打"，体现的是武术的道义。著名电影导演张艺谋认为，武术的"打"是武者为了信仰和理想而打，是武者对做人的

---

① http：//theory.people.com.cn/GB/17063106.html，2019 年 12 月 20 日。

境界和格调而打,这种"打"突出了彼此双方的尊重,在"打"中体现着武术的道义。武术对道义的追求才是武术最深层的形象所在。

影视演员李亚鹏说:"在我心目中,武术形象,实际上就是中华民族男子汉的形象。大智大勇、正直善良、侠肝义胆、惩恶扬善……""武术,是中国特有的,是独一无二的,是能够让你在异国他乡感到身为一个中国人而自豪的。在国外,很多外国人见到中国人就会竖起大拇指连声说:'Chinese,KungFu'。武术已经成为民族的一种形象代言,代表着中华民族的形象。"[1] 因此,在普通国民的眼中,中国武术不仅是中华民族的形象代表,也是中华民族男子汉侠肝义胆、惩恶扬善的"侠义精神"以及对"道义"追求的化身。李小龙虽然去世多年,但是他的名字在国内外仍然妇孺皆知,就是因为他不畏强暴、自强自立的武术精神和武术气节,让他的事迹世代流传。武术之"道义",才是中国武术的内在形象所在。

武术之道义,体现在拳种流派的门规戒律以及技击实践之中。武术众多的拳种流派的门规戒律几乎都强调"道勿滥传"。如少林拳强调:"强横不义者不传,强横则为乱,无义则负恩",峨眉拳"不知者不与言,不仁者不与传"等。武术传与贤达之人,体现了"身正则艺正,艺无德不立"的朴素的武术道义。武术道义还体现在武术技法中,如"舍己从人"等理念成为太极拳技击的核心要义,而这也正是人生修为的伦理品质。"舍己从人"是说在太极拳技击中借力打力的技击技巧,"见利思义"原本的意思是说见到利益要想到是否合乎正义,在太极拳的技击实践中是指"沾连粘随""不丢不顶"的拳理要义。如果社会中多了些这样的人生修为和历练,我们期望的和谐社会应该少了很多诸如"见利忘义"的可耻行径以及"多行不义必自毙"的人生悲剧。

中国武术的道义追求在儒家仁义精神的思想基础上,融会了禅宗佛学的"持戒、化解"以及道家的"不争、虚静",体现了中华民族善良

---

[1] 《20人谈武术形象》,《中华武术》2003年第7期。

诚信、热爱和平的民族高尚品德。武术道义不仅是中国武术内在形象的根本所在，也是人类一直追求的普世价值所在。中国武术之所以经久不衰，不仅仅是因为它具有很高的实用价值，更重要的是中国武术深厚的文化内涵，中国传统文化的价值观深刻地影响着武术的发展。"武"这个字从汉语造字的结构来说，实际蕴含的意思是"止戈为武"。所以武术的终极价值实质上就是对"和"的追求。"和"具有中国传统文化的终极价值和重要特性，"和"也是中国武术一直追求的价值和目标。

2008年北京奥运会开幕式上，中国传统文化中对"和"的演绎让西方世界对中国文化产生了极大的好感。虽然武术从起源开始一直带着"暴力"的形象，可是中国传统文化中却始终强调对"和谐"的追求，这也让浸润在中国传统文化之中的武术有着自己终极的理想和价值。古往今来的武术家始终将中国武术对"和谐"的追求视为他们的武术理想。西方武技强调"以暴制暴""恃武取胜"与中国武术"以德制胜"的武术思想恰好相反。中国武术向来不是"以暴制暴"的武技，但中国武术"以德制胜"是建立在武术高超技艺的基础之上的，这正是中国武术与西方武技的重大区别。

和谐武术，不仅要学会接纳和尊重异己异质的域外文化，也要在文化全球化的今天积极融入异己异质的域外文化，真正实现中国武术的跨文化融合，从而实现各异质文化"和而不同，和谐共处""各美其美、美人之美、美美与共，天下大同"[①] 的人类美好愿望。"和"是人类世界的普世价值和理想追求。因此，武术文化的"和谐"形象无疑符合全世界爱好和平人们的认同。这也是我们应该对武术文化保持自信的原因所在。长期以来，武术的"和谐"形象一直被西方误读，改变这种误读的现状，需要我们还原武术本来"和谐"形象的准确定位，并有效传递给世界，来争取世界的认同。

---

① 费孝通：《文化与文化自觉》，群言出版社2010年版，第448页。

(二) 艺术武术形象：东方神韵的身体技击艺术

形象的塑造不仅要追求感官上的美好视听感觉，还要追求心灵上的愉悦享受。如果把感官上的愉悦看作形象的表层规定，那么，心灵上的愉悦享受应当等同于形象的深层规定。而武术之"韵"就是武术形象的深层规定，体现了武术形象带给人的美好的心灵享受。从人类学的观点出发，自然环境决定了思维方式，思维方式决定了文化形式。传统以农耕为主的中国，长于观天察地的形象思维决定了中国武术必然趋向艺术特征，武术之"韵"成就了武术艺术形象的审美意蕴。这也是中国武术与域外武技的重要区别。

武术之"韵"体现在武术的神韵、气韵和武术意境上。神韵是武术的生命象征，也是武术文化形态区别与西方文化形态的主要特征。武术神韵表现在武术的动态动作与静止动作中的全神贯注和腰部运使之中，动作中蕴含的内在情绪和意念支配体现了武术神韵的走转节奏。武术讲究动如涛，静如岳，动迅静定，干净明快，节奏分明，短则抑扬顿挫气势雄壮，长则起伏跌宕一气呵成，给人一种美的享受。气韵是生气蓬勃，富有节奏，在动作的起伏转折，动静缓快中赋予一定的节奏变化，连接巧妙，恰到好处，体现武术动作特有的和谐节拍和生生不息的生命节奏。意境之妙在于意会，武术意境在于体悟，让人触景生情，情景交融，耐人寻味。

"如果我们把手法、眼法、身法、步法与心、神、意、气，巧妙合一，高度和谐，就会创造出一个表现攻防艺术的战斗图景，表现了勇敢、智慧、坚韧、顽强、灵活、机敏这样的一种泛文学性格美，这样的演练定会受到人们的称赞。"[①] 武术之"韵"，赋予武术形象的审美意蕴，武术动作与人的思想情感的融合形成一种深远悠长的武术意境，正是武术艺术形象的追求，而这种武术意境正是我们对武术形象塑造的定位和期望。"道"作为武术的内在形象是建立在"技"的基础之上的。

---

① 邱丕相：《中国武术文化散论》，上海人民出版社2007年版，第236页。

由"技"至"艺"是武术演练技术的升华。"艺"是指才能、技能、技术或者指富有创造性的方式、方法等,因此,"艺"通常是与人的审美观念联系在一起的。我们通常把武术的技艺称为"武艺",也就是武术的才能和技艺,是指人在武术上的本领和造诣。因此,武艺一词,在当今的武术评价中更多的指向武术套路的动作规格、演练水平、难度以及武术攻防格斗中的高超技能。说某人武艺高超,就是指某人在武术方面超出一般人的高强技艺。

从武术形象的层次来看,武术的技术和技艺都属于武术形象的外部层面。武术演练时给人的主观方面的审美印象就是武术技艺的体现,武术技艺表现在武术演练中的"手眼身法步,精神气力功"等各个方面。武术演练中对武术动作的规格、劲力等方面提出了严谨明确的规定,体现了由武术"技术"向武术"技艺"转化的内在规定。劲力作为武术技术的重要特点,无论是"寸劲弹抖"还是"缠丝螺旋",带给人的不仅仅是勇猛震撼的力量感受,更多地是一种整体协调,发自一点的独特美感。武术之"艺"作为武术形象的外部表现,带给人的是武术的直观层面感受。一个技艺高超的武者,在举手投足以及武术演练中都给人一种强烈的视觉冲击,产生强烈的模仿欲望,这种"内模仿"就是武术技艺外在形象带给人们对武术的好感,进而产生对武术的兴趣和深层次认知。因此,武术技术形象的定位和塑造虽然是武术形象的外在规定,但却很大程度上引导着人们对武术的向往和联想。

(三)自然武术形象:中国武术的生态人文关怀

回归自然彰显武术"生态精神"的和谐意蕴。"和谐"意蕴是中国武术文化生来具有的绿色生态思想,中国武术的和谐思想是浸润在儒、佛、道家思想下形成的。被称为中国人三大精神支柱的"儒家文化、道家文化、佛家文化,分别形成了中国思想文化的三个维度"[1],对中国武术和谐思想的形成有着重要的影响。儒家强调"仁义""中和",

---

[1] 王岳川:《文化战略》,复旦大学出版社2010年版,第304页。

讲求人与社会、人与自然、人与人之间的和谐之美,彰显中国传统文化的和谐精神,塑造了国人仁爱中庸、不偏不倚、过犹不及的人格修养。道家强调"空灵""妙道",讲求生命的空灵之道,演绎着生命为善、生命为美的精神升华和逍遥境界。佛家强调"悲悯""圆融",讲求生命本体与宇宙本体的圆融一体,超越有限无限的时空,把握自己的本心,直观生命的内在光辉,感悟生命的真正意义。中国武术正是在儒、道、佛家的文化精神的影响下,彰显着"重生命""贵和谐"的生态精神与和谐意蕴。

中国武术受儒、道、佛家等传统文化的影响,始终强调"天人合一"的理念。最早的儒家经典著作《易经》,是中国远古先民们在长期生活和占卜实践中对大自然现象的总结和概括。《易经》"天人合一"的思想,强调人与自然的和谐关系,表达了人与自然之间的双向影响,认为人的行为只有符合天道运行的规律,才能趋吉避凶。因此,后现代社会武术回归自然,不仅承袭了儒、道、佛的传统文化理想,凸显其"天人合一"的传统理念,也彰显了"天人和谐"武术形象的生态人文关怀。回归自然意味着中国武术与宇宙自然界的和谐之美,大自然无为的宁静让人们远离野蛮的搏斗厮杀,彰显武术生态精神的和谐意蕴。回归自然的中国武术,让"习武者用天人相通的观念来行拳,让动作自然地流动,毫无牵扯勉强,从而感受到大自然的无为的状态,体悟到圆、通的无碍妙境"[①]。因此,回归自然是武术习练者身心与自然的天人感应,身心融入自然,天人一体,和谐共生,在内修外炼的体悟中身心与自然万物和谐相应,彰显武术回归自然的生态关怀及人文和谐的形象意蕴。

(四)智慧武术形象:中华民族的灵动智慧

"一个民族的价值不是它创造了文化,而是创造了独特的生存和发

---

① 邱丕相:《中国武术文化散论》,上海人民出版社 2007 年版,第 116 页。

展智慧，以及它的智慧对于其他民族、人类的贡献。"① 中华民族是勤劳智慧的民族，中国武术是中华民族源远流长的优秀文化。中国武术的灵便智慧不仅是中华民族自身发展的民族财富，也是整个人类发展的文明财富。从人类社会的整体层面出发，面对走向后现代社会的人类社会，中华民族不仅向人类展示中国武术的技术，更是通过武术的技术向人类展示中华民族的东方智慧。中国武术是中华民族的生存智慧，作为一种实践智慧的文化，中华民族在后工业社会为本源的后现代社会，面临的不仅仅是西方社会激烈的生存空间的挤压，更重要的是要在西方文化霸权的强力侵略下，展示中华民族的东方武术智慧。

从人类社会的个体层面出发，止戈为武是武术习练者的智慧显现。中国武术作为一种攻防格斗的技艺，已经演变为武术习练者体悟不止的智慧追求。正如学者王岗教授所言：中国武术"武不尽势、势无穷意、意在体悟、悟贵恒坚"。武术习练者只有在对中国武术反复体悟中才能深知其中意蕴和内在隐藏的民族智慧。无论是手、眼、身、步的形体动势或是精、神、气、力的内在修炼都是人类智慧的无尽追求。作为一种实践智慧的身体文化，中国武术通过假想、假设各种攻防的形态变化出无穷无尽的招数和凸显神通的劲力，以巧制胜，以奇制胜，显示出人类在攻防能力上的卓越智慧。"中国武术是文明化的产物，体现了人类格斗由野蛮到文明的转化；中国武术是伦理化的产物，由制人到制己，讲究'仁'和'礼'；中国武术是理想化的产物，它以种种假设创造出奇妙多变的攻防技艺，表现了中华民族灵便的智慧。"② 因此，通过对武术的习练、钻研和磨砺，使习练者在对武术技艺的无限追寻中，陶冶身心。

---

① 桂翔：《文化交往论》，人民出版社2011年版，第240页。
② 戴国斌：《武术：身体的文化》，人民体育出版社2011年版，第186页。

二 中国武术国际传播形象定位的内在意蕴

(一) 文明武术的"贵身"追求与"武以成人"理念的契合

老子:"吾所以有大患者,为吾有身,及吾无身,吾有何患?故贵以身为天下,若可寄天下;爱以身为天下,若可托天下。"① 意思是说我们之所以有祸患,是因为我们有身体;如果没有身体,何来的祸患呢?所以身体本身远比宠辱得失重要,珍重自己的身体为了天下,天下就可以托付他了;爱惜自己的身体为了天下,那么天下就可以依靠他了。老子提倡"贵身",认为一旦没有身体就一切全无了,因此身体是很重要的,这里的身体即生命。老子思想中的贵身,不是一般贵重之意,而是重视,这样的重视并不是纵情享乐,而是一种修为一种境界。这里的"贵身"是要教导人们要看重生命,不要因追名逐利而损害自己的生命和生活,教导人们在名利面前要知足。所谓:"故知是不辱,知止不怠,可以长久。"后现代生命文化时代所追求的"贵身",自然不是一般意义上对身体生命的延长,而是对人类身体生命人文意识的觉醒。

"武以成人"是说习练武术的人,其目的和功能是为了养成完美的人格。文化"观乎人文,以化成天下",武化同样如此,两者最终的落脚点都在对完美人格的养成上。对于一个真正爱好武术的人来说,强身健体只能是最表面的功能,武术的训练真正的目的是强化一个人的内心。内心的强大不仅仅是学会了武术的技术,更是融通了武术的精神于内心,而武术精神正是完美人格养成的重要人文底蕴。一个人只有内心强大,才会在路遇不平的时候敢于伸出正义的拳脚对付不法之徒,才会在浮躁的社会里保持恬静平淡的内心。"武化不是直接简单地把一些道德的准则灌输给人,而是通过武术的训练过程,激发人生进取的精神动力源泉,通过身体的训练涵养内在的人格养成,使其得到自身身体和品

---
① 《道德经》。

质人格的双重提升。"① 从本质上讲，武术自始至终，都在表达一种对生命的尊重与关爱，只是它的方式与常人的思维是迥异的。传统文化对道德的弘扬以及对人生命的尊重与关爱，传统人文精神对人关怀的理念与武术的理念是相通的。

中国传统文化的核心是"仁、义、礼、德"的文化，武术很好地继承了传统文化"仁、义、礼、德"的文化理念，其核心价值就是对武术习练者完美人格的养成。"礼"是协和人际关系的重要原则，"仁"强调的是内在的道德自觉，"义"是维系社会共同生活的道德准则，"德"强调的是个人道德修养。"仁礼"文化和重义轻利的文化思想深刻的影响着武术武德文化的形成和发展。"仁、义、礼、德"的传统文化是武术人必须遵守的基本道德文化。"当你充实'仁爱之心'于内，当你掌握了武术的韵律之后，就有一份对世俗无心，对功利无心的洒脱自如的感觉，从生命深处滋生一份真实、幸福、祥和的自然之美。"② 武术强调"尚武崇德"，无论是冷兵器时代以保命为目的的武术习练还是在当代社会以健身和大众休闲娱乐为主要目的的习练，都强调习武者通过修习武术来加强自身的道德修养，使自己身体康健、内心坚强，并且坚持不懈、永不停息。因此，从修身修心上看，"贵身"所追求的修为和境界契合了武术"武以成人"的价值理念。

（二）艺术武术的"审美体验"对"功利精神心态"的消解

"功利精神心态"是现代消费社会中人们普遍存在的精神心态。"极度生产以及耗费资源，庞大的消费主义并刺激消费欲望，日益成为人们生活大循环中的癌症，使一种丧失了简朴的精神生活状态成为当代物质过剩中的精神贫乏常态……'心理贫困化'产生于此。"③ 在现代

---

① 李源、梁勤超、闫民：《社会转型期武术文化的现代角色转化与话语权的重拾》，《山东体育学院学报》2013年第5期。

② 邱丕相：《中国武术文化散论》，上海人民出版社2007年版，第68页。

③ 王岳川：《消费社会中的精神生态困境：博德里亚后现代消费社会理论研究》，《北京大学学报》（哲学社会科学版）2002年第4期。

性的消费社会中,一切为了效益是现代性消费社会的主要特征,现代性在强调金钱、时间和速度的同时,抛弃了人类赖以生存的诗意大地和精神拯救的维度,从而导致了人们的功利精神心态,价值的漂泊感以及金钱至上主义。

因此,应当"恢复道德作为人心灵净化的自我功能,唤醒人类善良的天性,摒弃说教式的道德,回归到日常感受性的底线道德,抛开成文的律令,增加人与人直接交流的机会,重建公共的空间,使得当代人随着城市变化,空间变化和心里变化而过上一种有道德的生活,在强调精神价值合法性中,厘清消费主义的弊端……"① 艺术的武术在恢复道德的作用:净化人们的心灵,增加人与人直接交流的机会重建公共的空间,以及消解现代消费社会人们的"功利精神心态"起着重要的作用。

艺术形象的武术是"根据中华民族传统的'华实相辅''虚实相成'的文艺创作思想,将其素材进行选择、提炼、修饰、分解、组合、概括、抽象,再依攻守进退、动静疾徐、刚柔相济等规律进行排列组合,串联成套,从而用艺术的形象集中表现出技击动作最具普遍意义的特征"②。因此,艺术的武术形象追求对武术意境的理解,对武术神韵的感悟,是对人们自身心灵的调节。通过对武术的习练,人们追求的是主体的心灵在生命活动中不滞于身,超越于身外而发挥作用,通过外在之身"体察"和"体验",从而获得"审美"和"道德属性",从而表现内在之心,这正是艺术武术审美心态的基础和审美体验的体现。

艺术武术审美过程中的感悟,物我的贯通和交流,最终促成习练者反身自省,包括自我意识的觉醒与实现。在这一过程中,一方面,原先积蓄在内心深处的情感通过对意境美的感受而得到肯定;另一方面,思想又从对意境美的深入体验和领悟中,得到升华。"艺术不是技巧的事

---

① 王岳川:《发现东方》,北京大学出版社2011年版,第298页。
② 王岗:《中国武术文化要义》,山西科技出版社2009年版,第142页。

业，而是心灵的事业。"艺术的武术使每个人都可以拥有艺术的精神，以超越功利的、发自内心、充满喜悦和感激的心态对待生活，从而净化人们的心灵，唤醒人类善良的本性，消解功利精神心态的藩篱和阻碍，回归人类自由交流，有道德的自由自在的天然生活。

（三）自然武术的"天人合一"理念对"人高于自然"矛盾的化解

生态文明认为：不仅人是主体，自然也是主体；不仅人有价值，自然也有价值。人类只有把自己看作自然界平等的一员，自觉地维护自然界的生态平衡，与自然界互利互惠，才真正称得上自然界的智慧生物。精神生态是生态文明之魂，人与自然在趋向融合和统一中实现共荣共存是精神生态的合理内核。"天人合一"尊崇世界万物的生态品格，启示人们："在秉承科学思维推动社会向前发展的同时，要看到科技背后广袤的人文区域；只有在生态与生命的互动中完善人们的生存方式及文化品位，才能使人类获得完整的生存与发展。"[①]

然而，现代科技的发展使人在自然面前变得强大无比，自然从与人的平等共处中被剥离出来，人在自然面前的巨人化以及在"人定胜天"的狂妄遐想中肆无忌惮地盘剥着自然，处在被人征服蹂躏弱势地位的自然因此变得危机四伏，灾难重重。唐纳德·沃斯特认为"我们今天所面临的全球生态危机，起因不在生态系统自身，而在于我们的文化系统"。面对现代性社会的生态危机，人类必须改变"人高于自然"的理念，倡导"生态中心主义"取代"人类中心主义"，建立生态中心基础上的人类自我实现与平等。"我们今天生活于其中的世界是一个可怕而危险的世界，这足以使我们去做更多的事情，而不是麻木不仁，更不是一定要去证明这样一种假设：现代性将会导向一种更幸福更安全的社会秩序。"[②]

面对全球生态危机的威胁，我们应该做更多的事情去化解"人高

---

① 赖华先：《中国文象思维与中国传统文化的生态精神》，《鄱阳湖学刊》2012年第6期。
② ［英］安东尼·吉登斯：《现代性的后果》，田禾译，译林出版社2000年版，第9页。

于自然"的矛盾。回归自然的中国武术所倡导的天人合一的理念,恰能很好地协调和消解这些矛盾。中国武术文化努力追求和发展习武者个体、社会和自然之间的平衡和谐关系。习武者在大自然的怀抱中,在美丽的自然风光和优美环境中行拳走剑、舞枪弄棒,身体运动的节奏顺应天气变化和季节更迭,陶冶习武者的生态意识和天人合一的和谐自然观念。著名国学大家钱穆先生认为中国文化的特质即是"天人合一"。"天人合一"理念强调人与自然同构对应,两者应当"和谐",人应该"道法自然"。中国武术正是遵循"道法自然"的思想,例如太极拳在学习过程中,主张从自然入手而知虚实,把握阴阳和谐变化而明劲法,求虚静而懂神明,最后达到无形无迹、出神入化的最高境界。

当人真正和自然和谐相处的时候,人们会发现大自然是虚静安宁的。当你静下心来,抛开一切生活中的烦扰,放松自己,徐徐而动练习一套太极拳,感觉到你是大自然中的一个生命体,你会从心里深深感受生命的律动,是与大自然相和谐的律动,会感觉到人与大自然的和谐统一,人和万物生灵的相依相存。使人们内心深处意识到人是大自然的一部分,认识到人作为万物之灵的重要使命,人类不应该破坏自己的家园,人应该与自然和谐相处,热爱生命、热爱自然的感情油然而生,达到陶冶人与自然和谐相处的观念,从而化解"人高于自然"的矛盾。

(四)智慧武术的"人生追求"对"精神生存困境"的消解

在现代性的影响下,人类精神的生存困境成为现代社会必须直面的现实。当现代性社会带给人们丰富的物质财富的同时,人们也承受了现代社会巨大的精神压力。在人们物质财富逐渐丰富的同时,人们的生活幸福指数并没有得到同样的提升,当人类的精神生态遭遇危机的当下,人们开始反省生命生活的真正意义。于是"文化远离了贵族化和垄断化,远离了权威和启蒙性,进入到肉身化、独白化、自恋化、欲望化、比矮化、自贬化、消费化"[①]。文化和人的精神绿色生态断裂,凸显了

---

① 王岳川:《发现东方》,北京大学出版社2011年版,第206页。

现代性社会人类精神生存的困境。这种精神的生存困境严重袭扰着现代性社会的很多白领甚至是精英人士。

当生存竞争法则主导下的现代性社会逼迫人们不得不快节奏地生活时，东方文化的中庸和谐的慢节奏生存意识和生态智慧给了现代社会的人们深刻的启示。"我们正处于一个把健康卖给时间和压力的时代。忙，特别是心理上的忙碌感所带来的伤害，可能超出我们的想象，那种不眠不休的工作，是一种自杀式的生活。"① 面对来自生存的巨大压力和快节奏的生活，人们是否应该静下来，思考究竟需要怎样的人生？作家米兰·昆德拉所言，要"慢下来"，因为自在有为的生活是急不得的。后现代理念倡导一种"慢生活"方式，他们希望放慢生活的节奏，这里的慢，是一种意境，一种回归自然、轻松和谐的人生意境。

快节奏的生活脚步实际上是快节奏地迈向了人生的坟墓，缓慢的生活节奏才是人们真正的人生追求，因为人生的意义是一个享受生命的过程，而不是急匆匆地来急匆匆地去，慢节奏的生活追求才是人生理想的终极追求。"慢生活主义"体现了人们对自由美满人生的理想追求，当现代化的机器轰鸣逼着人们不得不跑步前进的时候，其实生活已经变得不是生活了，单纯对物质财富的追逐和对精神生活的漠视已经让人们没有心思和心情去感悟人生的价值和意义。让生活的快节奏慢下来，在城市的绿地呼吸携带青草芬芳的空气，打一套舒缓节奏的太极拳，或者两两相当来个推手的较量而不是搏杀格斗，悠然自得、慢慢地享受人生的快乐和惬意的生活，才是人生的意义和人生的最高境界。

源于儒家仁义道德社会伦理之光的中国武术，处处凸显中华民族的智慧光芒。注重中庸和谐之美的中国武术，在慢节奏主义的生活情境中演绎了自然和人性互相尊重的精神生态平衡的和谐场景，中国武术就是在这样的场景中实现着对人类精神生态危机和人类精神生存困境的消解。

---

① http://www.360doc.com/content/12/0701/14/43724_221516137.shtml，2019年12月20日。

三 中国武术国际传播形象定位的现实意义

"中国武术形象是社会个体、社会群体、民族对中国武术的想象而完成的一种表意实践。"① 正由于形象是不同主体的想象和表意实践,所以在不同时代,武术有着不同的形象。在后现代社会,武术当以何种形象呈现在人们面前,这显然需要针对时代特性,明确其自身定位。作为一种包含传统文化和生存智慧的身体技击文化,在物质丰满的后现代社会,较之直接攻防对抗的西方武技,武术更应注重对人类精神层面的关怀。

由现代社会发展到以后工业社会为本源的后现代社会是人类发展的历史必然。以后工业社会为本源的后现代社会是以知识化、信息化为重要特征的社会形态。"人类经由现代社会进入到后现代社会,世界体育的价值体系必然发生与后现代时代社会背景相契合的价值重构。"② 后现代主义肇始于一种新的思维方式,旨在抛弃传统的思维方式,重建一种看待世界和看待人生的新思维方式。"后现代主义实际上是对人类生存问题的深层次感悟,同时也是对人类现代社会的进一步批判与反诘。"③ 因此,后现代社会世界体育文化的价值必将回归人类和谐的世界理想上来。也就是说"人类通过自己创造的体育运动,改造着自我,使自己的肉体和精神不断趋向健康和谐,关注人的存在和发展"④。雅斯贝斯指出:"在体育运动中,我们仍发现和感觉到有某种毕竟是伟大的东西弥漫于这个事业之上,体育运动不仅是游戏,不仅是记录的创造,它同样也是一种升华,也是一种精神上的恢复。"⑤

---

① 李源、王岗:《中国武术形象的概念内涵与价值阐释》,《成都体育学院学报》2014 年第 4 期。
② 张华强:《论后现代主义下以人为本的体育观》,《上海体育学院学报》2005 年第 2 期。
③ 尹霞、谭月华等:《后现代主义观下的体育价值取向》,《西安体育学院学报》2008 年第 5 期。
④ 卢育田、唐明:《浅谈体育在工业时代后期的价值取向》,《科技创新与应用》2012 年第 5 期。
⑤ 周雁翎:《后现代社会的挑战》,北京大学出版社 2003 年版,第 2—3 页。

体育的使命是追求肉体与精神的和谐与完美，从这个意义上讲，与武术"武以成人"的终极追求形成完美的统一。在后现代社会，科技的发展和进步牺牲了人类社会赖以生存的美好生态环境，人类对自身健康的诉求与科技进步所带来的种种负面影响和矛盾日趋增加。体育不仅寄托着人类社会的美好情感也是人类社会对自身健康追求的精神动力。基于此，后现代社会人类在不断反思和批判现代社会的人们对体育真正价值的不良诉求过程中，在取得人类和谐的奋斗过程中，包括中国武术在内的体育活动将迎来人类自身对体育本身的体认和感悟。其中，武术作为中国传统的优秀文化，在后现代社会也应以一种契合时代发展需求的姿态出场，展现出良好的武术形象，在树立良好形象的前提下，实现自身的价值。

随着全球化进程的步履加快，现代性问题已跨越了民族国家的界限而成为一种世界现象。现代性的迅猛发展带给人类丰厚的物质财富，同时也带给人类无尽的烦恼和困惑。现代性社会人类对自然的征服和对物质欲望的极度奢求，凸显了人与自然、人与社会、人与自己的矛盾冲突，从而导致了自然生态危机和人类的精神生态危机。"心态决定生态。当今生态环境不平衡的根源是人类心灵不平衡的表现，是人与世界关系的分裂性危机，更是人类一种内在性精神的丧失。面对严峻的生态危机形势，人类精神生态的修复则显地更为重要。"[①] 作为"传统性"文化典型代表的中国武术的生态精神价值愈发显现出其独特的思想价值，日益彰显其对人类未来的人文价值和生态意义。后现代社会武术对人类精神生态危机的消解体现在：自然武术的"天人合一"理念化解了"人高于自然"矛盾；智慧武术的"人生追求"理想消解了人类的"精神生存困境"；艺术武术的"审美体验"消解了人们的"功利精神心态"；后现代的"贵身"追求契合了武术"武以成人"价值理念。

---

① 李琳：《佛家的禅定般若与现代精神生态平衡》，《敦煌学辑刊》2010年第1期。

四 小结

作为中华民族生存和发展智慧结晶的中国武术,应在中华文化崛起的时代承担起中华文化复兴的责任和担当。"在人类历史的发展过程中,人们从来没有像今天这样强调形象的价值与魅力""对形象的追求与塑造已成为维系个体、群体、企业、政府、事业单位以及城市、区域、国家等社会组织生存、发展的一种基本目标和手段;形象的触角已延伸到社会生活的各个角落,人类正在步入一个形象制胜的时代。"[1]在后现代社会,武术的发展更应强调形象的重要性。文明武术、艺术武术、自然武术、智慧武术形象体现着中国武术的内在品质和武术精神,是中国武术国际传播中应当追求的"特色"与"个性"。

相对于西方武技,武术的形象定位需要凸显回归自然的生态人文关怀,强调生存智慧的人类追求,彰显艺术的审美体验。同时,在中西文化交融过程中,既要研究和适应"国际游戏规则",又要坚守传统文化的精髓内涵和价值自信。在武术文化传承中,处处体现国人独有的思维方式、审美观念、心态模式和价值取向,让武术承载我们民族文化的信息成为一种信仰,在不知不觉中深入我们的骨髓,培育我们的精神。在文化全球化的时代,中国武术需要以更加积极的姿态,重塑良好的正面形象,建立中国武术自身的价值标准和文化自信。

---

[1] 秦启文、周永康:《形象学导论》,社会科学文献出版社2004年版,第2页。

第二章 中国武术的"自我"与"他者"形象

中国武术是在东方文化的人文性、包容性、创造性等文化特质基础上形成的,中国武术的"自我形象"是在东方文化语境下身体攻防技击的表意实践。中国武术"他者形象"是"他者主体"关于中国武术的社会集体想象,是他者文化表意实践中自我隐喻的象征。中国武术的国际传播离不开他者的视阈,因此探析中国武术"他者形象"的意涵就成为中国武术国际传播必须思考的理论和现实问题。

第一节 中国武术"自我"形象的历史演变

中国武术思想体系、学术体系和话语体系的建构,"研究者只有走进漫长的历史语境中,才能发现中国武术文化演变的真正轨迹,才能够发现和回答好'中国武术是什么'的重大理论命题"[①]。将中国武术置于中华民族历史的场域,考察武术自我形象的历史演化逻辑与规律,既是中国武术文化复兴的现实需求,也是中国武术国际传播需要厘清的重要问题之一。在不同历史发展阶段,文化总是呈现出不同的形象,但文化形象无论如何变迁,都脱离不了自身文化特有的生命精神,中国武术

---

① 王岗、金向红、马文杰:《对走进新时代的中国武术文化研究的思考》,《首都体育学院学报》2019 年第 1 期。

及其形象变迁亦不例外。让我们沿着我国历史朝代更迭的足迹,探寻不同历史时期中国武术自我形象的演变脉络,考察中国武术自我形象的生成逻辑以及历史演变,厘清中国武术从古至今自我形象演进的内在理路和演进规律,推动并重建中国武术新时代的文化生命形象,"奠基于对传统文化的自我体认与对现代性的深刻洞察,并以此积极推动中国武术文化建设的历史进程"①。

一 武术"自我"形象:东方文化语境下身体攻防技击的表意实践

  大千世界,五彩缤纷,正是因为有了不同文化的缤纷色彩,世界才多姿多彩。"人猿揖别"的分野是文化产生的标志;文化的多歧,导致人群的种种排列组合,出现了不同的族群、民族以及不同的文化。人类的历史是一部人类改造客观世界的历史,同时也是人类自身改造的历史。在人类的历史活动中,"形象在自然、社会和精神的总体关系中建构起来"②,可以说现实世界的一切都是以形象的方式呈现的,人类的文明和文化也是如此。

  "人类创造的文明和文化从世界范围来说可以分为东方文化和西方文化两大体系""东方文化和西方文化,也可以称为东方文明和西方文明。"③ 世界文化东、西二元体系中,根植于中国传统文化土壤的中国武术文化无疑从属于东方文化体系,武术"自我形象"正是基于东方文化的视角而产生的自我审视。

  东方文化是以中国文化为基础的文化,中华民族历来强调"观乎人文、化成天下""文化中国"的重要理念,因此,对传统文化的重视

---

  ① 侯胜川、赵子建:《解读与超越——对中国武术技击的再讨论》,《北京体育大学学报》2019年第2期。
  ② 宗坤明:《形象学基础》,人民出版社2000年版,第1页。
  ③ 季羡林:《季羡林谈东西方文化》,当代中国出版社2015年版,第2、11页。

从古至今从未间断。"中国"的历史演进表明，中国不只是一个国家的概念，更是一个文化意义上的概念，作为一个由五十六个民族组成的多民族统一的国家，汉族和少数民族文化各具特色，中华文化的包容品性使得不同民族之间形成了多元一体的文化融合格局。以中华民族精神为文化根脉的民族文化传统，体现了华夏各民族对国家的高度认同和民族文化心理自我认同的高度统一。中国传统文化博大精深，形态多样，既有琴棋书画、诗文金石之类的高雅文化，也有来自民间乡野的中国武术之类的粗粝文化。无论哪种文化形态，民族文化都没有贵贱之分，琴棋书画自带高贵典雅的优雅气质，中国武术也有自身的刚健诡异之美，它们共同构成了丰富多彩、形象各异的民族传统文化。

人文性、包容性、创造性等文化特质构成了东方文化独特的文化品性。东方文化建立在"人本"精神之上，将人文精神的基本价值视为其根本理念。儒家传统文化的实质就是人文主义思想的文化，儒家文化培植人性向善，修教人性明德，体现了以人文本的根本理念。包容性使中华文化对外来文化拥有强烈的兼容并蓄的能力，在文化交流中重视吸收异质优秀文化，丰富自身文化短板，融会贯通形成自身的文化传统。中国文化的创造性是毋庸置疑的，正是因为中国传统文化一直坚持的创造与变通理念，才使中国传统文化历久弥新，保持着顽强的生命活力。

中华民族的历史上曾经遭遇异族的侵略，但是中华文化并没有在侵略者的军事侵略中被同化，与之相反的是中华文化的创造性使侵略者的文化被皈依同化。中国武术是在东方文化的人文性、包容性、创造性等文化特质基础上形成的，武术文化是东方文化语境下身体攻防技击的表意实践，具有东方文化独特的文化品性。中国武术文化正是将攻防格斗动作通过身体运动表现出来的一种东方文化形象，中国武术不是简单的搏击技术，不是力量与技术的简单结合，中国武术追求的是人对生命的感悟、理解和尊重，蕴含着先哲们对生命、自然、宇宙的参悟，体现着中华民族对和谐人生境界的执着追求。

二 历史演进视角下武术形象的演化

(一)原始社会的武术形象：人兽相搏、军事武艺与图腾武舞

如果将原始社会中的"人兽相搏"看成是武术的萌芽，那么，"暴力打斗"形象就成为武术最初形象的原型。在原始社会里，武术形象存在着人兽相搏、军事武艺和图腾武舞等中国武术的原初形象。"人兽相搏"是人类为了生存而进行的防卫技术形象的萌芽；"军事武艺"展现的是原始部落为了争夺更大生存空间的"侵略本能"；"图腾武舞"是原始武术与舞蹈的交融形象，表征着原始先民对战争中勇士和神秘自然的敬畏。

"人兽相搏"的形象是中国武术作为技击形象的原初形象。面对自然界的恶劣条件，原始先人们必须不断地与恶劣的自然环境进行斗争以谋取生存权利。为获取食物，原始先人在狩猎过程中，需要与动物搏斗，这种"人兽相搏"的"打斗"形象，正是促成原始格斗技术萌芽的重要基础，是中国武术"技击"本质最为原初的体现。军事武艺是中国武术在原始战争中"暴力"形象的出场。战争是"暴力"的最高形式，其起源于原始社会部落之争。在原始社会，部落战争的本质是争夺生存权利和发展空间的大规模群体冲突，武术正是在部落战争中被动的发展为治理"暴力"的工具，中国武术"军事武艺"形象也在部落斗争中逐渐形成发展，并一度成为冷兵器时代中国武术长期存在的重要形象。

部落战争胜利之后庆祝胜利的"图腾武舞"是中国武术艺术形象的最初萌芽，"图腾武舞"这种"可重复的仪式性武舞，一方面使'侵略本能'得以释放；另一方面，使'抑制本能'得以实现，这是原始文化中武舞与巫术交融所呈现的仪式性特征"[①]。显然，图腾武舞不仅

---

① 谭广鑫：《原始武舞与巫术交融的武术萌芽状态》，《体育科学》2019年第4期。

是武术艺术形象的最初萌芽,也是此后武术套路形象的原始呈现。

(二) 古代武术形象的历史变迁

"五千年茫茫的历史苍穹中……老子的'道法自然'、孔子的'仁爱和谐'、庄子的'天人合一'等,其思想光芒越时空,在今天依然璀璨夺目。"① 先贤智慧影响着武术发展及武术形象的演化。古代早期"礼武""侠武"形象确立了中国武术"尚武崇德"的原始价值;秦汉的"竞武"形象成为中国武术从最初的"野蛮"走向"文明"的起点;南北朝的"术理"形象是中国武术理论体系的基点,提升了武术的文化意蕴;隋唐至宋元"艺武"和"演武"形象是古代武术走向休闲娱乐的标志,"武学""结社"体现了武术"专业化""组织化"发展形式;明清时期"真艺"、"套路"与"流派"象征中国武术的发展走向巅峰,武术形象不断丰富与完善。

1. 从"礼武"到"侠武":商周至战国武术礼仪的萌芽到武德意义的确立。西周时期,贵族子弟的教育开始把"六艺"和"武舞"作为教育活动的内容,并且在训练中将射术和礼乐结合形成"射礼",这些行为可以看作"武德"教育的萌芽。尽管当时这种武德教育的内容非常简单,却标志着武术形成为"礼武"形象的萌芽。春秋战国时期是我国封建社会的开端,在这一时期,"文武分途"、养士之风与游侠兴起,中国武术开始走向广阔发展的社会空间。同时,乱世动荡的春秋战国时代,孕育出了"侠武"的特殊形象。"春秋末期,士阶层开始分化为'儒'和'侠'。惮用力者归'儒',好用力者为'侠',即'儒'者专于文,'侠'者专于武"②。当时社会长于射御者或成为替人征战的勇士,或成为侠肝义胆的侠士。由于春秋战国时期侠士崇尚公平和信义,这种伦理意识成为武术思想的重要组成部分,"侠武"形象体现了中国武术崇尚武德的可贵品格。

---

① 郝士钊:《中国先哲智慧全书》,中国城市出版社2011年版,第1页。
② 余英时:《士与中国文化》,上海人民出版社1987年版,第4页。

2. 从"竞武"到"术理":秦汉至南北朝"竞武"形象的萌芽到"术理"文化意蕴的升华。秦统一全国后,禁止民众习武,但是却提倡"角抵戏","角抵戏"含竞技比赛的性质,客观上形成了武术的"竞武"形象,也促进了武术娱乐观赏的发展走向。两晋南北朝时期民间习武之风盛行,祖逖和刘琨闻鸡起舞的佳话传颂至今。两晋南北朝期间,南、北武术也得到了相互交流,这种跨文化的交流融合,为了使武术比较系统地保存下来,就必须记录这些技术和方法并绘成图,因而出现了武术图谱。武术图谱的出现,让武术的发展突破了原有的心传口授传承体系,基本完成了武术"击有术、舞有套、套有谱"的完整构架,直到今天仍然对武术的发展有着极为重要的影响。

3. "艺武""演武"到"结社":隋唐至宋元中国武术形象的多元化演进。"艺武"形象体现了隋唐盛世对中国武术艺术审美的追求。历史上的隋唐盛世华章,为武术的发展创造了有利的条件。在唐代,佩剑成为风尚,舞剑之风盛行,舞剑助兴书画创作成为唐代剑术文化的重要特色。唐代的武术渗透着艺术审美,武术与艺术审美的结合,说明武术形象逐渐文明高雅,这对未来的武术发展向"艺术武术"形象的追求提供了重要历史依据。宋朝时期设立的"武学"标志着"武学教育"专业化发展的走向。"武学"对于入学资格都有严格的考核规定,并且随着"武学"的发展,取消了推荐免试的入学资格,也就是说只能通过考试才能获得"武学"深造的资格。"武学"不仅是在入学资格方面进行制度约束,并且对于"武学"教育的考核也都有严格的制度规定。"武学"发展到明朝一直存续,并且愈发规范。"武学"教育虽然是军事学校教育,但在冷兵器时代,武术是其重要的教育内容,一定程度上说明"武学"形象是武术教育专业化发展的重要表征。

4. "结社"形象标志着武术走向"组织化"发展形式。两宋时期民间习武出现的武术"结社"形象,标志着武术开始走向"组织化"

的发展道路,"结社"成为当时武术发展的重要形象。在这一时期诸如"弓箭社""忠义巡社""忠义巡社""相扑社""川弩射弓射""英略社"等民间武术组织层出不穷。"河朔之民,愤于贼虏,自结巡社"①,此为当时武术"结社"的真实写照。武术"结社"形象的出现,使得习武团体向组织化方向发展,推动武术的快速发展发挥了重要的作用。宋代的"勾栏""瓦舍"一度成为卖艺表演的主要场所,"瓦舍献艺"吸引了众多民众观看,有史料记载,"不以风雨寒暑,诸棚看人,日日如是。"可见,宋朝时期的"演武"已经成为人们休闲娱乐和武术观赏的重要形式。及至元代,武术与戏曲的结合更进一步地丰富和完善了"演武"的形象,元杂剧是中国戏剧史最臻于完善和成熟的戏曲艺术,使得融入其中的武术保留了极为难得的存续空间,为中国武术以后的发展奠定了基础。

5. "真艺""套路"与"流派"形象意味着明、清时期中国武术形象不断走向丰富和完善。明、清时期是中国武术发展的成熟时期。明代中国进入了一个长期稳定的发展时期,中国武术也跨入了一个新的发展阶段。明代已经把原来分门别类的刀、枪、棍、剑的分类体系演化为风格不同的流派形象,以少林武术为标志的"地域武术"形象也在明代正式形成。武术"真艺""对抗"形象的出现说明明代军事武术家对于军队的武术训练强调以实战为宗旨,倡导中国武术的"真艺"走向,民间习武团体也强调通过"对抗"比赛的形式检验习武者武艺水平的高低。明代军事武术家戚继光称:"你武艺高,决杀了贼,你武艺不如他,他决杀了你。"武术"真艺""对抗"形象是明代时期中国武术的重要形象,说明强调武术技击的实战成为明代武术的主要特征和真切反映。由此可见,在军事武艺中,武术的实用功能被提到重要位置,这种对武术"真艺"及"功夫"倡导,还原了中国武术技击的本质。军事武艺"对抗"形象的出现,既是武术"人兽相搏"原初形象的发展,

---

① 国家体育武术研究院编:《中国武术史》,人民体育出版社1997年版,第206页。

也是此后"武术散打""武术搏击"形象的雏形。

明代军事武艺中的"对抗"形象,并没有妨碍民间武术走向艺术化的发展路向。武术"套路"与"舞对"形象的出现,弱化了武术格杀和技击的实战功能,产生了一些"虚套"和"花法"的衔接动作。完整的"套路"和"舞对"的拳械武艺形式,提升了武术的观赏功能,促进了武术艺术化的发展。武术"套路"和"舞对"采用"三等九则"的评定规则评判武艺演练水平的高低,对演练的力道疾猛、击法配合、熟练程度等都有具体规定。可见,明代出现的武术"套路"与"舞对"形象一直延续至今,即便是当今传统武术比赛规则中"三级九等"的评分规则也可寻觅当初"九则比分"的身影。武术"套路"与"舞对"形象的形成,标志着明清时期中国武术进一步走向成熟。

宋代以前,武术并没有形成"流派",对于武术的分类基本上按刀、枪、棍、剑等器械名称进行归类。明代以后,"中国武艺不可胜纪,古始以来,各有专门,秘法散之四方"[①]。至此,中国武术开始呈现出不同技术风格、不同演练内容和不同技术特征的"武术流派"形象。据史料记载,明代已经有关于十八般武器名称的明确记录,并出现"内家"与"外家"之说法。"少林以拳勇名天下,然主于搏人,人亦得以乘之。有所谓的'内家'者,以静制动,犯者应手即仆,故别少林于'外家'。"[②] 少林拳法刚猛归于"外家",太极拳等以静制动归于"内家","内家"与"外家"的说法一直延续至今天。晚清时期,各拳派名家交流日益广泛,出现了更多的武术拳种和武术流派,丰富了武术体系,博大精深内涵丰富的武术形象就此基本形成。

(三)近代中国武术形象从"组织武术"到"体育武术"的变迁

民国时期中国武术呈现"组织化"发展形态,塑造了近代中国"组织武术"形象。近代中国,社会转型,政局动乱,中国武术的发展

---

① (明)郑若曾:《江南经略》,黄山书社2017年版。
② (明)黄宗羲:《王征南墓志铭》。

受到了一定程度的影响。辛亥革命后建立了民国政府,中国武术在社会名流和有志之士的倡导下,呈现了"组织化"的发展形式。"组织武术"形象把民间散乱的习武人群纳入不同的群体组织中进行管理,给中国武术的发展提供了组织空间和权力空间。中国武术的"组织化"发展凝聚了闲散的民间习武力量,为社会转型和社会变革做出了巨大贡献。精武会与国术馆是当时影响较大的两个武术组织。传统武术的组织化发展成为民国时期中国武术发展的重要形象,也是民国时期中国武术发展有别于旧时武术发展的主要特点之一。近代中国武术在社会教育界人士倡导下中国武术开始走进学校的场域,正式进入学校教育体系,成为学校体育课程的重要内容之一。"学校武术"形象给中国武术的传承与发展提供了更为广阔的学校场域,是近代时期中国武术取得快速发展的重要形象。"学校武术"形象改变中国武术旧时的师徒传承体系,成为此后中国武术学校教育的正式开端和新的起点。

"体育武术"形象是近代中国武术强种保国的时代选择,塑造了近代中国"体育武术"新的形象。体育与武术的结合是中国清末时期社会有志之士倡导体育救国的时代产物。中国资产阶级民主革命的先驱者孙中山先生提倡"自卫之道""尚武精神",认为体育关系到强种保国和民族盛衰。在这种历史背景下,中国人开始寻求西方体育和中国传统尚武习俗的结合。以往民间结社与宗教教门关系密切,然而近代的民间武术结社却向体育教育转变,这是救国图存、强身保种、培育人才的时代需要。霍元甲创办的"精武体操学校"中,精武和体育的结合昭示着近代武术已经汇入近代体育的体系之中。在当时,中华体育会、北京武术体育会也是将武术纳入体育范畴的社团组织。

这些民间组织在西方文化冲击和挑战中国传统文化的背景下,重新认识武术的价值,改变了许多武术旧有的传统。在传播方式上改变了封建社会秘密结社的传授,代之以公开的面向社会招生,聘用民间的武术家进入城市体育的领域,武术逐步融入体育之中,这对中国武术融入现代体育的总体系产生了重要的影响。"体育武术"的形象让中国武术以一种特殊的形象参与到国家"救亡图存"的宏大叙事中,由此也开始了其在西方体育形象裹挟下艰难的生存发展历程。

(四)当代中国武术的发展形态和多元形象

当代中国的社会政治变化和经济发展促进了武术的进一步发展,武术形象进一步丰富和拓展,开始了武术发展的新篇章。"组织武术"发展规范,"学校武术"迅速发展,各"武术流派"与"地域武术"形象得到了进一步的保护性发展。此外,群众健身武术、文化武术、竞技武术、武术艺术等也逐渐形成与发展。

"健身武术"形象实现了武术社会化的快速发展。伴随经济的发展,人们对健康的追求让中国武术受到越来越多人们的喜爱,武术的健身价值也逐渐受到重视,健身武术的形象成为当代武术发展的重要形象之一。在众多武术拳种中,太极拳备受推崇。健康中国战略实现了武术社会化的快速发展。为"文化武术"形象奠定了国际传播的基础。对中国武术的认知,不能仅着眼于外在的表现形式,还需要"将武术看作一种文化形象将其放在其所生长的文化环境中加以阐释"①。实质上,学校武术本身就是将武术看成是传统文化来传承的对学生进行"武以成人"的教育过程。武术作为一种身体文化,通过技术的演练和交流向域外民众和国际社会传达中国传统文化的哲理和文化内涵。坚持中国武术的"文化武术"形象,是其国际传播、走向世界、获得世界民族认同的必由之路。

"竞技武术"形象说明现代武术运动竞技体系的形成。在体育语境下,"竞技武术"形象的武术主要有"武术套路"和"武术散打"项目两种基本形象。"竞技武术"形象让中国武术以现代竞技的形式出现在比赛舞台,也让中国武术以套路演练和武术搏击的形式走进了人们对中

---

① 王岗、陈连朋:《中国武术的发展是要"面子"还是要"里子"》,《体育学刊》2015年第2期。

国武术"意蕴"审美和"技击"审美的休闲娱乐需求。

"艺术武术"形象意味着武术休闲娱乐功能的延伸。原始社会的图腾武舞,体现了武术与艺术的同源。"正是由于武术在发展的初期与舞蹈有着密切的交织和融通,所以在武术的血液中早已植入了艺术的'细胞','艺术属性'也因而成为中国武术的一大特性。"① "竞技武术"形象中武术套路的创编和演练,都融入了诸多艺术的成分。此外,展示"中国功夫"的武侠影视作品,不断走向世界的功夫影视作品,都是武术艺术化形式的重要形象之一。"生态文明的未来社会必然要求中国武术要摆脱工业文明时代激烈竞争的搏斗格杀,追求一种充满艺术、情境和意境的艺术化格斗去表现人类的格斗生活。"② 中国武术从原始社会为了生存而产生的"人兽相搏"形象,演变成"武术艺术"形象,使中国武术以"艺术审美"走进群众生活,丰富了文化生活,得到艺术享受。

三 武术形象历史演进的思考

从历史演进的视角对武术自我形象变迁的梳理,并非是对武术形象流水账式的记录,而是考察这些不同武术形象背后演变的动力和规律。作为中华民族典型的传统文化,武术自我形象如何变迁都没有脱离开母体文化,坚守传统文化的根魂,这是武术形象变迁的根本之所在。反思中国武术入奥失败的两次经验教训,关键的原因是武术文化认同的缺失以及武术形象没有被国际社会认可和接纳。如何塑造中国武术自身的良好形象,重新赢得国际社会对中国武术文化的认可和接纳,是中国武术国际传播必须面对和思考的现实问题。

---

① 吴松、王岗:《对中国武术技术形态的"艺术性"研究》,《北京体育大学学报》2012年第5期。

② 闫民:《武术的主体性思维及表达》,《体育与科学》2015年第2期。

中国本土文化是"天—地—人"一体的德性智慧文化，中国古代学术的原生形象即是由"仁心德性"化成的"天—地—人"一体的"大生命"形象，也是中华文明得以连绵不断的生命动力的源泉。人与自然天人合一的智慧一直深刻影响着武术形象的发展，对武术形象演进起到了巨大作用。武术"形象"的变迁只是"表"的演变，其本质是对中国传统文化主脉的契合。"武术也应该在时代背景下，在保存其文化主脉的同时，以博大的气派，不断融会和吸纳其他文化元素，这也是中国文化发展至今仍保持其活力的内发机制之一。"[1]

"在不同历史时空语境中，武术都是基于时代背景，根据当时代实践需要，选择出场形态，彰显时代功能"[2]，因此，引领和建构当代武术形象，应当立足传统文化主脉大气，坚守中国武术个性文化根本精神。"武术是传统的经典项目，所以在与其他项目沟通交流时或在不断发展和需要重构时，保持中国文化元素的发扬与活力是最为关键的。"[3]任何一种文化形象的形成与发展，都是当时社会的主流文化和主流思想引导的结果。武术形象无非是武术文化产品的变形，这种变形的文化产品自然要受制于时代的主流思想和主流文化。

新时代中国武术的发展究竟以何种形象走向复兴，如何做好中国武术的继承性发展与创造性转化，不仅是留给武术管理部门，也是留给所有武术人的时代课题。"中国武术作为民族文化的代表，具有中华民族文化最为显著的文化特征，保持它独特的文化个性应该是我们发展中国武术的底线。"[4]数千年中国武术自我形象从单一到多元的变迁，折射了中国武术生命有机体的勃勃生机。新时代中国武术必然要以新的形象参与中华民族文化复兴的伟大梦想。学界也应

---

[1] 王军：《关于中国武术文化形态及演变的研究》，《北京体育大学学报》2006年第9期。
[2] 李龙：《论中国武术的出场形态》，《西安体育学院学报》2011年第4期。
[3] 于万岭：《科技文化形态下武术的文化变迁》，《上海体育学院学报》2012年第5期。
[4] 王岗、郭华帅：《"文化立国"战略指导下的中国武术发展研究》，《成都体育学院学报》2009年第5期。

该有这样的历史感和责任感，形塑和建构符合新时代民族文化复兴和民众需求的新的武术形象，引领中国武术走上文化复兴和国际传播的新的征程。

四 小结

武术的发展史是一个从原始社会"人兽相搏""军事武艺""图腾武舞"的原初形象到当代"健身武术""竞技武术""艺术武术"等多元化形象的演化过程。整体上，中国武术形象经历了由实到虚，由单一态到多元态的历史演化进程，在不同历史阶段呈现出不同的武术形象，武术形象的演化是当时社会主流思想和主流文化引导的结果。引领和建构新时代的武术形象，应当基于新时代传统文化复兴的社会主流思想，坚守民族传统文化的主脉大气及武术个性文化的根本精神。

"今天的文化危机特别表现在知识分子的浮躁心理上。他们浮慕西化而不深知西方文化的底蕴，憎恨传统而不解中国传统为何物。"[①] 面对当下文化危机和传统武术的式微，只去幡然醒悟，痛下决心是不够的，还要付出改变危机和改变现状的切实行动。每一个时代都有自己的历史使命，民族的文化使命与个体的时代担当凝聚而成的合力是中华文明生机无限的动力源泉。复兴传统文化，传承民族个性文化，是当今中华民族之伟大文化使命。

新时代更应坚守传统文化根魂，如同汉字一样，"几千年'一贯制'的特殊生命力，滋养与规范了我们民族连绵性的认知性灵与德性智慧，这是中华文明永远站立于世上的精神源泉"[②]。新时代中华民族的伟大崛起，需守卫好中华民族之性灵，接续中国传统文化之主脉，沿

---

① 余英时：《文史传统与文化重建》，生活·读书·新知三联书店2004年版，第507页。
② 劳承万、劳业辛：《中西文化形态之大别——"类比律·纲目体系"与"因果律·逻辑体系"之比较研究》，《清华大学学报》（哲学社会科学版）2013年第5期。

着"尊德性而道学问"的民族文化精神稳步向前。新时代中国文化"走出去"和中华民族的伟大复兴,根植于传统文化的中国武术不能缺席,"武以成人"完美诠释了中国文化如何"做人"之形象的德性智慧,中国武术必将以新的"生命形象"迎来国际传播和武术文化复兴的新时代。

第二节 武术"他者"形象:西方现代性想象的中国武术

中国武术国际传播不可回避武术"他者形象"问题。一般而言,形象的建构与形成总是基于一定的自然、社会和精神系统,中国武术形象同样如此。从形象文化意义产生的过程和机制来看,"形象形成的内在机制是指一个具体文本或者图像在形象系统内部由一个普通的符号转化为具有特定意涵的形象的变化过程"①。中国武术作为一种身体文化符号,这些具象符号之所以能够转化为形象,是由于其在形象系统中得到了特殊的阐释,在阐释过程中,赋予了主体意涵,从而实现了从符号到武术形象的转化。

今天,人类社会关系与社会交往的"全球场域"重绘着当今世界的"文化版图",也为中国武术国际传播提供了理想的时空条件。提出中国武术国际传播中"他者形象"的研究问题,是基于他者视阈对中国武术形象的凝视与想象所蕴含的特殊意义和潜在动机。"对于一种社会行为的理解,必须在其潜在的意向关系结构中确定其动机。"② 探析中国武术国际传播中的"他者形象",解构中国武术他者形象背后蕴含的意义和动机,既是中国武术国际传播形象研究的理论自觉,也是新时代中国武术"走出去"亟须厘清的现实问题。

---

① 李勇:《形象:想象的表意实践——形象学中形象概念的内涵新探》,《天津社会科学》2012年第4期。
② [德]马克斯·韦伯:《经济与社会学》,林荣远译,商务印书馆1997年版,第154页。

一　西方现代性与社会想象

东方与西方、古代与现代二元对立的世界图景给西方现代性的提出提供了自我确证的想象空间。西方与东方在空间上具有二元对立的意义，现代与古代具有在时间上二元对立的意涵，西方现代性的提出提供了一种对时间和空间全新的体验方式，在这种全新的时空体验中，西方现代性在二元对立的世界图景中获得了自我确证的整体性想象。在西方现代性观念中研究中国武术他者形象，涉及武术知识与想象、武术价值与话语等方面的诸多问题。社会想象并不是一种闲散状态的臆想，而是一种对社会现实深刻广泛的智力思考。

社会想象不同于社会理论，"社会想象强调的是社会个体（普通人）想象他们社会环境的方式，或者人们想象其社会存在的方式"，人们如何待人接物，人们通常能满足的愿望，以及支撑着这些期望的更深层次的规范观念和形象。社会想象是使人们的实践和广泛认同的合法性成为可能的一种共识。也就是说，最初由少数群体开创的社会理论会逐渐潜入社会想象之中，也许开始是精英阶层，而后进入整个社会，成为社会多数人共享的理念或者规范。社会想象在任何一个特定的时期都是复杂的，这也正是中国武术他者形象复杂性的根本原因。

社会想象通常超出了让我们的特定实践具有意义的直觉性的背景认识，显然，在不理解的情况下就去实践，这种实践是没有意义的。早期中国武术国际传播的困境即是如此，西方社会基于文化差异造成的对中国武术文化的理解偏差，或者说中国武术实践意义的缺乏是中国武术传播窘境的重要原因。如果说认识使得实践成为可能，那么，实践在很大程度上带动了认识，让行为成为可能的背景认识。因此，关于中国武术他者的意指实践就使我们与我们有关系的他者之间的有意义对话的设想成为可能。这里包含着一个语言行为的问题：说话者与说话的对象，以及他们如何可以彼此存在于这种关系中的某种认识。这种说话模式表明了我们处于什么样的立足点与他人说话。

因此，使任何特定的行为变得有意义的背景都是广泛和深厚的。它虽然不包含我们世界里的每件事，但是人们可以理解的相关特性并没有受到任何限制。像所有的人类想象模式那样，社会想象可能充满自私的虚幻和压制，但是它也是社会现实中的一个基本组成部分，它不会沦为一个虚幻的梦想。中国武术的国际传播，对于西方文化而言，中国武术是来自东方文化的他者。因此，西方文化语境下对中国武术形象的认知实际上并不是真实的中国武术形象，而是建构在西方现代性社会想象基础之上虚幻的他者。

中国武术他者形象正是基于西方现代性社会想象中形成的，中国武术传入西方社会，究竟存在着怎样的社会意义，又如何影响着西方社会的想象？中国武术在西方文化语境下经过了一系列的表意实践，在其缓慢的发展过程中，逐渐改变了中国武术带给西方社会的意义，从而构建了西方社会对中国武术的一种新的社会想象。时至今日，尽管经济全球化导致的文化全球化正在逐渐形成，中国武术作为中华民族传统文化中最为神秘文化的典型代表，仍然影响着西方社会对中国文化和中国社会的深刻社会想象。也就是说，西方现代社会对中国武术的整体想象使得中国武术具有某种积极意义，进而使得中国武术的国际传播的实践成为可能。

二 武术"他者形象"：西方现代性社会想象的中国武术

（一）形象、类型与原型：中国武术国际传播"他者形象"研究的三个层面

"形象是现实世界的存在方式，它存在与自然、社会和精神的总体关系上。"[①] 人类的历史活动包括两个方面：一是对客观世界的改造；

---

① 宗坤明：《形象学基础》，人民出版社2000年版，第3页。

二是对自身的改造。这两个方面的改造是一个统一的过程。在这个过程中,世界上的一切都以形象的方式而存在。形象学理论把形象的存在形态分为"感性形象""知性形象"和"表意形象"这三个层次。作为表意实践意义上的形象最具深刻性,同时囊括了"感性形象"和"知性形象"这两种规定性。也就是说,作为表意实践意义上的形象才是我们应该关注的形象。在这种表意实践的形象中,既体现了主体对目标客体的整体认知和印象,也体现了主体的价值观并在主体对客体的想象中完成了对自身意愿的表达和实践的行为。

  肇始于法国的形象学研究,获后殖民主义理论、女权主义理论等各种后现代理论的青睐而得以快速发展,并逐渐打开了文化研究者的想象空间。"他者形象"一直是形象学研究的焦点。"每一种他者形象的形成同时伴随着自我形象的形成""他者形象犹如一面镜子,照见了别人,也照见了自己,正是由于他者形象与自我形象的特殊性关联,认识主体从他塑造的他者形象中隐喻了自己,他者形象也就成为自我确认的重要手段。"[1] 在此种意义上,武术"他者形象"并不是对中国武术真实性的客观反映,而是体现为想象主体隐喻和确认自身的武道文化镜像的手段和参照。

  文化镜像并不是对现实真实的对等反映,而是他者自身观念、价值和认知的文化映射。显然,"他者"观念,同样也适用中国武术国际传播中的"他者形象"。在"他者"眼中,中国武术有着不同的形象呈现。在国际特定的文化语境和历史情境中,中国武术的"他者形象"是他者文化的价值观念以及权力秩序的文化镜像。在"他者"的视野中,中国武术的"他者形象"并不是中国武术真实的客观反映。中国武术国际传播中的"他者形象"是他者文化语境下他者主体对中国武术的审视与体认,表达了"他者"主体对武术文化的某种期待和意愿。

  中国武术的国际传播,不仅需要塑造中国武术的国际正面形象,阐

---

[1] [德]雨果·狄泽林克:《论比较文学形象学》,方维规译,《中国比较文学》2007年第3期。

述中国武术国际传播的核心价值,还需要深入探究中国武术他者形象的文化功能与话语权力结构。因此,对中国武术国际传播的形象研究,重要的不是中国武术自身形象叙事的真伪问题,而是相关叙事如何在某一历史时期特定的文化语境中,构筑出一个表现异质文化自身价值和权力秩序的文化影像,从而追问其话语结构与文化功能。为此,对于国际社会"他者"文化镜像的中国武术"他者形象",我们无须纠结其是一种真实与虚构的存在,而是关注特定文化与历史语境中"他者"对中国武术的文化镜像及其背后的动机及意义。中国武术本质上属于一种身体技击文化。他者身体观与中国武术文化的区别是中国武术他者形象建构的理论基础。

中国武术"他者形象"无论是正面肯定还是负面否定的形象,都隐喻着他者的文化意识,都是他者文化审视与体认自身的表现,中国武术"他者形象"是他者文化自我意识的折射和自我空间的延伸。每一个武术"他者形象"都不是凭空产生的,而是源于"他者"的形象原型,只不过在"他者形象"原型基础上进行了形象迭代与重构。剖析中国武术国际传播中的"他者形象",我们需要把中国武术置于他者社会,在他者文化语境下追寻域外民族对中国武术形象的注视与解读。为此,可以从形象、类型以及原型三个层面探究中国武术"他者形象"的生成动机。

在形象层面,中国武术"他者形象"是他者社会一整套关于中国武术的表述、表现或表征系统。与中国武术自我形象一样,他者形象亦有着自身的话语知识与话语权力体系。作为话语知识表述体系的中国武术"他者形象"一旦形成就具有"知识体系"稳定的特征,这种稳定的表述性知识话语体系在一定程度上影响并左右着他者社会对中国武术的整体描述与认知。中国武术"他者形象"的话语权力则体现在为他者主体对中国武术的"知识"性描述与"意象"性修辞,体现出他者观念和文化的权力秩序与结构。显然,中国武术"他者形象"所具有的话语知识与话语权力的双重功能，正是我们建构中国武术"他者形象"的真实意愿和动机所在，这是因为中国武术的国际传播离不开"他者"主体对中国武术系统的知识表述和意象修辞。

在类型层面，类型是形象学研究中的基本功能单位。从历史的视角来看，任何一种事物的发展都表现为不同历史时期特定的形象类型，中国武术的形象同样如此，他者文化语境下的中国武术的"他者形象"同样分为不同的形象类型，比如"功夫形象""影视武术形象""艺术武术形象"等。他者语境下中国武术的"他者形象"之所以会呈现出不同的形象类型，是因为来自不同社会领域的个体、群体使用不同的武术文本来描述中国武术。中国武术"他者"形象的描述中，使用类型概念来分析中国武术他者形象，是将他者文化语境长期以来积淀的信息转化为对中国武术特定意义与稳定特征的形象表述，这种形象表述在特定的历史发展阶段被不断重复化，进而呈现出类型化的形象框架。

在原型层面，原型的表面语义即是原初的形象样态。原型意味着"形象谱系自身的继承与关联"①。也就是说，形象原型是超越了个别文本的特殊意义，是经过抽象化而形成某种普遍性的意义模式。中国武术他者形象作为一种话语方式或者思维方式，经过不断重复表述形成的形象类型，都是某一种或某几种原型的表述。事实上，无论是中国武术的自我形象还是他者语境下的"他者形象"，中国武术的形象原型都可归纳为"打"与"不打"这两种形象原型，并且"无论何种拳种流派呈现的何种武术形象其本原都是拳理、拳法、拳势三位一体的攻防技击表意"②。

（二）他者镜像与自我隐喻：中国武术国际传播中"他者形象"的内涵

1. 他者镜像：作为他者社会集体想象的中国武术"他者形象"。社

---

① 周宁：《跨文化研究：以中国形象为方法》，商务印书馆2011年版，第25页。
② 李源、梁勤超、姜南：《"打"与"不打"：武术形象的二元认知》，《北京体育大学学报》2018年第7期。

会想象表现为社会个体对其社会环境的想象方式,通常是以形象、故事和传说来表述的。"就中国武术形象的存在形态而言,它是一种社会集体的想象,想象本身是一种心理现象,它超越了一般意义上的以真实性为标准的客观现实的存在形态,因此,武术形象具有复杂性的特征。"①作为具有复杂特征的社会集体想象的中国武术"他者形象",包含着对武术"他者形象"的心理属性和总体特征的蕴含,武术"他者形象"是一种心理现象,是一种总体印象,是一种社会集体想象。

从心理属性上来讲,武术"他者形象"是他者主体对武术的认知、评价和想象,是对武术总体特征的抽象反映,是一种融会了他者主体主观情感的心理行为。武术形象从性质上讲属于一种心理现象,是作为存在于他者心理世界中的主观印象,或者是他者关于武术的心理想象或者心理创造。这种心理想象或者心理创造,从广义上讲包含了社会个体、群体和民族对武术的心理想象和创造。所以每个社会个体都有自己对武术的理解、想象和心理创造。但从普遍意义上讲,每个社会个体关于武术的形象不能称为严格意义上的武术形象。因为武术他者形象所指的是一种总体印象和社会集体想象。社会个体由于自身的社会阅历、知识素养、认知水平以及历史境遇等各方面的差异造成对中国武术的看法因人而异,各不相同,所以并不是所有关于武术的想象都可以称为武术形象。

关于中国武术的想象可以根据不同的文本和不同的细节,但只有那些关系到武术总体形象的文本和细节才会成为中国武术的形象。也就是说,从每个具体文本和细节到形成武术的总体形象必然存在一个转化过程。当一个具体文本和细节被赋予了超出文本和细节本身的象征含义而代表着武术整体的形象,这个符号化的形象就具备了武术形象丰富的内涵,在这里关于武术的某些文本和细节特征在想象者那里就被升华转化为武术的总体形象,在这个转化过程中,既包含想象者主体自身意愿的

---

① 李源、王岗:《中国武术形象的概念内涵与价值阐释》,《成都体育学院学报》2014年第4期。

投射，也包含着想象者的态度、价值以及他们之间的复杂关系等。

因此，从普遍意义上讲，我们所研究的武术形象是经过转化形成的总体形象。武术形象的总体印象很显然是每个社会个体武术具体形象的升华和总结，两者是相互联系，相互依存的。社会个体的关于武术的想象只有广泛传播被广大的人群所接受，变成一个民族、一个社会集团关于武术的集体想象，才能称得上是武术形象。在他者文化体系中由不同文本建构、并且不断重复所构筑的类型化的中国武术"他者形象"，使中国武术成为一种他者社会的集体想象。

在历史的不同发展阶段，中国武术所表现出来的不同形象反映着特定历史时代普遍的社会文化心理，反映了当时强势话语对武术形象形成的制约。由于每个社会"他者主体"不同的历史境遇，所以他们对中国武术的想象各不相同，他们依据不同文本想象的中国武术可能相同也可能相互矛盾。武术"他者形象"作为"他者主体"对中国武术的想象，是一种主观意识的直观感觉，建立在他者对中国武术想象基础之上的"他者形象"与现实中的客观存在的中国武术并非一致或相符。因此，中国武术形象在不同文本和不同历史语境中呈现的不同存在形态，表现出社会个体、集体或者民族对中国武术形象的认知和理解的差异。

"事实上，研究一个形象时，真正的关键在于揭示其内在'逻辑'、'真实情况'，而非核实它是否与现实相符。"[①] 作为想象形式客观存在的武术"他者形象"也有着自身存在的逻辑结构和真实状况。其实，"形象的形成自有一套法则，一套想象的法则，不同于理性的知识系统，形象自身孕育、发展、变异以及表达意义的方式都不同于理性的、逻辑的知识体系"[②]。所以，想象一旦被激活，尽管自身没有意向，却会不断变异，变成一种不安分的力量。

在他者社会，作为想象的武术"他者形象"，由于社会个体想象与集

---

① 孟华主编：《比较文学形象学》，北京大学出版社2001年版，第23页。
② 李勇、周宁：《西欧的中国形象》，人民出版社2010年版，第24页。

体想象的差异所形成的矛盾和张力,加之他者社会个体想象和社会集体想象之间的转化,还存在着多种变化不确定的因素,也使得武术"他者形象"呈现出复杂性特征。中国武术"他者形象"以感性的方式突破了逻辑理性的规范,以主观的心理想象突破了客观现实的羁绊,作为想象的中国武术"他者形象"在某种程度上还体现在对理性知识的超越、渗透与覆盖。因此,在一定意义上说,中国武术"他者形象"是"他者主体"关于中国武术的心理想象与理性逻辑交织的复杂的张力场域。

2. 自我隐喻:作为他者文化表意实践的中国武术"他者形象"。"'我'注视他者,而他者形象也传递了'我'这个注视者、言说者、书写者的某种形象。在个人、集体、半集体的层面上,他者形象都无可避免地表现为对他者的否定,对'我'及其空间的补充和延长。"① 因此,作为他者文化表意实践的中国武术,中国武术国际传播的"他者形象"是一种可以满足他者文化自我确认的象征,一种满足他者社会想象的关于中国武术"他者"的虚构叙事。而决定中国武术形象类型特征的是他者社会关于中国武术主题叙事的话语权力结构和传统话语体系的神秘力量。这种神秘的力量从本质上讲是他者意识形态背后的话语力量,中国武术"他者形象"的建构就是在这种神秘的话语力量规训下构筑的一种特定意义的他者形象体系,以满足对中国武术他者的否定而言说肯定自我的隐喻与想象,从而实现对自我文化优于他者文化的自我确认。

武术形象就其性质而言是一种社会集体的心理想象;就运作方式而言则是表意实践。心理想象最初是想象主体的内心活动,但这种内心活动需要通过媒介传达到外部世界,而不是一直停留在想象主体的内心世界。因此,武术"他者形象"是一种"他者主体"以社会集体心理想象为核心和基本方式的表意实践活动。武术"他者形象"作为一种表意实践,话语主体是相对于武术自身之外的"他者"。在表意实践中的主体与对象的关系,就是"他者"与"中国武术"的关系,"他者"是

---

① 孟华主编:《比较文学形象学》,北京大学出版社2001年版,第157页。

话语活动中的话语主体,"他者"占主导地位,被言说的"中国武术"则处于被动的地位。所以,中国武术"他者形象"被说成某种样子,只是他者语言与想象的结果,与中国武术的真实状况并不相符合。

表意实践所表达的是话语主体的意愿,在这一意义上,武术他者形象代表的是作为话语主体的"他者"的观念、愿望和潜意识。同时,也使得中国武术"他者形象"呈现出多元化和个性化的趋势。表意实践并非仅仅将某种想法和意愿表达出来让别人知道这样简单,还存在着表意实践话语权力之间的不平等关系。话语活动是在权力关系中运作的,话语主体和参与者有着各自的社会地位和话语权力和话语控制。通过对表意实践中话语权力的分配,可以完成对中国武术形象的生产和再生产,换句话说,正是由于表意实践中话语权力关系的不平等,才使得我们建构中国武术主流形象成为可能。

作为表意实践的他者形象在本质上是一种象征,中国武术"他者形象"正是他者社会在对中国武术的他者描述中隐喻自身的象征。在他者文化语境他者的视阈中,中国武术"他者形象"已经成为中国武术在他者社会叙事中最普遍的、稳定的"他者"特征。对中国武术"他者形象"的关注,就是关注中国武术形象如何在他者的历史语境和文化语境下发生变迁、演进、继承及延续的方式,揭示他者语境下中国武术形象特征的描述,关注在社会思想与文化结构中,这些形象是如何生成、运作并实现其文化功能。"发现世界的文化意义,在于发现自我",对中国武术文化的"他者形象"的建构正是基于对发现自我和确认自我目的。在中国近代历史上,不断有域外武术家来中国挑战,试图通过对中国功夫的征服,来满足以下目的:一是满足对于域外中国武术文化的神秘想象,二是满足自身技击文化优于中国武术的自我隐喻。

(三)历史语境与意识形态:中国武术"他者形象"建构的条件

1. 历史语境中武术"他者形象"的建构。"历史语境主义是当代西方学术界研究政治思想史的一个新范式。它站在文本中心主义(历史观念史学派与政治哲学史学派）的对立面，认为人类并不存在所谓'永恒不变的思想主题'，人类的一切思想都只不过是'对具体历史问题的回应'。"①"历史概念并不是要通过抽象的一般性公式来把握历史的现实，而是要依据具体发生着的各组关系进行把握，而这些关系不可避免地具有一种独特特性和个体特性。"② 可以说，在人类发展历史中，每一个时段的历史都有自己的使命，每一个时段的历史都有自己的问题。历史语境作为历史发展过程所呈现的历史现实境况，中国武术"他者形象"的建构必须在具体的历史语境中寻找答案。

从历史规定上来讲，形象是不断客体化的历史主体，形象的发生与发展和历史的变迁紧密相连。也就是说，特定的历史时期，形象呈现为稳定的类型特征，而不同历史阶段的现实特征决定着不同形象类型的内在本质和规定。特定历史时期的历史语境交织着各种社会因素，形成一个巨大的话语权力空间。因此，任何一个具体的武术文本都必须借助和依靠这一强大的话语空间、权力系统，赋予其丰富及特定的意蕴才能完成向武术形象类型的转化。武术"他者形象"形成所经历的历史语境，是指在中华民族自身发展过程以及西方社会历史发展进程中，对中国武术发展具有重大影响的主要问题、重大事件，以及由此而形成的对中国武术形象产生重大变革的时代主题等。

武术"他者形象"形成的历史语境中，一方面，在复杂社会关系和社会因素交织的话语系统中预设了关于中国武术意义的空缺；另一方面，又积极规划和设置能够影响中国武术正面形象建构的时代主题。我们规划和预设的关于中国武术的时代主题，在特定历史语境的话语体系中通过主动引导来占据这个对于武术想象的位置和关于武术意义的空缺，赋予设置的中国武术时代主题特殊的意义，具有丰富的意涵，转化

---

① 张晒：《从文本中心主义到历史语境主义语境：概念与修辞》，《理论月刊》2013年第5期。
② ［德］马克斯·韦伯：《新教伦理与资本主义精神》，马奇炎、陈婧译，北京大学出版社2012年版，第42页。

为关于武术形象的象征意义,完成了武术形象的表意实践活动,表达了人们对武术的美好意愿。

人类社会是不断发展变化的,因此,关于武术形象形成的历史语境也处于不断变化的过程之中,历史语境的不断变化必然对武术形象的形成产生不同的影响。诸如,在20世纪六七十年代,随着李小龙功夫电影风靡全球,"Kung Fu"成为中国武术"他者形象"的代名词。改革开放以来,中国武术国际传播与交流更为频繁,让越来越多的他者见识和体验到了真实的中国武术,对于中国武术形象的认知也越来越多元化和个性化,诸如"中华文化符号""中国身体文化""中国文化模式"等。

同一个具体的文本和图像在不同的历史语境中可能导致不同甚至相反的武术形象。一方面历史语境对武术形象的产生具有重要的影响;另一方面历史语境对武术形象的影响是不断变化的、是动态的过程。伴随社会的发展和历史前进的脚步,历史语境也随着时代的发展而不断变化。由于历史语境具有历时性与共时性的特征,指陈历时性的过去、现在和未来与共时性的发生是相通的。所以,在把握中国武术他者形象形成的内在机制时,既要在共时性中找到它超越时间的逻辑结构,也要把共时性的呈现与历时性的展示有机结合起来。

2. 意识形态对武术"他者形象"建构。"意识形态"一词最初是作为启蒙主义理想中的一个重要的科学理性概念被提出来的,法国思想家托拉西是第一个把"意识形态"概念引入西方哲学史的人,这个词的字面意思是"观念学",即通过对观念进行唯物的、科学的精确描绘和研究而得到的知识。"意识形态是指被某些社会集团征用来代表自己的利益的对现实的认识所形成的知识性话语。"[①] 真正对意识形态概念发生革命性影响的人是马克思。马克思之后的革命哲学家列宁、葛兰西等人以及法兰克福学派和法国的阿尔都塞也从不同程度发展了意识形态

---

① 汪民安:《文化研究关键词》,江苏人民出版社2007年版,第436页。

理论。

葛兰西之后，对意识形态理论有重大推进的当数法国马克思主义思想家路易·阿尔都塞。"他不但揭示了意识形态的外在特征和社会职能，更揭示了意识形态作为主体与自身的一种'想象'性关系在社会生产活动当中所起的作用。由此将意识形态理论此后转移到马克思的社会结构观和社会生产理论当中，将意识形态看成一种附着在一定机制上、对个体有构造作用的生产活动，从而摆脱了长期以来对意识形态真假问题的静态认识论理解，将意识形态问题引入对于主体身份建构的探讨。"①

意识形态同样是影响武术"他者形象"形成的重要条件之一。如果说，历史语境是对人们现实生存状况的制约，那么意识形态则是对人们精神心理状况的制约，意识形态影响着人对自我以及世界的认知和想象，因而影响人们对武术形象的形成。从建构主义理论出发，意识形态为个体的主体建构提供了特定需求，同时也赋予了主体具体的内容与特殊意义，在这一过程中，主体自身确立了与他者身份及意义的不同。也就是说意识形态一方面确立了他者的位置，另一方面也赋予他者以具体的内涵。对于武术形象而言，武术"他者形象"就是一种他者形象认知，武术"他者形象"在形成的过程中被赋予了"他者主体"不同的具体内涵。

意识形态对武术形象所产生的影响还在于意识形态建构一种有关武术的图景，这种思想观念上建立的武术图景为主体认知和感受中国武术提供了想象模式，并构成了主体与中国武术之间的想象关系。在武术形象的形成和建构过程中，意识形态作为中介存在于想象主体与中国武术的客观现实之间。意识形态在把社会个体建构成社会主体的同时也使主体获得了对武术认识和感知的能力，从而形成社会个体的武术形象。

此外，意识形态又表现为集体观念和集体意识，成为一定社会集体

---

① 汪民安：《文化研究关键词》，江苏人民出版社2007年版，第436页。

对中国武术的想象模式，体现为该社会团体和利益集团对武术的观念和意识。因此，域外民众对中国武术的想象都是建立在域外民族的利益基础之上的。所以中国武术屡次申奥都被拒之门外，域外民众对中国武术的认同如此艰难也就不难理解了。改变域外民众对中国武术想象的偏见、虚构、扭曲甚至变异，必须让中国武术的价值系统得到域外民众的认可和接纳，只有当中国武术的核心价值能够代表域外民众自身的利益时，中国武术的形象才能得到新的建构。所以，我们对于中国武术形象的建构绝不能只从我们自身的利益出发，"他者永远被他者，自我主体永远是中心"的观念对于武术形象的建构都是极为有害的。

要更好地建构中国武术国际传播中的"他者形象"，需要让意识形态为武术形象的建构提供一个符合人类命运共同体需要的价值内涵，赋予某一武术文本或武术图景能够代表人类普世利益的丰富含义，获得丰富的意识形态的内涵。让这一具体的关于武术的文本或者图像能代表域外民众甚至全人类共同的想象，表达着作为想象主体的域外民众或者全人类的普世利益，这是武术形象建构的核心所在。意识形态构成了武术形象形成的基本动力，推动着武术形象的运作、转化，使一个具体的武术文本或者图像内涵丰富、意味深长、广泛传播、深得人心。当然这也是国人对武术未来的理想，实际而言，要使武术能够代表域外民众或者全人类普世利益，还需要做大量的宣传工作。

三 西方现代性视阈下中国武术主体性形象建构的思考

（一）西方历史语境下的中国刻板形象对中国武术主体性形象建构的影响

任何时代西方的中国形象，都源于西方文化的自我意识，是西方文化体验欲望与忧虑的象征。西方文化之所以在不同历史阶段不断构筑中国形象，关键在于通过这种形象，表现自身文化处境与意识形态空间，表现某种确定的信仰或不确定的梦想，表现某种难以排解的隐忧与难以表达的恐惧。任何文化中的异域形象，本身又都是一种象征，是关于形象的构筑者自身、关于本土文化自我与异域文化他者之间关系的隐喻。"西方的中国形象是西方文化投射的一种关于文化他者的幻象，是西方文化自我审视、自我反思、自我想象与自我书写的方式，表现了西方文化潜意识的欲望与恐怖，指向西方文化'他者'的想象与意识形态空间。"①

前启蒙运动时代，西方对古老中国的想象和热情投射在东方文明古国的财富、制度和思想方面，由此形塑了西方他者眼中富饶的中国和孔教理想中国的形象。西方在前启蒙时代之所以选择性的凸显了中国某一层面的文本建构了西方他者眼中的中国形象，这是西方在历史不同时段隐喻自身的想象。富饶的中国是西方眼中向往的国度，折射了西方在前启蒙时期物质财富的匮乏和对中国财富的欲望。孔教理想国的形象建构，是西方对自身制度文明的自我隐喻和对东方中国制度文明的向往与羡慕。西方在前启蒙运动的历史不同时段选择性建构的中国形象的不同类型，体现了西方在跨文化空间重构作为文化他者对东方文明的期望与想象。

西方在前启蒙运动时代塑造的中国正面形象，其根本原因是在于西方在前启蒙运动时代对西方自身混乱痛苦的深刻反思。而在西方现代性自由与进步的宏大叙事中，作为西方现代性主流价值的自由与进步观念，需要找到一个肯定自我并否定他者的负面形象隐喻自身，于是"停滞"与"野蛮"的中国形象就出现在西方文化中关于中国形象最广泛流行的套话中。"停滞"的中国形象，是西方现代性建构"进步"主体性的"他者"参照，并以此证明西方现代性进步大叙事的合法性。同样，野蛮的中华帝国形象的出现是为西方建构现代性文明的想象秩序提供"文化他者"否定的参照。只有想象东方野蛮专制主义的存在，

---

① 周宁：《天朝遥远：西方的中国形象》，北京大学出版社2006年版，第3页。

才能确认自身文化自由主义的进步性。"文明"不仅为西方现代性提供了文化身份,也为认同这种身份设置了"他者"。

西方现代性社会想象将中国形象纳入野蛮与文明的二元对立秩序中,不仅是一个知识问题,也是一种权力想象,是西方社会打着文明的旗号进行帝国主义和殖民主义扩张的权力想象。对于东方世界的中国而言,西方同样作为"文化他者"而存在,无论西方如何选择性建构关于中国的形象类型都不是中国客观现实的客观反映。在西方他者的意象关联中建构中国武术国际传播中的主体性形象,不可避免的会受到西方文化语境下中国刻板印象的影响,但是,作为一种对他者想象和隐喻自身的形象,中国武术不会成为西方想象视野中的奴隶,而应按照中国武术自身的发展逻辑,坚信中国武术文化的先进性,塑造中国武术国际传播中的正面主体性形象,坚定走出一条属于中国武术国际传播实践中自己选择的自主道路。

(二)对西方现代性"异己分化"中中国武术"他者形象"的省思

在一定程度上,"现代性对一切提出了质疑,并将它们置于单一的理性原则面前予以衡量"①。西方现代性并不仅仅是一种时间和空间的变革意识,更主要的是呈现为西方文化倡导的社会价值观念体系。因此,西方现代性被赋予"进步""自由""变革"的标签,西方现代性也因此确立了其"时间秩序"和"空间秩序"。考察中国武术国际传播中的"他者形象",不可回避地要置于西方社会的现代性,这是因为西方现代性扩张对中国武术"他者形象"的建构影响重大。换句话说,西方语境下中国武术国际传播中"他者形象"的生成与构建与西方现代性的扩张过程紧密相连。

西方文化的外向情节与西方现代性的扩张热情相契合,形成了西方现代性过程中对异域文明的想象和扩张热情。当西方文化与非西方文化

---

① [德]马克斯·韦伯:《学术与政治》,冯克利译,生活·读书·新知三联书店2005年版,第193页。

相遇时，西方文化在面对非西方文化时，往往会展现出强大的异己分化的力量。来自东方世界的中国武术文化，相对于西方文化自身而言，自然是属于异己分化的"他者"。当西方文化不能将非西方文化同化的时候，异己分化就成为西方现代性过程全球化推进中规训和形塑"他者"的重要任务。

对于西方文化异己，形塑"他者"的一个明显的例子，就是中国武术入奥。在推进中国武术套路运动成为奥运正式比赛项目的过程中，尽管中方做好了充分准备，却仍然无法成为奥运会的正式比赛项目。究其原因，主要还是在西方强势文化主导语境下，国际奥委会对中国武术套路运动表现出的强烈否定态度，这也是西方现代性异己分化的强大形塑力的最好明证。尽管新时代中国迎来民族复兴和传统文化复兴的历史机遇，"昂首阔步地走进了一个与'主流文化'和'西方文化'平等对话的时代语境中"[1]，但是西方强大的"异己分化"力量，还将给中国武术国际传播中"他者形象"的塑造带来深刻的影响，这也意味着中国武术国际传播的道路仍然漫长。

（三）在他者意象关联中重构新时代中国武术国际传播的主体性形象

多年以来，在他者的视野里，中国武术好像一个在社会游戏中迷惑的孩子，"迷失在他人之中，对他人感到迷惑的孩子，只有在自己发现自己身为一个'主体'的条件下才能发现如是的他人，对这个主体而言，存在着若干个'客体'，他们具有能够将他视为'客体'的特性"[2]。中国武术作为中国文化符号的象征，武术"他者形象"是站在域外民众的他者视角，表征着他者社会对中国武术的跨文化想象和意指实践。

解读他者视野下中国武术形象的文化意蕴，透视他者文化语境下中国武术"他者形象"表意实践背后的话语权与动机，旨在引导建构有

---

[1] 王岗、金向红、马文杰：《对走进新时代的中国武术文化研究的思考》，《首都体育学院学报》2019年第1期。
[2] [法]皮埃尔·布尔迪厄：《帕斯卡尔式的沉思》，刘晖译，生活·读书·新知三联书店2009年版，第19页。

利于中国武术"走出去"的主体性正面形象,新时代民族文化复兴的今天,作为传统文化的中国武术也即将迎来复兴的时代契机,如何在他者意象关联中思考中国武术国际传播的主体性形象的重构,这是新时代中国武术走向文化复兴的重要现实课题。

1. 重拾新时代中国武术国际传播的形象话语。文化全球化的时代,我们的传统文化需要面对西方强势文化的挑战甚至侵略,我们必须改掉"弱国寡民"的心态,一定要对中国传统文化有足够的自信心。在中国武术国际传播中,国际社会和域外民众习惯性地认知中国武术是一种"打"的形象,这种对中国武术的刻板印象,遮盖了中国武术内在"不打"形象的和谐意蕴。基于武术形象的构成要素和形象性质的复杂性,中国武术国际传播的形象重塑并不能一蹴而就,而是需要我们更多的耐心和毅力。深入探究中国武术国际传播中形象构成因素的影响,重塑中国武术国际传播的正面形象,这是新时代中国武术国际传播的觉醒和自觉。所以,中国武术必须发出自强的声音,坚定中国武术的价值自信,重塑中国武术良好的正面形象。新时代中国武术国际传播的形象重塑,是基于中国武术对于人类世界的文明共享的高度情怀,重拾中国武术国际传播的形象话语,激发中国武术国际传播的文化自觉,因此,塑造武术正面形象就成为新时代加速中国武术国际传播步伐的必然选择。

中国最近几年已经连续就中国国家形象进行全球调查,目的就是了解域外民众对中国国家形象的认知情况,积极引导中国国家正面形象主导话语,及时修正域外民众对于中国负面形象的误读,提升中国在国际社会的形象影响力。中国武术在近五年的国家形象全球调查中,域外民众都把中国武术选择为能够代表中国文化的重要选项,由此可见中国武术在域外民众中具有高度的文化辨识度和受到高度认可。中国武术形象是中国传统文化的身份象征,是展示中国国家形象的重要窗口,是中华民族爱国精神的重要体现。为了重拾武术形象主导话语,重塑新时代中国武术国际传播的正面形象,让中国武术形象背后的深层意蕴呈现给域外民众,提升中国国家形象就成为新时代中国武术国际传播的必然选择。

重塑正面形象,重拾新时代中国武术国际传播的形象话语,应当"通过对中国武术的现代性建构和改造,让中国武术的正面形象成为主流话语,让丑化和阻碍中国武术发展的负面形象逐渐被忽略"①。长期以来,中国武术一直没有形成属于自己的强大的发声系统。新时代借势中华民族复兴和文化复兴,中国武术国际传播也应步入快车道。"中国的新的形象必须与中国古典的形象衔接起来才能产生真正的认同的力量,中国的古典形象必须发展为中国新的形象才有真正的历史与时代的意义。"②只有中国武术自身真正的强大,建构新时代中国武术国际传播正面形象的主导话语,将中国武术传统形象与新时代形象相结合,才能真正形成武术文化认同的强大力量。

2. 建构新时代中国武术国际传播的媒介话语。通过合理"议题设置",构建中国武术国际传播的媒介话语权。媒体话语决定着大的文化问题,媒体既反映文化问题,也参与文化建构。我们所处的信息社会,媒介成为我们当代日常生活的仪式和景观,将每一个人裹挟其中。作为传播和文化之间的纽带,媒介强力建构了文化全球化的权力空间并影响着本土化文化的生存空间。"大众媒介最有效的用途是以一种难以令人察觉的方式影响它们的受众对社会角色的理解和对个人行为的规范。这种'主流'影响通过大众媒介的象征性内容构成现实的方式而实现。"③尽管多年来,中国武术文化的国际传播取得了一定的成就,但是在媒介霸权主义存在的影响下,当前的成绩并不耀眼,在博大精深的武术文化中,点缀在域外星空的中国武术甚至是有些尴尬地存在。

---

① 李源、王岗:《中国武术形象的概念内涵与价值阐释》,《成都体育学院学报》2014年第4期。
② 金耀基:《从传统到现代(补篇)》,法律出版社2010年版,第149页。
③ [美]丹尼斯·麦奎尔:《麦奎尔大众传播理论》,崔宝国、李琨译,清华大学出版社2010年版,第64页。

跨文化传播已经成为全球文化生态的重要表征，全球伦理则决定了全球社会中不同文化的视野和姿态。在西方强势的媒介霸权主义影响下，中国武术作为东方文化的形态必然受到来自西方不同意识形态和文化价值观的挑战。在建构人类命运共同体的和谐化全球伦理趋势下，中国武术倡导的和谐价值推动者人类社会向和平稳定、进步幸福、合作共赢的方向发展。议程设置理论是通过反复报道某类新闻，不断强化某类话题在受众心目中的重要程度，也就是说设置"合理议题"以影响受众认知。在大众传播中，合理议题设置是引导大众舆论和媒介方向的重要途径。在中国武术国际传播中，合理设置关于中国武术形象的"议题"，消除西方文化影响下对中国武术以往的刻板印象和负面形象的消极影响，有效引导受众对中国武术正面形象的认知，塑造中国武术在国际社会和域外民众中的良好形象。

合理进行议题设置，构建中国武术国际传播的媒介话语权，并不意味着将中国武术的价值观强加给域外其他国家的民众，而是通过合理议题设置，增加中国武术在受众中的重要程度。在西方强势文化霸权和媒介霸权的现实语境下，中国武术的国际传播不能无动于衷成为"晚期现代性景观"中的"文化宿命"而被边缘化。尽管中国武术在域外民众中具有较高的文化辨识度和认可度，但是中国武术的国际传播没有优越"他者"的任何资本。回顾中国武术两次在入奥中的艰辛努力最后却不得不接受失败的结果，这样的结局并不是我们想要的，这意味着中国传统文化在西方文化霸权主导的奥林匹克文化环境中还需要付出更多的努力。在中国武术的国际传播中，合理设置武术议题，有效引导受众对中国武术的认知，意味着国家文化主权意识的觉醒和抗争，表明中国武术在国际传播中探求新的传播途径的决心和努力。

3. 建构中国武术国际传播的知识话语体系。中国武术的国际传播，实际上就是与域外民众进行武术文化对话与交流，对话的基础是你自己首先要掌握自己文化的本质性问题，换句话说，就是中国武术必须拥有自己的知识体系。这里所说的"知识体系"并不是我们通常意义上理解的科学知识以及体系。福柯认为,"知识"指的是知识体系得以形成的历史的可能性条件,这既包括话语的条件,也包括非话语的条件,如机构、组织、制度、实践、权力等。"话语"在广泛意义上是指意识形态,强调的是某种法则与规范,也就是说决定着和人们说什么,怎样说的潜在权力机制。因此可以看出,话语产生出来的客体就是知识,话语能够对话语中的主体及其陈述活动加以支配。福柯将话语视为实践,视为经验性的历史事件,强调了构成话语实践的非话语因素,"话语的秩序"实际上是权力意志建立起来的效果。尽管我们不能完全认同福柯关于知识话语生产以及知识话语实践原则的全部观点,但是其关于知识话语实践彻底历史化的观点却带给我们有益的启示。

中国武术国际传播知识话语体系的建构,要将中国武术的知识话语置身于新时代的现代化场域。"只有在一个特殊的历史语境内,事物才成为某种特定的事物,才是'真实'",因此在每一个历史时期,话语产生的知识以及各种形式及其主、客体实践,都随着时代的变迁而发生剧烈的变化。所以,中国武术的知识体系以及围绕中国武术的各种实践也同样都具有历史和文化的特殊性。"话语的秩序"是权力意志建立起来的效果,中国武术国际传播中的话语秩序,同样受制于这种权力意志,那就是维护中国文化安全的民族主义权力。应当特别注意的是,民族主义既有强化人民的民族文化认同和国家认同感的正面作用,也有非理性排外的负面作用。中国武术国际传播中的话语创新理所当然要对狭隘的民族主义进行现代化转型,那就是在国家文化安全和国家认同的基础上建构理性和包容的开放民族主义,开放理性的民族主义本质上是增加自身文化的共享价值,使民族文化具有普世性。中国武术国际传播的知识话语创新,一方面是武术寻根,建构中国武术传统知识话语,打造体现中国武术核心价值的文化和知识体系能够解释自己;另一方面是,推动武术现代化,创新中国武术现代知识话语,打造能够体现新时代人类共享价值的普世武术文化和现代知识体系能够为他者理解、接受和认同。

中国自己如何看待中国武术，以及域外国际世界如何看待中国武术，将在很大程度上决定中国武术的未来。对于世界而言，中国武术要想推向世界，进入奥运大家庭，首先必须得到国际社会的文化认同。对于中国武术而言，中国有必要设计一套全新的武术理念，向世人恰如其分地展示具有悠久历史的中国武术的主体性形象。中国武术根植于中国传统文化，无论是拳理，还是拳法，抑或身体动作的表现，无不体现出中国传统文化的韵味。相对于西方武技的直接对抗，中国武术具有丰富的文化底蕴，追求更多的是技击关系。但是，我们必须明确，尽管中国武术表面上是以"打"的形象呈现，但是中国武术的主体性形象却蕴含着对武术"不打"形象终极追求的意蕴。在这看似悖论的背后，正是中国武术国际传播中重构中国武术主体性形象对人类和平价值的追求。

因此，在中国武术主体性形象重构的话语权博弈中，不能仅仅满足于一个无法表述自己，只有被他人言说的状态而甘于做一个沉默的他者。中国武术主体性形象的构建不是去等待"他者"发现自己，也不是为了迎合"他者"的口味去人为地制造一个不真实的武术形象，而是要采取一个更为主动的态度，以中国武术的真实为依据，向世界阐释中国武术的精神与文化内涵。中国武术的国际传播，需要在拥有对中国武术自身解释话语权的基础上，拓展更多的传播渠道，增强中国武术国际传播的顶层设计，在他者意象关联中重构中国武术国际传播的主体性形象，"标榜中国身份，彰显文化魅力"，进而使得中国武术进一步深化国际传播成为可能。

四 小结

在当今时代，一些时代因素和国际因素不断地融入对武术形象的理解和重构中,由于这些因素的指向具有多样性和复杂性,所以不可避免地影响到武术形象的存在和发展。多年来,在他者的视野里,中国武术好像一个在社会游戏中迷惑的孩子,"迷失在他人之中,对他人感到迷惑的孩子,只有在自己发现自己身为一个'主体'的条件下才能发现如是的他人,对这个主体而言,存在着若干个'客体',他们具有能够将他视为'客体'的特性"①。透视中国武术他者形象文化表意实践背后的话语权,在他者意象关联中重构中国武术国际传播中的主体性形象,对于促进中国武术的国际化认同,加快中国武术的跨文化传播具有重要的现实意义。

中国武术"他者形象"作为他者文化的镜像与隐喻,是他者社会对中国武术的想象和阐释。解读中国武术"他者形象"的重要意义不是复盘中国武术在他者社会的现实,而是探究中国武术"他者形象"背后的动机意义、权力结构和构成原则。"人是悬在由他自己所编织的意义之网中的动物。""文化也就是这样一些由人自己编织的意义之网。"② 中国武术国际传播"他者形象"的塑造实质上就是探寻"他者形象"背后的意义之网。同时,中国武术国际传播作为一种中华文化的对外推广,还需要换位思考,站在受众的角度去审思武术的国际传播。中国武术"他者形象"正是他者文化语境和社会通过对"他者"想象而建构的他者文化镜像,是通过他者想象来隐喻和确立自身对武术文化的认同过程。中国武术他者形象建构了武术文化在他者的文化投射与想象空间,解构中国武术他者形象背后的意义和动机,思考西方现代性"异己分化"力量对中中国武术他者形象建构的影响,为在他者意象关联中重构新时代中国武术国际传播的主体性形象留下了省思和行动的空间。

---

① [法]皮埃尔·布尔迪厄:《帕斯卡尔式的沉思》,刘晖译,生活·读书·新知三联书店2009年版,第19页。
② [美]克利福德·格尔茨:《文化的解释》,韩莉译,译林出版社2014年版,第5页。

第三节 中国武术国际传播的形象变迁

考察中国武术国际传播的形象变迁,是在中华文化国际传播的基础上进行的。因此,首先需要探源中华文化的对外交流与传播历史,追溯中华文化走向世界的路径与轨迹,在此基础上,梳理作为中华文化典型代表的中国武术国际传播的历史脉络以及形象演变的轨迹。"历史是使往昔的文化价值具有永久的意义,而且丰富我们的内心世界;当重新介绍历史价值时,历史在当代社会,又会重新获得一次实际的存在。"① 因此,回首中华文化的过去,不仅是为把握中华民族赖以生存的文化传统,也是探寻中华文化的存在意义,从而在现实生活中,"丰富我们的内心世界"。

从这个意义出发,考察中国武术文化对外交流的历史,不仅是为有依据地观照中国武术文化未来的发展走向,更是重现中国武术的"历史在当代社会"又"重新获得一次实际的存在",这"存在"便是"中国武术文化国际传播及其贡献的存在"。我们沿着历史纵向的脉络,追寻中华民族走向世界的历史足迹,溯源中华文化对外交流传播的伟大历程,审视中华民族贡献于人类文明的智慧、理念与传统。在中国文化对外交流和国际传播的基础上,考察历史上中国武术国际交流中的真实形象,追寻中国武术国际传播形象误读的原因,并在消除这种负面形象误读的同时,探究中国武术国际传播中正面形象塑造的内涵与路径。

一 中华文化对外交流与传播的历史与成就

1. 古代时期:中华文化国际传播的悠久历史与辉煌成就。具有实质意义的中华文化传播可以追溯到我国的汉代。秦汉统一,建立了疆域

---

① 武斌:《中华文化海外传播史(第一卷)》,陕西人民出版社1998年版,第13页。

广阔的庞大帝国，自觉地开展对外文化交流，迎来了文化全面开放交流的时代。15世纪以前，汉代开辟的丝绸之路是中华文化向西方传播的主要通道。时至今日，这两条海陆丝绸之路重新启动，依然是新时代中华民族伟大复兴、中华文化自信走向世界的重要通道。盛唐时代，中华文化国际传播迎来了世界性的辉煌时代，形成"中华文化圈"的东亚文化秩序。盛唐文化广泛传播于各地，展现出它的世界性辉煌，在世界文化史上留下了它的巨大身影。

宋元明初，中华文化跨文化交流达到了一种新境界。中国古代的四大重要发明就是在这一时期大规模西传的。郑和七下西洋的旷世壮举正是出现在明代初期，使中华文化在世界文化的舞台上留下了浓墨重彩的历史印记和后世影响。明清之际，中华文化的跨文化交流掀起了新的高潮，在学术思想、科学技术、文学艺术等方面都达到一个令人仰止的高峰，这是中国和西方各自社会文化发展和两大文化体交流接触的必然结果，体现了中华民族的伟大智慧和创造精神，展现了中华文化的博大精深和宏远意境。

2. 近代时期：中华文化国际交流与传播的式微。19世纪，西方工业文明迅速崛起，借着新兴科学技术的力量，展现出蓬勃发展的生机，与之相反，古老的中华帝国和古老的中国传统文化，在内部的压力和外部冲击的双重掣肘打压下，无可奈何花落去，古老帝国走向了衰落。中华文化积极向海外开拓的动力大为减弱，向海外传播的规模、态势、力度和广泛性远远不及以前的各个时代。19世纪，当西欧社会发生重大变革，整个世界文化格局发生重大变化的时候，处于世界东方的中华帝国对世界上发生的这些变革几乎毫无所知。

正是在这样鲜明对照的背景下，中华文化在世界文化格局中的地位发生了根本性的变化。一方面是古老的、正在衰落的中国传统农业文化，另一方面是新生的、充满创造力和旺盛生命力的西方近代工业文化。在这样的世界文化格局中，中国显然比先进的西方国家整整落后了一个历史阶段。根据文化传播的历史规律，处于低势能的中华文化向外输出的动力和能量都相应减弱，这一时期，中华文化国际传播日渐式微，在中华文化国际传播的漫长历史进程中，处于低潮阶段。

3. 当代时期：世界对中华文化的再发现与中华文化国际传播的新责任。20世纪的历史性嬗变过程中，中华文化逐渐引起了世界对东方文化的关注，中华文化也在世界的关注下迎来了复兴的新的时代。殖民主义者的入侵带来了近代西方先进的文化元素和异质文明，给古老的中华文明注入了新的文化因素，同时也对中国传统社会和传统文化体系造成了严重的冲击。中华文化的这种自我调整和自我更新，使得中华文化实现了自我复兴和自身变革，进而以崭新的文化姿态重新展现在世界面前。国家的强盛推动了文化的繁荣，使得中国在世界中的地位和作用越来越引起世界人们的重视和关注，促使了中华文化走进了广阔的现代世界，展现了中华文化的无尽魅力。

与此同时，近代以来西方文化在自己的发展过程中日益表露出了其自身的弊端和缺陷，使得西方社会对现代文明带来的负面效应和对人自身地位尊严的失落表现出深刻的担忧和迷茫。西方现代文明所带来的文化危机和人格危机引起诸多具有强烈社会责任感的思想家和学者开始反思西方现代文化的负面效应。在中国文化复兴和西方文明危机的双重背景下构成了20世纪世界对中华文化价值的"再发现"。世界再一次"发现"了中华文化，中国传统文化也以新的文化姿态、新的生命活力在世界文化总体对话中重塑着自己的新形象。

二 中国武术文化国际传播的历史脉络

毋庸置疑，中国武术的国际传播是紧跟着中华文化的对外交流的脚步进行的，在追溯中华文化对外交流与传播的历史基础上，沿着中华文化对外交流的历史脚步，探寻中国武术国际传播的历史脉络。只有厘清中国武术对外传播的历史脉络，确立中国武术国际传播的历史起点，才能复原中国武术对外传播的形象原点，厘清中国武术国际传播中的形象嬗变，进而分析中国武术国际传播形象演变的内在原因，为塑造新时代中国武术国际传播的正面形象探索可行路径，为新时代中国武术国际传播的顶层设计提供可行思路。

（一）古代时期：中国武术国际传播的早期萌芽

秦汉统一，迎来了文化全面开放交流的时代，特别是汉代开辟的丝绸之路是中华文化向西方传播的主要通道，"通过这些商路，中国和西方之间进行着物品和思想的交流"①。汉代开辟的丝绸之路客观上给中国武术跨文化传播带来了便利通道，也是古代时期中国武术国际传播早期萌芽的重要因素。秦汉时期，历史记载的文献中就有关于武术器械的输出记录。在今大青山一带出土的"汉式铜鼎、铁剑、漆器、陶器与匈奴的'鄂尔多斯'式的文化遗物，如蝴蝶展翅状的短剑、弧背铜刀等，这些文物都证明了自昭君出塞以后，开始了汉、匈之间长期和平友好与文化密切交流的新时期"②。汉代作为中华文化对外交流的第一次交汇期，理论上也应当是中国武术对外交流的起点。秦汉时期一统的帝国促成了中华文化共同体的基本形成，是中华文化对外文化交流的第一次交汇时期。尽管从现有的史料分析，秦汉时期并没有明确的中华武术对外交流的记载，但是异域的音乐、杂技、幻术、乐舞、绘画等都从不同途径传入中国，注入中华文化的肌体，时至今日，这些异域文化艺术仍在神州大地广为流传。

秦汉时期，由于西域冶金技术不精，汉代中国冶铁和制作铁兵器的技术在这一时期开始传入西域，这也意味着以武术器械为载体形式的武术跨文化传播迎来了历史性的起点。兵器是古代战争中的重要装备，铸铁技术应用之早是中国冶铁技术上突出的长处，汉朝的军队由于铸铁技

---

① 武斌：《中华文化海外传播史（第一卷）》，陕西人民出版社1998年版，第353页。
② 张传玺主编：《中华文明史（第二卷）》，北京大学出版社2006年版，第32页。

术的应用而得以配备了较为先进的矛、戟、弓弩和剑等。西汉时的铁剑这种锋利有力的武器正是西域各国所缺少的,"汉使亡卒"将铸铁技术教给大宛的铁工,后来又西传俄国,这些史实显示了战争之于武术文化传播所起的客观作用。仅仅武器一项,先进向后进输出与后进向先进学习的交流过程,就包含了多重的文化传播意义。如采集、冶炼金属的技术,熔炼铸造的技术,武器的设计、杀伤力的追求及其理论基础以及由这一切所引起的人文文化的引进和变化,所有这些,都算是广泛意义上的中国武术跨文化传播的开端。

盛唐时代的文化辉煌,使得中华文化广泛传播于世界各地。中华文化国际传播迎来了世界性的辉煌时代,促进了武术表演项目的传播与交流。"盛唐时代,国威之盛,不减汉时,而世运又经三百年的进步,交通的发达,自更无待于言了。"[①] 繁盛发达的交通为国家之间的交往和民间的交流都提供了便利条件,客观上促进了武术文化的国际传播。在唐代文化交流中,很多中国的体育娱乐项目传到周边国家,如跳球、投壶、射礼等运动传入日本。射礼是中国古代按照一定仪式进行的射箭比赛,也属于早期军事体育活动的重要内容之一。根据文献《杂令》中的记载,"凡大射者,正月中旬",届时,天皇亲临观看,成绩优异者要赐禄嘉奖。此外,在《东夷列传》中,还记载有日本人到中国表演射箭的事情。

宋元明初,中华文化国际交流传播达到了一种新境界,郑和七下西洋的旷世壮举使中华文化在世界文化的舞台上留下了浓墨重彩的历史印记。尽管中华文化跨文化交流达到了新的境界,但是中国武术的对外交流却呈现缓慢发展的状态。宋元两朝的四百多年时间里,社会矛盾复杂,战事频繁,军队的习武训练成为常态,促进了各族军队文化的互相交流和相互影响,客观上推动了武术活动的发展。从宋代开始,是冷、热兵器协同作战的时代,在战场上淘汰的武器,在民间按照娱乐健身和

---

① 张荫麟、吕思勉:《国史十六讲》,中国友谊出版公司2009年版,第157页。

表演等不同的需要自由发展,丰富多彩的武术套路迅速发展起来。宋元时期是中国古代武术发展的成熟时期,武术套路这一中国武术最具文化意涵的活动形式开始呈现。武术手搏、刀枪棍剑、斧戈鞭杵等诸色武艺纷呈,并且出现了结社练武、瓦舍献艺以及有规则、有奖品的武术擂台赛事模式等,都赋予了武术技术新的文化意涵。

武术在宋代逐步地由军事技术分化成为具有健身、娱乐性质的运动项目,这种分化演变至明清时期进一步完备。明代中叶之后,朝廷实行兵制改革,由军民分制改为乡兵征召,各地乡兵训练兴起,具有技击特色的武术得以兴盛发展,并形成各具特色的武术流派。明清时期,古代武术在广泛发展的同时,武术的技术得到了进一步的丰富和完备。中国古代武术自宋朝开始发生了质的飞跃,到了明清两代,古代武术发展成熟的各项条件都已经具备,中国武术终于在封建社会的晚期结出了累累硕果。但是应当指出的是,尽管中国武术在这一历史阶段发展较为成熟,但是中国武术的对外交流却呈现缓慢发展的状态,特别是清朝时代,当时闭关锁国的政策,使得中国与海外国家的文化交流几近停滞,中国武术文化的对外交流同样如此。

(二)近代时期(1840—1949):中国武术国际传播的新起点

19世纪,伴随西方工业文明的迅速崛起,展现出蓬勃发展生机的西方社会正在发生着巨大变革,与之形成鲜明对比的是古老的中华帝国和中国传统文化,在内部的压力和外部冲击的双重掣肘打压下,中华文化积极向海外开拓的动力大为减弱。尽管这一时期,中华文化国际传播日渐式微,但是在1840年鸦片战争敲开了古老中国闭关自守的大门后,中国人民改变了拒绝一切西方文化的观念,西方体育伴随着西方文化的传入也传入中国。正是西方体育的传入,给属于中华民族传统体育的中国武术的发展带来了挑战与机遇,中国武术国际传播迎来了新的起点。

中国在19世纪中叶到20世纪初的数十年间,多批留学生赴欧美、日本等学习和参加西方体育活动，客观上促进了以中国武术为代表的中国传统体育的国际传播。应当特别指出的是，20世纪20年代，马良《中华新武术》的出现正是中国传统体育与西方近代体育交流融合的成果。1927年正式组建了中央国术馆，"国术馆成立后，国民政府通令各地设立相应机构……国术馆的建立，在推动对传统武术的整理和普及方面，发挥了一定的积极作用"①。1933年，由张之江率领的中国国术代表团到日本各地表演访问，1936年中国派出武术队随体育代表团赴德国柏林第11届奥运会进行武术表演。中国武术队的成功表演，彻底改变了欧美等国对中国女子缠足、男子留辫的东亚病夫的刻板印象。中国武术队在世界舞台的成功亮相以及国术馆武术组织系统的完备，真正意义上确立了近代中国武术国际传播交流的新的起点。

（三）当代时期（1949年至今）：中国武术国际传播的新格局

1949年中华人民共和国成立，成为当代中国武术发展的重要历史起点，初步形成了中国武术国际传播的新的格局。伴随着中华人民共和国的诞生，中华民族从此傲然屹立于世界民族之林。20世纪的历史性嬗变过程中，随着中国经济和社会发展的不断增强，中国文化成为世界人民感兴趣的话题，中华文化以特有的文化自信走进了广阔的现代世界，展现了中华文化的无尽魅力。

特别是中国改革开放四十多年来的巨大经济成就，使得中华传统文化备受世界瞩目，作为中华优秀传统文化代表的中国武术在国家相关部门的政策指导下，践行"立足于国内，积极稳步向国外推广"的传播方针，使中华武术成为世界了解中国的一个文化窗口。伴随中国改革开放取得的巨大成就，中国武术的国际传播也在各个方面开创了新的局面，重新赢得了世界人民的关注。国际武术组织相继成立，武术国际竞技体系基本形成，国际传播和交流的新格局就此形成。蕴含中国传统文化独特魅力的中国武术文化传播备受重视，中国武术的足迹遍及五大

---

① 谭华主编：《体育史》，高等教育出版社2009年版，第219页。

洲,在国际社会引起了强烈的反响,赢得了国际社会和域外民众的赞赏和欢迎,成为当地新闻媒体关注的文化热点,为中国武术国际传播奠定了坚实的基础。

应当看到,西方强势文化主导下的世界格局正在转变,西方社会对现代文明带来的负面效应和对人自身地位尊严的失落逐渐显露,西方文化在自身的发展过程中表露出来的弊端和缺陷,引起了诸多具有强烈社会责任感的思想家和学者开始反思西方现代文化的负面效应。一个民族的优秀文化,总是要为全人类共享的,中国武术服务全人类,与世界分享的美好愿景还远未实现。在构建人类命运共同体的新时代,中国武术的国际传播仍需负重前行,这是构建人类命运共同体赋予中国武术的重要责任,中国武术应当拥有这样的胸怀和自信,以新的文化姿态和生命活力在世界文化总体对话中传递着中国武术声音,讲述东方武术文明的中国故事。

三 中国武术国际传播的形象演变轨迹

中国武术国际传播的形象演进是与中华文化的国际传播紧密联系起来的,因此,在理论上,古代时期中华文化的国际化交流即是中国武术国际传播形象演进的时间起点。尽管古代时期中华文化的国际交流历史悠久,但是有关古代时期中国武术国际传播的历史文献记载并不多见,这意味着具有实质意义上的中国武术国际交流的历史记载主要集中在近代和当代。溯源中国武术的起源,古代时期中国武术国际传播的形象也必然与古代冷兵器时期的军事战争紧密相关。近代时期中国武术在与"他者"实战交流的历史语境中,多数呈现并扮演了胜利者的形象与姿态,中国武术被域外他者附魅了东方神秘功夫的色彩。当代时期中国武术的国际传播,特别是好莱坞功夫电影中对中国武术故事的书写,塑造了中国武术多元化的形象。

(一)古代时期中国武术国际传播中"中国技巧"与"军事武艺"融合形象的出场

从世界范围看，整个亚欧大陆自古以来就存在农耕与游牧这两种经济类型。由于武术最初的功能是源于部落之间战争的需要，因此，农耕民族与游牧民族之间的战争冲突，客观上使中国武术以"军事武艺形象"出现在部落之间军事斗争的场域。冷兵器时代，由硬弓、长矛装备起来的骑兵是最有战斗力的武装，中国武术作为战争需要呈现的"军事武艺"形象的出场，也是中国武术"暴力形象"这一刻板印象形成的发端。历史上，成吉思汗率蒙古军主力西征，向西打到多瑙河流域，席卷了大半个欧亚大陆。成吉思汗是冷兵器时代将武艺与军事技术成功结合的典范，蒙古人借"弓马之利"和"中国之技巧"是其纵横天下的重要因素，这里的"中国之技巧"即是中国武术。

在元代早期，中国武术就是用这样一种暴力形象的方式，完成了对欧亚大陆的征服。这是特定时代中国武术国际传播的另类方式。但是，梳理这段历史，仍然会被称为"中国之技巧"的古代中国武术发自内心的强烈震撼，古代时期中国武术就是以这样一种"军事武艺"的形象呈现在世界面前。应当看到，成吉思汗亲手挥就的战争大剧中，消除了东起太平洋，西至里海之间的人为疆界，客观上促进了世界各民族之间的经济和文化交流。成吉思汗绘就的蒙古汗国版图横跨欧亚两洲，伴随着中西文化的交流，摔跤、捶丸等具有练武性质的武术技艺也得到了广泛的传播。

(二)近代(1840—1949)中国武术国际传播"神秘形象"的附魅

对于近代的中国武术而言，其本身在当代中国的历史背景下就赋予神秘文化的色彩。在冷兵器时代，军事武艺的攻防格斗技术能够在战争中发挥重要作用，也是冷兵器时代战争胜利的根本保证。随着清朝政府的腐败，民族矛盾的加剧，各种聚众习武的组织积极投入到推翻清朝统治的斗争中，比较有影响的习武组织有：洪秀全的"拜上帝会"和

"义和团"组织等。义和团"以练拳棒为由"汇聚民众,当时山东、京城许多武术拳种的首领都会集到义和团的旗帜下,义和团组织的发展推动了我国北方武术活动的开展。应当指出的是,蓬勃一时的义和团等聚众习武组织在近代中国武术史上具有积极意义的一面,也存在着一定的负面影响,如学拳念咒、祈求神灵、宣扬刀枪不入等神秘玄虚的色彩和封建迷信,这些负面影响一定程度上损害了武术的正面形象。但是也应该辩证地看到,在拳会组织和教门混杂的特殊年代,中国武术呈现的良莠不齐的负面形象在所难免。

在近代帝国主义铁蹄的践踏下,西方帝国主义列强以及其他侵略势力对弱势中国肆意凌辱,"东亚病夫"成为中华民族历史上难以忘却的耻辱记忆,域外自恃身强体壮的大力士和武林高手纷纷来到中国挑衅中国武术。"病夫"一词的原意是对病人的一般性称谓,是最早见于1853年被用来指代奥特曼帝国国力衰败的形容词。严复于1895年首次将"病夫"一词用来比喻中国时局如重病缠身,需要猛药去疴,带有拯救中国的警示和激励的意义。此后,梁启超把"病夫"一词转义为国民体质羸弱,以激发民众习武强身。从更深层次上讲,"东亚病夫"还隐喻着中国的制度、文明、文化及传统,在面临国内民变危机和国外帝国列强入侵的双重打击趋于解体和消亡的可怕景象。

"东亚病夫"作为中华民族集体记忆的耻辱符号,在"尚武崇武""救亡图存"的历史主题叙事中,隐含着武术家群体对国家前途和民族命运的深层担忧。中华民族拥有五千年光辉的历史,创造了人类辉煌灿烂的东方文明,这个把武术称为"国术""国粹"的古老民族,在清末民初的几百年里却被帝国主义戴上了一顶"东亚病夫"的帽子。武术家群体在面对国外武士、大力士对国人"东亚病夫"的侮辱和挑衅中,以大无畏的民族精神、精湛的武术技艺颠覆了域外民众对"东亚病夫"的他者想象,这对消除域外对中国"东亚病夫"的刻板印象,振奋中华民族精神,提升国人爱国斗志起到了巨大推动作用。民贫国弱的时代，中国成为外国武士耀武扬威的所在，俄国大力士、日本武士、英美拳师等都相继来到中国，试图寻求凌辱"东亚病夫"带给他们的快意与想象。

这一时期，俄罗斯、日本、美国等国家都有所谓的武功高手来中国挑战的历史记载。"虎头少保"孙禄堂击败俄国格斗家彼得罗夫、日本天皇钦命武士板垣一雄；"闪电手"张子兰1918年携弟子韩慕侠力挫俄国大力士康泰尔；"黄面虎"迷踪拳大师霍元甲1901年痛斥俄国大力士，1909年吓退英国大力士奥皮音；"北方大侠"王荣彪与日本高手武士比武中大获全胜；1918年武术家朱国福在上海战胜体高1.9米以上、体壮如熊的俄国大力士裴依哈伯尔……"东亚病夫"在晚清语境中的呈现是域外民众对国人的刻板形象，反映了域外民众偏向性的对中国和国人的屈辱性解读与想象。武术家群体在与国外武士进行决斗的场景下集体出场中，颠覆了域外他者对国人"东亚病夫"的想象。

在决斗场景中，武术家群体角色已经成为中华民族整体形象的化身，演绎着中华民族在列强铁蹄下被人践踏而展现出的顽强抗争的精神力量。对于民众个体而言，擂台上的武术家都是国内民众个体的自我意象，是国人面对他者凌辱情境下不甘屈辱自我抗争的化身；对于国家而言，武术家群体在击败国外武士的民族主义叙事中，形塑为民族精神的化身和民族英雄形象的武术符号，成为国人克服和最终摆脱"东亚病夫"这一"集体共同缺陷"，甚至是共同"原罪"的民族力量。近代中国武术与他者决斗中的胜利以及在奥运会上的首次亮相，形塑了近代中国武术的"神秘功夫形象"。

（三）当代（1949—至今）中国武术国际传播多元形象的书写

中华人民共和国成立以后，中国武术的国际传播得以迅速发展。"武术源于中国，属于世界"，中国武术人以服务人类世界的情怀致力于中国武术的国际化推广和传播。中国武术作为中华文明的重要体现，在中国武术国际传播与交流中，与域外民众分享来自东方文明的文化盛宴，形塑了中国武术的文化形象；在国际赛场上中国武术以竞技项目的形式，形塑了中国武术的体育形象；中国武术在海外武侠影视特别是在好莱坞功夫电影中的出场，形塑了中国武术唯美的艺术形象。

中华人民共和国成立以后，特别是改革开放以后中国经济的迅速崛起，给中国文化的发展带来了巨大的机遇。中国汉办在全球一百多个国家设立了近千所孔子学院，成为中国文化对外交流和传播的重要组织场域，中国武术借助孔子学院等国家平台，组织武术国际巡演、派遣中国武术人才国外教学等，不断增强与国际社会和域外民众的武术文化交流，使得中国武术在海外的跨文化传播取得了迅猛发展，形塑了中国武术良好的文化形象。各种国际性的武术组织，如国际武术联合会、洲际武术联合会等武术组织陆续成立，为中国武术的国际传播增添了重要通道。

长期以来中国武术在域外民众的视界下，被习惯性地误读为一种"打"的技击形象，我们也习惯性地将技击作为中国武术的本质属性，用"能不能打"作为衡量中国武术功夫的标尺。中国武术在当代文化全球化的时代，在与域外文化交流融合中形塑的文化形象将中国武术上升到一种文明和文化的高度去解读，将文化武术的价值观传达到国际社会和国际民众中去，将中国武术的国际传播置放于服务人类命运共同体的高度，传达中国声音讲述中国故事，成为提升中国文化软实力和展示中国国家形象的重要载体和有效途径。

中国武术与体育的结缘，缘起于西方体育文化的"西学东渐"。近代中国在西方帝国列强肆意践踏的背景中，把"东亚病夫"的民族耻辱符号强加于体质羸弱的国人，体育的武术就成为近代中国有志之士"强种保国""救亡图存"的不二选择。中华人民共和国成立之后，中国武术成为体育竞技场域正式举行的竞赛项目，中国武术在与域外进行武术竞技和体育赛事的交流中，形塑了中国武术的体育形象。如果说，"体育形象"的武术是近代中国强种保国的被迫选择，那么当代中国武术的体育形象则是中国武术契合西方强势文化的主动行为。体育运动是人类社会永恒追求的生活方式，从古至今，亘古不变。"体育建立起一种道德观，从而赋予娱乐合法的身份。它改变了运动的面貌，使其成为一种纯洁的理想计划。它还创造了一种'精神'，一种竞赛和对抗的方式——人人机遇平等，裁判严格公正，尊重对手，行为纯正。体育一下变成了至高无上的运动，一下自立榜样，甚至去追求舍己利人的目标。"①

中国武术国际传播中作为国人生活态度和生活方式的体育形象的塑造，不是争强斗狠的形象，而是通过武术和体育融合形成的一种新的公平公正的和谐武术形象。即便是武术习练者之间的竞技比武，都与体育竞赛一样，是遵循规则约束下的公平竞争。武术习练者之间的拆招对练，和古希腊贵族竞技比武一样，已经不必真地大动干戈，争强斗狠，而是成为展现贵族风度和姿态，标榜贵族身份的一种社会属性，从而成为一种象征仪式。中国武术国际传播中体育形象的塑造，客观上促进了传统武术与西方体育相结合，解释了武术技法的科学性，拉开了中国武术与国际社会交流的序幕，开始书写其屹立世界民族文化之林的宏伟篇章。

当代中国武术国际传播中的艺术形象塑造，功夫电影功不可没，特别是好莱坞功夫电影中"武"与"舞"演绎的武术艺术形象，将舞蹈化的武术技击与剧情、人物完美地同时呈现在银幕上，以更加飘逸和诗意化的打斗形式在银幕上展现出中国武术独特的审美意蕴。值得书写的是好莱坞功夫明星李小龙的功夫电影对中国武术艺术形象的成功塑造，让"Kung fu"表征的中国武术符号在域外得以广泛传播。功夫电影中对中国武术的演绎，贯穿着民族主义的主体，成为西方民众对中国武术神秘文化的想象文本，对于中国武术而言，通过功夫电影的审美形式和叙事策略实现对中国武术理念的真正阐释，达到传播和宣扬中国武术文化的目的。

---

① [法]乔治·维加雷洛：《从古老的游戏到体育表演：一个神话的诞生》，乔咪加译，中国人民大学出版社2007年版，第54页。

中国武术的艺术形象塑造是通过技击武术的暴力打斗形式，阐释中国武术对暴力终极意义否定，完成了对中国武术向往和平终极价值的真正阐释。显然，无论哪种社会意识形态，对暴力的崇尚都不能够成为主流，这也决定了人们对于终极暴力根本意义否定的期待。"技击"这是中国武术的基本功能，也是其原点功能。在冷兵器时代，中国武术的技击功能是先民得以生存发展的需要。随着社会的发展，中国武术的技击功能已经弱化，中国武术携带东方和平文化的基因，自然不能将中国武术的技击功能作为好勇斗狠的手段一直延续下去。

"中国武术是一个由简单不断走向复杂的过程，一个从'技击'走向'文化'的过程"①，因此，作为文化的中国武术，在中国武侠电影中的通过"技击"形式的侠武叙事，最终实现宣扬"武术文化"价值理念之目的。在全球化的语境下，武侠电影是我国最能消除东西方意识形态和审美意念隔阂，最能为世界各民族、各国人民所理解和接受的民族电影类型，因此，武侠电影应以中国传统文化为创作根基，通过武术技击艺术的表现形式，去挖掘中国武术文化背后的象征意义和根本价值，使其成为宣扬"武术文化"的世界符号。

四 小结

人类历史的经验证明，故步自封的民族，注定是发展缓慢的民族；文化自我封闭的民族，注定是落后挨打的民族。文化的交流通常是伴随着文明的发展同步进行的，中华文化是人类文明的共同财富，中华文化的对外交流与传播在世界文明的发展进程中起到了非常重要的历史作用，是整部人类文明史中不可或缺的重要一环。中华文化，以其璀璨的内涵、深沉的智慧、飞扬的灵感、独特的风貌，播芳馨于四海，扬灵性于人类，从古至今，未曾终绝。中华民族把自己的文化理想、聪明智慧

---

① 王岗：《中国武术技术要义》，山西科技出版社2009年版，第1页。

以及创造性的无尽魅力发明了伟大的四大文明,奉献给了人类世界,在世界文明史上具有举足轻重的地位。

因此,一个繁荣的生机勃勃的民族文化,必须拥有健全的文化传播机制,方能赢得空间上的拓宽和时间上的延展。华夏文化从诞生之日起,便绝非自我禁锢的封闭系统,中华文化的国际传播之路,在历史上从来没有停止过。中国武术国际传播的形象演进是与中国文化的国际传播紧密联系起来的,在漫长的人类岁月里,中华武术文化在五千多年的发展历程中,与域外周边民族文化不断交往、融合,吸收着域外民族武道文化的新鲜血液,分享着中华民族和谐的文化理念,传递着中国武术和平的文化价值,讲述着来自东方文明神秘的武术故事,历数千年,书写了中国武术国际传播中的多元化形象,构成今日经久不衰气象恢宏的中华武术文化。

第四节 中国武术"自我"与"他者"形象的跨文化融合

文化全球化时代是多元文化交流融合与不同文明之间互鉴共享的时代。阿马蒂亚·森认为:"对待多元文化有两种不同的方式,一种把多样性本身作为一种价值加以鼓励;另一种是把重点放在思考与决策的自由上,在尽量确保人们享有自由选择权利的前提下,弘扬多元文化主义。"[①] 东方与西方不能简单的视为二元对立的双方,同样,东方文化和西方文化也没有高低贵贱之分。今天,人类世界任何单边主义的行为都将受到全人类命运共同体这一主流思想的抵制,东、西方文化之间交流与融合的时代已经来临。

"在多文明的世界里,建设性的道路是弃绝普世主义,接受多样性和寻求共同性"[②],中华民族传统文化的宝贵品质对家庭、社会和国家

[①] [印]阿马蒂亚·森:《身份与暴力:命运的幻象》,李风华等译,中国人民大学出版社2013年版,第120页。

[②] [美]塞缪尔·亨廷顿:《文明的冲突与世界秩序的重建》,周琪等译,新华出版社2010年版,第294页。

起到了巨大的维系与调节作用，西方文化同样在塑造独立人格、激发创造活力以及形成法制与民主制度方面具有较强的普遍适用性。探究中国武术文化与西方文化的价值契合，实现中国武术自我形象与他者形象的跨文化接受与融合，是中国武术远播四方、泽被世界，服务人类世界的理想和美好愿景。

一 文化全球化背景下中西方文化的交流与融合

溯源西方文化的源头，应该考察神性求取的古希腊神话文明。神话是人们对自然力征服的想象，古希腊神话是古希腊人民留给人类世界的珍贵文化遗产。"西方人对希腊文明的认同，是一种文化上的寻根，他们将希腊文明视作是他们的文化源头，因此，西方学者言必称希腊，是可以理解的。"[①] 被称为西方文化最深源头的古希腊神话，体现了早期西方文化神人同性同形的思想观念。古希腊神话想象力思维活动的卓绝视界给西方由因果律而来的理性主义文化开创了先河，古希腊神话几乎把西方人后世的智慧类型全部首创性地展示出来，美神、爱神、智慧神、复仇女神等都是一种抽象的类型智慧。"一言以蔽之，古希腊神话，并非一种当下人生品性之道德象征，而是人生智慧向外逐物的神性（理性）求取。"[②]

因此从源头上来看，西方文化发端于虚构的神话，而中国文化造端于真实的圣人。神话是一个巨大的智慧圈、一个巨大的结构与想象空间，拓开了西方文化后来发展的智慧和模式。解构古希腊神话，需要一个造物的实体对象，才能显现西方文化成就万物的理念。"人是理性动物"的理念，体现着西方文化"理性"为主宰的文化品性以及"情理二分"的文化结构。中国文化"人者，仁也"，强调的是"天人一体"和"生生之道"。因

---

① 吴晓群：《希腊思想与文化》，上海社会科学院出版社2009年版，第324页。
② 劳承万、蓝国桥：《中西文化形态论》，中国社会科学出版社2014年版，第36页。

此，中国文化的源头是来自"圣人之道"，即圣人的道德现身精神。由此可见，中华民族文化以滥纲目尽之以心性，是如何做人的文化形态，向往的是"天人一体"德性智慧之上的高远境界；西方文化以逻辑成之以理性，是如何造物之文化结构，追求的是"情理二分"的文化理想。

"如何做人"的中国传统文化形态，必然携带与他者交流的文化基因和文化品格。就文化的属性而言，文化产生以后就具备了交流传播的自然属性，因此，文化的发展离不开交流，固步自封的文化只能最终走向被先进文化同化或者自灭的结局。在人类发展的历史长河中，有无数部落文明和种族文化都因自我封闭被历史洪流淹没，甚至完全消失。民族复兴，首先是民族文化的复兴，当今所处的新时代无比接近中华民族复兴和文化复兴的中国梦，因此重视与他者的文化交流就成为实现中国梦的重要实现路径。流动是中国传统文化的原动力，交流是中国传统文化的重要品性，传播是中国传统文化生命活力的见证。有学者甚至夸张地说，如果世界最后只有一种文化，那只能是中国文化。

中西方文化的交流是双向的，也就是"拿过来"和"送出去"。"拿过来"是把西方优秀的文化引进来，促进本民族文化的生产和生产力的提高，或者吸收同化、创造性转化成为自己民族特色的先进文化；"送出去"是将本民族的优秀文化传播出去，与域外民族共享本民族先进的文明成果。比如，佛教传入中国的结果是形成了中国的佛教，中国武术国际传播就是将中华民族优秀的武术文化送出去，与域外民众共享，服务域外民众。中华文化拥有"海纳百川"的广阔胸怀，"有容乃大"就是敢于吸收外来文化，向世界展现中华文化足够的自信。

历史上，中国把举世瞩目的四大发明全部奉献给了世界，西方人下意识地感到自古如此。中国人发明了火药，但中国人并没有将火药制造成炸弹去威胁和侵略其他国家，相反的是，中国人将火药"送到"西方变成了近代西方帝国主义列强侵略中国的炸弹。过去的历史已经证明，中国四大发明之一的火药是为了制造灿烂夺目的文明焰火，而西方帝国主义列强将火药制造成为侵略中国的炸药，最终不仅没有让中国臣服，相反的是，却让中国变的愈发强大。热爱和平的中华民族，将和平视为自己追求的文化理想。新时代和平崛起的中华民族，不仅拥有灿烂文明的过去，也将拥有前景光明的未来。

人类历史已经进入了一个文化全球化的新世纪——21世纪，是一个多元文化和谐共生的世纪。今天，无论你生活在东方还是西方，抑或是世界的任一个地方，只要你愿意，你都将会得到来自世界各民族快捷方便的文化体验。21世纪将是一个各种文化繁荣昌盛和发扬光大的世纪，新的世界文化版图即将绘就，这一版图包括了你我，也包括全世界，世界各种文化在这新的文化版图都将享有平等的尊严、平等的机遇与挑战。"在这里，每种文化都能找到自己的位置，没有例外，再也没有西方和其他地区之分。明天，也不会出现亚洲和其他地区之说。因此，任何将文化进行分门别类的想法都是伤人、倒退和过时的。"①

文化全球化时代的来临也就意味着不同文化交流与融合时代的到来。"文化一经产生并且发展到一定的程度，就会融合；而只有不同的文化融合才能产生更高一层的文化，历史事实就是如此。"② 在跨文化交流的今天，中国文化的包容情怀和开放胸襟，自信地将中国的优秀文化送到西方和域外其他国家，作为中华民族优秀文化的中国武术也将实现远播四方的新时代梦想，实现一代又一代武术人努力将国粹推向奥林匹克这一全球体育盛会的武术梦想。

二 价值契合：武术"自我形象"与"他者形象"的跨文化接受

中国武术"自我形象"是中国武术自身文化的隐喻和象征，是国

---

① ［加］让路易·鲁瓦：《全球文化大变局》，袁粮钢译，海天出版社2016年版，第254页。
② 季羡林：《季羡林谈东西方文化》，当代中国出版社2015年版，第62页。

人对中国武术这一民族传统优秀文化的美好想象，这种美好想象同时包含着国人对中国武术有意识或者无意识表露的情感善意。中国武术成为中国优秀文化符号的代表形态，已经达成国内和国际社会的共识，中国武术已经融入普通国内民众的日常生活，这种代表普通国人生活方式的体育文化，也正在被域外国家的普通民众认知与接受。中国武术"他者形象"，是域外民众站在他者的视阈对中国武术的集体想象，隐喻着域外民族对中国武术的一般情感，这种集体想象和一般情感掺杂着域外民族对自身武术文化自我确证的复杂感受，是域外武术文化自我认同的隐喻性表达。

接受某种事物、某种文化或者某种思想，首先是对接受对象有清晰的认知，进而有意识地在主观情感上表现出某种善意与好感。"文明并没有什么内在的和绝对的价值。如果它有价值，那就是满足了特定的需要"①，因此，中国武术"自我形象"与"他者形象"的跨文化接受，从表面上看是培养域外民众对中国武术这一他者文化的善意情感，但更深层次的是域外民族对中国武术的特定需要，换句话说，价值契合才是中国武术"自我形象"与"他者形象"跨文化接受的根本所在。

价值表达的是客体对于主体的意义，也就是说，当某种客体能够满足主体的某种需要时，表明它有某种价值。文化是由"人"创造并赋予一定意义的客观存在，因此，文化价值的存在是相对于"人"的存在而言的，这里的"人"是一个宽泛意义上的人，大至整个人类世界，小到社会中具体的个人，都是价值存在的重大关切者。"人类群体之间的关键差别是他们的价值观、信仰、体制和社会结构，而不是他们的体形、头形和肤色。"②

在微观层面上，人的存在自下而上可以分为生物存在、社会存在、

---

① ［法］埃米尔·涂尔干：《社会分工论》，渠东译，生活·读书·新知三联书店2000年版，第18页。

② ［美］塞缪尔·亨廷顿：《文明的冲突与世界秩序的重建》，周琪等译，新华出版社2010年版，第21页。

精神存在和信仰存在四个层次。如果以人的生命作为存在形式,"这四个层面又可分别称为生物生命、社会生命、精神生命和信仰生命,因此,价值相也相应地包含四种类型和层面"①。中国武术"自我形象"与"他者形象"的跨文化接受需要从物质价值、社会价值、精神价值以及信仰价值这四个层面去寻求中西文化价值体系和价值理念的融通与契合。中国武术价值契合意识的建构,不是将中国武术的价值强加给域外国家和民众,而是从域外国家和民众的内在需要不断涵养扩充中国武术文化的价值意义,使域外国家和民众获得对中国武术价值的体验领悟,达成二者在价值意义上真正的融通和契合。

在物质价值和社会价值层面上,任何文明都会在其历史发展的过程中形成自身的社会价值系统。这个价值系统维系着民族稳定的心理结构,是社会稳定发展的根本保障。西方文化将"民主""自由""平等"定义为西方社会价值的总结,而中华文明是将"自然""仁义"作为其社会价值体系的核心。"自然"的原义即是最初、原本的样子。老子的"道论"诠释了老子将以"自然"作为"道"的最高法则,"道法自然"既是老子的文化观念也是道家的核心价值观。于人而言,即保持精神的从容质朴,淡定从容的内心,才是人生的"自然"。儒家倡导"仁、义、礼、智、信"的社会价值观,这在当今社会仍然具有重要的社会治理的意义。

在精神价值层面上,西方文化提炼出来的"真、善、美"一直是西方文明最引以为骄傲的精神价值范畴,是西方文明中科学、道德与艺术精神价值的体现,与"真、善、美"对应的是中国传统文化提炼出来的"中、和、乐"的东方文明精神价值。"中和"价值是中国传统文化精神价值的凝练和结晶。"中"即中正、不偏不倚,"中"由天所降,并成为人性。"中庸""中和"的"养中"理念都是对"中"价值思想

---

① 郭沂:《价值结构及其分层:兼论中西价值系统的区别与融通》,《南国学术》2018年第3期。

的继承与弘扬。"和"即和合、合作亲和。传统文化中将"和"提升为宇宙法则的价值高度,包含着阴阳和谐、万物和谐之意蕴。"乐"本意是古代的一种音乐器具,传统文化把"乐"引申为艺术的精神价值。中国文化的"中、和、乐"与西方文化的"真、善、美"的精神价值相对应,"中、和、乐"体现了中国人的真理观、道德观和艺术观;"真、善、美"则诠释了西方文化中科学真、道德善、艺术美的精神追求。

在信仰价值层面上,无论对于个人还是民族而言,强大的信仰都是攻坚克难,奋勇前进,不断壮大的精神基础。"人民有信仰,民族有希望,国家有力量。"一个人的信仰体现了个人对生命根本意义的追寻,是对个体生命的终极关怀,一个民族的信仰体现了该民族对民族命运的坚守与敬仰,是对民族命运的高度关切的心灵安顿。信仰是对生命的终极关怀和最高关切。中华文明强调的是人文信仰,"人文",指人的文采,也就是礼乐教化。西方文明关注的是宗教信仰,西方文化是通过宗教信仰来满足心灵的满足与安顿,以中国传统文化为代表的东方文化则通过依恃人自身和文化教化来培育和树立信仰的理念。中国武术文化从根本上讲,是一种保护生命的技术与文化,中国武术对生命的尊重和关怀体现了中国传统文化信仰价值的人文内涵。

在宏观层面上,从价值存在的重大关切的"人"而言,自上而下可以分为国家层面(人类世界)、社会层面和个人层面的三层价值体系。从人类世界和国家的最高层面出发,当今世界已经成为拥有共同命运的人类共同体,世界不同国家之间的关系也愈发联系紧密,于人类世界和国家而言,"和平"才是最重要的,"和平"正是中国传统文化倡导的价值理念。从社会与个人层面出发,中西文化价值系统各有特色,不同的族群和不同的文明囿于各种主观、客观条件的限制,形成了基于社会与个人需求不同的价值体系,但是从理论上说,所有人对价值的需求也是相同的。中国传统文化倡导的"和谐"价值,在西方文化主导的奥林匹克运动会中,"和谐"理念一直存在其中。"奥林匹克运动会是希腊人重视身体价值的一个生动证明,也是强调和谐的一个典型特征。"①

中国武术文化的价值也是如此。从中国汉字"武"的形象意义上分析,"武"即"止戈为武",也就是说武术技术赋予了武术是"打"的"外在形象","止戈为武"的"不打"形象才是中国武术的"内在形象"。人类世界的进步,首先体现在微观的个人层面,个体生命的伦理教化与完美人格的养成是人类世界进步的重要基础。"文化即'人化';文化是人类认同的标准;文化是人类进步的标志;文化是人类最高的追求","中华传统文化中的确有促进世界和谐、人与自然和谐、人自身和谐的丰富内容,其体系之完整、论述之细密、人性之饱满,为世界所罕见。"②

在中华民族五千多年的风雨历程中,中华民族传统文化成为引领中华民族阔步前行的重要精神力量。"中华文明已经延续了三四千年,是世界五大原生性的第一代文明中唯一没有中断、至今仍然具有旺盛生命力的文明"③,中华文明常常被称为泛道德主义文明,责任伦理是中华文明三四千年以来一直生生不息的文明品性。中华文明的"人文化成"即尊德性、崇礼仪、重教化、尚君子,以责任伦理为本位;中国武术的"武以成人"即是培养武术习练者尚武崇德、教化君子、以完美人格养成为目的。由此可见,中华文明的"人文化成"与中国武术的"武以成人"在个人层面上都注重以人为本,以实现对人的人格养成及伦理教化。也就是说,中国武术作为中华传统文化,"武以成人"的终极价值同中华文明"人文化成"的最高价值完美融合,殊途同归。

"中国是世界上唯一的文明型国家,她是延续五千年而没有中断的伟大文明与一个超大型的现代化国家的重叠。"④ 经过轴心时代以后两

---

① [英]伯特兰·罗素:《西方的智慧》,亚北译,中央编译出版社2011年版,第32页。
② 许嘉璐:《中国文化的前途与使命》,中华书局2017年版,第253页。
③ 姜义华:《中华文明的经脉》,商务印书馆2019年版,第1页。
④ 张维为:《文明型国家》,上海人民出版社2017年版,第3页。

千多年的发展,中华文明形成了以"和谐"理念为核心的价值偏好,这种以"和谐"理念为核心价值的原生文明催生了中国"文明型"国家的强势崛起。人类世界无论是过去还是将来,都离不开对人类命运共同体相同价值的追求,那就是对和平稳定、和睦相处、敬畏生命的期盼和追求。以中国武术为代表的中华民族传统和平型文化,倡导天人一体、人我同命、手足相应的理念契合人类命运共同体的价值需求,这是中华民族对人类世界最大的贡献之一。"今天,和平与发展已经成为时代主题,但世界仍很不太平,战争的达摩克利斯之剑依然悬在人类头上。我们要以史为鉴,坚定维护和平的决心。"①

和平是人类世界共同向往的理想,和平价值观是人类社会共同崇尚的价值理念。热爱和平的中华民族在五千多年的历史发展中,尽管历经数次战争的洗礼,但是中华民族对和平的追求和向往支撑起中华民族抗争的民族力量。中国武术之武即是止戈为武,中国武术是以制止争斗为最终目的的和平型文化,这是中华民族思维方式和中华民族精神的重要体现。中国武术是追求止戈为武的和平型文化,"中华文明核心价值所强调的仁爱原则、礼教精神、责任意识、社群取向,以及对王道世界的想象与实践,贯穿于两千多年的历史实践,彰显中华文明对关联性、交互性伦理的特别重视,以及对多样性和谐的特别推崇",②在整个人类世界的层面,即在建构整个人类世界命运共同体的价值理念中,中华文明与中国武术极力倡导文明共享、和平共赢的和谐世界理念,契合人类命运共同体对和谐世界的价值追求。

在中国近代历史上,面对帝国主义列强的侵略,武术人"保家卫国",诠释了中国武术为了追求国家和平和捍卫国家安全的理想信念,这是中国武术在国家层面和社会层面的价值体现。中国武术文化本质上对生命的保护与尊重,是中国武术在个人层面的价值所在。人类不同文

---

① http://politics.people.com.cn/n/2015/0903/c1001-27543265.html,2019年12月15日。
② 陈来:《中华文明的核心价值》,生活·读书·新知三联书店2015年版,第1页。

化的传播一定是建立在文化价值的基础之上的,中国武术国际传播中,武术自我形象与他者形象的跨文化接受,从根本上讲,是中国武术文化的价值系统契合域外民族对武术文化价值的特定需求。因此,深挖中国武术文化的价值,寻求中国武术价值与域外民族价值需求的契合,才是中国武术国际传播的关键所在。

三 文化认同:武术"自我形象"与"他者形象"中的跨文化融合

在人类学中,文化是以两种不同的方式被使用的,其中一种通常意义上的使用方式即是差异性文化的用法。差异性文化,"就是将一组社会性的和有代表性的特性赋予既定人群,以此作为区别与'他性'的识别"①。因此,正是源于差异性文化的使用,文化才被赋予对人类世界不同族群的识别及不同意义。"一种文化,就像一个人,或多或少有一种思想与行为的一致模式。每一种文化之内,总有一些特别的,没有必要为其他类型的社会分享的目的。"② 从文化差异性的视阈出发,对于异质文化的认同并不是一件能够轻易实现的简单的事情,这也意味着中国武术的国际传播过程中,武术"自我形象"与"他者形象"的跨文化融合也不是一蹴而就的,而是需要一个漫长而复杂的文化认同的过程。

"人类创造的文明和文化从世界范围来说可以分为东方文化和西方文化两大体系"③。当前以工业文明为前提的西方文化的优势是显而易见的,西方文化在世界文化潮流中的暂时优势,并不能一直如此,今天,中华民族的伟大复兴和文化复兴的中国梦已经愈发清晰坚定,中国梦意味着中华民族的价值体认和价值追求,以及为人类和平与发展做出

---

① 周宪、许均:《文化认同与全球化过程》,商务印书馆2006年版,第109页。
② 郑晓云:《文化认同论》,中国社会科学出版社1992年版,第50页。
③ 季羡林:《季羡林谈东西方文化》,当代中国出版社2015年版,第11页。

更大贡献的真诚愿望和期许。"维护美国和西方,就需要重建西方认同;维护世界安全,则需要接受全球的多元文化性。"① 新时代的到来,人类文化的发展即将进入一个新的时期。可以预见,不久的将来,西方文化将会逐步让位于以中国文化为基础的东方文化。我们可以乐观地期待甚至乐观地想象人类世界的未来一定是东方文化和以东方文明为主导的世界,但是我们也不能盲目地认为东方文化可以取代西方文化。

全球化时代不只是价值多元的时代,更是跨文化融合的新时代。东、西方文化的差异是客观存在的,也是不可能消失的,所以对于中国武术的国际传播而言,必须正视这种东、西方文化差异的天然存在。正是由于文化差异的存在,不同文化之间也就产生了对异质文化的吸引力。比如,在中国的任何一个城市,可口可乐、肯德基等西方文化的物品和象征已经扩散为国人接受和喜爱的非常普遍的行为和现象。同样,我们也有足够的理由相信,中国武术作为东方文化,也会在西方世界成为备受西方民众接受和喜爱的异质文化。

显然,对于异质文化的认同要比对于自身文化体系中其他要素的认同更为复杂,对于异质文化的认同源于人们对于"他性"文化的认识经验与善意情感。对于西方而言,古老的中国文明和中国传统文化都是极其神秘和令人神往的遥远的他者,西方世界的民众对于来自东方文化的中国武术形象的认知、经验与善意情感等,都在一定程度上决定着中国武术在西方世界的接受程度和传播效果。东方文化和西方文化在文化品质和文化性格上的差异,除了产生文化吸引之外,也实现了东、西方文化的相互补充与平衡。对于中国武术而言,也就是实现了武术文化个性对西方武术文化的互补与平衡。

中国武术作为一种身体文化,对于武术文化的认知和理解必须建立在对武术技术体验的基础之上,这种"以体悟道"的主体性思维,与

---

① [美]塞缪尔·亨廷顿:《文明的冲突与世界秩序的重建》,周琪等译,新华出版社2010年版,第293页。

西方文化的理性思维截然不同。从另外一个角度出发，也许正是截然不同的两种文化，才会产生"异性相吸"的可能。我们已经欣喜地看到，中国武术的国际传播，特别是太极拳文化的传播已经越来越受到域外民众喜爱的事实。西方格斗文化的个性是建立在西方理性精神的基础之上的。西方理性主义文化精神的内涵是"理性万能""理性至善"。理性是宇宙存在的根基和内在逻辑，是人赖以安身立命的文化支柱。正是这样的思维逻辑，西方格斗的文化想当然地认为其优越于来自东方的武术文化。这或许能够解释在西方体育文化占据主流的奥林匹克大家庭，代表西方武术文化个性的拳击项目能够一直拥有一席之地，而中国武术申请成为其正式项目的多次努力均无果而终的原因。

"无论在印度还是在中国，理性都不曾完全同人的精神存在的其他部分，同他的感觉和直观分离出来，区别开来，也就是说，还不曾分化出来。东方人依然是直观的，非理性的。"因此，在直观和非理性精神下产生的中国武术，从根本上来讲也是直观和非理性的。从这个意义出发，中国武术从本质上讲是一种非理性的存在。众多武术拳种流派的存在，林林总总的武术套路，见证了中国武术文化的博大精深，反映着中国武术的非理性繁荣。站在辩证唯物主义的立场，世界上的事物是一个充满矛盾的统一体，因此，建立在非理性精神下的中国武术与建立在理性精神下的西方格斗文化，恰恰形成了文化上的互补、和谐与平衡。因此，中国武术拳理中所蕴含的厚重传统文化，不同拳种流派风格迥异变化多端的武术套路，都深深地吸引着域外的民众。

"在当代世界，文化认同与其他方面的认同相比，其重要性显著增强"①，在文化全球化的时代背景下，实现文化认同的前提是该文化具有一定的普遍意义的价值系统。"每一种文化，在其原初的自我认识上，都是普遍性文化"②，中国武术同样是中华民族的普遍性文化之一，作为一种

---

① 张旭东：《全球化时代的文化认同》，北京大学出版社2008年版，第4页。
② 张旭东：《全球化时代的文化认同》，北京大学出版社2008年版，第444页。

具体的东方文化或价值体系，在尚未进入同其他文化或价值体系的历史性关系和冲突之前，只是抽象的、形而上意义上的普遍性。中国武术只有通过国际传播进入到其他文化体系或者价值体系中，得到其他文化和价值体系的普遍性认可，才能说明中国武术这一具体文化在一定程度上实现了文化认同。

西方文化是"个人本位"的文化，中国文化是"伦理效应"的文化。武术的习练，表面上是一种对武术技术的练习，然而武术更讲求体悟，教化习武者"由技入道"，对"武术之道"的追求才是习练武术的最高境界，这种境界正是中国传统文化倡导的和谐伦理观。中国武术"武以载道""武以成人"的文化个性和文化价值，也正是西方武术共同追求的价值所在。因此，可以预见，建立在西方理性精神基础之上的西方武术文化与建立在非理性精神基础之上的中国武术文化，最终必将走向"各美其美、美美与共"的和谐之路。

四　历史的教训与未来的挑战：中西方文化的彼此学习与文明的交流互鉴

我们所处的新时代是一个全球化的时代。"全球化时代的一个基本悖论在于，一方面全球化似乎消解了所有特殊的文化认同，但另一方面这种消解本身恰恰又导致普遍的认同危机与文化焦虑，从而酝酿着文明冲突的危险。"[①] 人类作为具有社会属性的动物，历史上的人类社会并不是孤立存在的，总是会寻求一系列的集体策略，以保障人类生命安全，生活康泰。当社会日益庞大时，人类社会将会更加紧密相连，采用的集体策略也会更加广泛。面对全球化的新时代，中国提出了人类命运共同体的全球治理方案，并倡导世界不同文明应当交流互鉴、互

---

① ［美］塞缪尔·亨廷顿：《文明的冲突与世界秩序的重建》，周琪等译，新华出版社2010年版，第108页。

惠共存。

中国作为具有悠久历史的文明古国,提倡中、西方应当彼此学习交流,一千年前中国开通的海陆丝绸之路,带动了西亚市场的强劲增长,成为推动世界文化交流和经济增长的发动机。明朝时期郑和七下西洋的壮举,展示的是古代中国先进的航海科技,带去的是文化中国灿烂的传统文化,留下的是文明中国绚丽的东方文明。新时代中国的崛起,更是站在人类社会是一个命运共同体的高度,以博大宽容的济世情怀,广泛开展与世界其他国家的文化交流,讲好中国故事,播撒中华文明。新时代的中国,虽然取得了一定的成就,但是面对全球化时代复杂多变的国内外环境,旨在为人类谋求福祉的中国仍然需要面对来自世界不同文明和不同文化的冲突和挑战。

新时代的中国绝对不会让近代历史西方帝国列强侵略中国的历史重演,历史上的中国不畏强权侵略,新时代的中国更是如此。勤劳勇敢的中国先民流传至今的中国武术文化,本身就是一种敢于应对武力侵略的制胜技术。新时代的中国之所以将这种制胜技术进行国际传播,是因为中国相信武力从来不能彻底解决冲突。中国武术的国际传播就是要构建独特的融生活方式之中的人体文化传播的技术结构和理论系统,建立起"从认知到参与""从参与到认同"的传播效果评价体系,形成"实体型"的跨文化传播的技术通道和实践路径。将制胜之术传授于人,本身就是胸怀坦荡的表现,促进彼此关切了解,共享不同文化魅力,易地而处、感同身受,真正将人类命运共同体的中国方案落到实处。

人类历史的教训表明:面对多元文化的价值观,人类社会应当学会互相包容,文明互鉴,合作共赢,多元发展。面对多元文化的地球村和全球化,"和而不同"就是中国智慧和中国方案。面对不同的文化,不同的价值体系,讲究和谐共生,合作发展。"每个人、每种文化、每个社会和国家,都是独一无二的,可是彼此之间会有一些重要特性是共同的。为了延续和发展,都必须从自己和他人的传统中汲取养分,可是不能单纯模仿。""有史以来人类的经验就是一个长篇故事,记载了人如何理解、超越、并重新创造自己的假设、传统、流行常识和受文化观念制约的观念,以便体会并包容古往今来他人的观念及其行动。人类面对变化不定的环境及问题,所有理想、传统和现有制度,必须灵活更新,与时俱进。"①

杜维明说:"正如我必须克服自私自利,才可以成为真正的人,家庭也必须克服狭隘观念,国家必须克服民族优越感,世界必须克服一切以人类为中心的自大倾向,才能真正合乎人性。"②"和而不同"就是要尊重多元文化的现实,尊重不同文明的价值,任何将自己的意识形态、文化传统、价值观念强加于他人都是不能接受的。我们对中国传统文化秉持足够的自信,相信"文化会自己寻找出路,这是生命特性赋予的。但找出路最快的就是我们",但我们绝对不能盲目的自信,断言"如果说世界上仅能剩下一种文化时,它必将是中国文化"。

面对全球化的挑战,秉持多元文化和不同价值体系的人类社会必须树立人类命运共同体的新的理念。重建伦理,应对挑战,时刻铭记中华民族自身的文化身份,重新界定中国自身与西方他者的关系。中国既要将自己的传统文化传播到域外,也要虚心向西方的传统文化躬身下问,谦虚学习。全球化时代,人类比以前任何时代都更加需要寻找各自的根源以及本土发展的策略,也更加需要多元文化彼此学习,多元文明互惠互鉴。西方文化的阳刚需要东方文化的阴柔来实现动态平衡,跨文化的相互了解更能使自身重新认识和提升自己,面对多元文化的人类世界,积极倡导"和而不同"的中国方案,才能实现人类命运共同体合作共赢、文明共享的美好世界。

---

① 吴大品:《中西文化互补与前瞻:从思维、哲学、历史比较出发》,海洋出版社 2014 年版,第 232 页。
② 吴大品:《中西文化互补与前瞻:从思维、哲学、历史比较出发》,海洋出版社 2014 年版,第 233 页。

第三章　中国武术在日、俄、欧美的形象

梁簌溟先生将世界文化分为三大类型:"个人本位文化——英美国家;社会本位文化——苏联等国;伦理本位文化——中国"①。季羡林先生将人类历史上的文化归并为四大文化体系,并以东方和西方的标准简单划分为东、西方两大文化体系。在现代性的世界观念体系中,西方与非西方(东方)二元对立的世界观念结构一直习惯性左右着现代不同国家和地区的民族身份自我认同的想象秩序。尽管人类世界是一个互为联系互为依存的命运共同体,但是由于地理环境、人文传统的不同,世界又可以分为不同的文化区。基于此,美国学者在文化人类学研究中提出了"文化区"的概念。文化区是指在政治、经济或社会等方面具有独特的一体功能的空间单位。

全面考察中国武术国际传播的形象问题,必然将研究视野投向世界不同国家和不同文化区的广阔空间。因此,中国武术在不同国家和不同文化区的形象必然存在着自身的话语特色和文化传统,这是由其自身的视野与关切决定的,但是无论哪个文化区和哪个具体国家,都不可避免地相互影响着彼此的形象认知与想象。这种影响力或者话语权取决于本国或者该地区的文化国力,对于中国武术的认知同样如此,也就是说,

---

① 梁漱溟:《中国文化的命运》,中信出版社2010年版,第165页。

第三章　中国武术在日、俄、欧美的形象

地区性大国对中国武术形象的认知必然不同程度地影响着该地区其他不同国家对中国武术形象的认知与想象。"对中国产生最大影响的三个国家，是日本、俄罗斯、苏联和美国。"① 按照文化类型和文化区的划分，并考虑近代以来对中国产生的影响因素，我们选择了中国武术在日本、俄罗斯以及欧美等世界不同国家和文化区的形象来阐述他者视阈下对中国武术形象的认知与意义。

第一节　中国武术在日本的形象

日本是中国一衣带水的邻国，客观上我们不得不承认这样一个事实，那就是日本武道的国际传播的确领先于中国武术。尽管中国武术多次努力渴盼奥运会接纳中国武术为正式比赛项目，但是国际奥委会委员们却将选票投给了日本的柔道，并且日本的其他武道项目如相扑、空手道、剑道等也在世界范围内得以广泛传播。在文化全球化的浪潮中，世界上每一个民族都对世界文明做出了一定的贡献，本研究将日本对中国武术的形象纳入研究视野，秉持谦虚开放的心态，借鉴日本武道文化短期内形象提升成功的经验。在新时代中华民族振兴崛起的今天，中国作为当今世界有着重要影响力的文化大国，以中国武术为代表的中华民族优秀传统文化应当扛起民族文化复兴的旗帜，重构中国武术的知识体系和话语体系，增强中国武术文化在国际社会的形象力，提升中国传统文化在国际传播和文化交流中的国际声誉。

尽管每一个中华儿女都不会忘记近代日本曾经对中国野蛮侵略留下的种种罪恶，但是面对日本武道国际传播领先中国武术的事实，我们仍需以宽广的胸襟和包容的视野重新审视中日文化交流和武道文化交流的历史。作为近邻，中日两国文化交流历史悠久，伴随中日两国文化的交流，中国武术文化也在日本传播开来。中国武术在日本的形象是如何形

---

① 王秀丽、梁云祥：《日本人眼中的中国形象》，北京大学出版社2017年版，第1页。

成并影响日本武道的？中国武术在日本的形象具有哪些特征？其形象变迁的原因又有哪些制约因素？基于以上问题的追寻，我们溯源中日两国文化交流的历史，梳理日本现代性自我想象中的中国武术形象，探寻中国武术在日本的形象本源与历史变迁，以期为中国武术国际传播的形象重塑提供借鉴参照。

一 "巨大的他者"：大和民族现代性想象的中国形象

日本地处东亚文化圈，但是却又在近代极力摆脱东亚文化，试图投入西方欧美现代性文化版图，这种矛盾造成了日本心理上对自身所处东亚文化圈的"敌视"心态，同时又表现出对西方欧美现代性文化的"谄媚"心理。因此，在日本人自己的眼中，"在日本存在日本文化，那并不像日本人一般认为的那样是不言自明的事实"[1]。有人"强调日本文化的固有性，试图将自己和中国文化区别开来，并确立日本文化的同一性。"[2] 对于现代日本而言，中国文化和西方文化都是巨大的他者，处于中西文化之间的现代日本，在审视和比较中西文明优劣之后，毅然选择放弃华夏中心的东亚文化圈，归附西方为中心的现代世界体系。

尽管世界上不同国家或者文化区的中国形象都有其自身的文化传统和表述策略，但是西方文化强势影响下的中国形象都会在不同程度上影响着非西方国家对中国形象的认知与书写。相对于日本而言，西方和中国都是其自身身份之外的他者，虽然日本与中国是一衣带水的近邻，但日本从来没有放弃过对这个近邻潜意识中掠夺的幻想。作为后发的现代化国家，明治维新之后日本的迅速崛起，直接进入西方扩张构成的物质与制度的世界观念体系之中，面对西方现代性世界观念体系，日本构建

---

[1] [日]尾藤正英：《日本文化的历史》，彭曦译，南京大学出版社2010年版，第3页。
[2] [日]子安宣邦：《东亚论：日本现代思想批判》，赵京华译，吉林人民出版社2004年版，第78页。

的中国形象的动机来源于其自身现代性身份认同的危机。

在东亚,中国和韩国都认为日本文化是大陆文化的变种。日本在德川时代开始放弃过去以中国文物典籍为依据确认日本文化身份的方式,寻求自身民族文化独立性的固有特性,并以此来确认和证明自身。所以,日本"要形成真正名副其实的近代文化,仍然有待于门户开放以后移植来的西方文化的接枝"①。日本看待中国,自然以西方为尺度,透过西方文化之镜,附和着西方强势文化对中国形象的刻板印象和形象复制。"对于日本来说,中国曾经是一个巨大的他者,现在依然如此……中国及其文化是日本及其文化成立的重大前提,正因为如此,不通过对中国的彻底他者化,日本就无法主张其自立性。中国对日本来说是一个巨大的他者。"②

因此,对于日本而言,中国是强大的他者形象的存在,一方面日本自身及其文化与中国的差异性特质必须得以确立;另一方面,日本国家又无法将自身与中国及其文化彻底割裂。中国文化这个前提是日本文化确立的基础,无论日本自身是否承认,中国及其文化都是日本文化自我确立无可辩驳的客观现实,也就是说,没有中国文化,日本文化是不存在的。正如日前在网络媒体上好多网友好奇为什么日本还在用汉字一样,尽管汉字是中国的语言文字,但是由于中国和日本的文化交流,日本的成书文化和重要典籍文物都是用汉字来记载的。因此,如果日本离开了汉字就等于割裂了历史一样,割裂了文化传统和民族历史的日本,无异于割裂了通向文明的脐带,注定流落在文明的荒野中孤独的遭遇自我。因此,离开了汉字的使用,也就意味着日本人与他们的传统文化隔绝,显然这是不可能的。

日本对中国的社会想象隐喻日本现代性身份认同的焦虑和不安。日

---

① [日]家永三郎:《日本文化史》,刘绩生译,商务印书馆1992年版,第189页。
② [日]子安宣邦:《东亚论:日本现代思想批判》,赵京华译,吉林人民出版社2004年版,第78页。

本在文化上对中国的高度依赖，在民族内心深处渴望竭力靠近西方文化的同时，又幻想摆脱对中国东方文化的强烈依赖，以求民族身份的自立性确认。与对西方文化的强烈依赖相反，在对待东亚文化的态度上，日本人似乎并没有秉持客观的态度。"虽然同是外来文化，与古代或封建社会朝鲜、中国、印度等文化的移植有着根本上的区别。传入朝鲜、中国、印度等国的文化时，仅仅是输入文化财富，而与产生它的社会条件毫无关系。"[①]

客观上讲，日本作为一个独立的现代国家，存在其自身的文化传统和价值系统，正如在今天日本文化也受到一定程度的关注一样，日本人也极力在世界范围内确证自己的文化身份，并以此证明日本自身文化的独特价值。在历史上，日本与中国古代的交往是以藩属国的身份进行的，这种不对等的民族身份让日本陷入了最初的文化身份危机。日本一方面不断移植中国的古章典籍；另一方面开始觉醒的日本文化独立并开始展开自身的文化身份的建构。

尽管在历史上，日本曾经犯下对中国发动侵略战争的滔天罪行，但是在 2008 年中国汶川遭遇地震灾难时，日本却表现出了极大的善意。中国汶川在 2008 年遭遇空前的地震灾难时，日本政府第一个派遣救援队，赢得了中国人民的真诚谢意。于是，在日本遭遇地震和海啸灾难时，中国政府和人民同样伸出了温暖的双手，日本国民对中国政府和中国人民的情感善意同样发自内心地表达感谢。天灾面前，携手抵抗天灾的日本和中国从加深两国国民友谊的角度，都赢得了彼此真诚的感谢和情感善意。

但是也要看到，在战败国的大和民族心中，中国始终是一个巨大的他者形象。中国在抗日战争中取得了胜利之后，在大和民族的内心深处，作为近邻的中国形象始终不能彻底地成为"友善"的近邻。特别是当前日本国内兴起的民族主义让曾经的"大日本主义"有所抬头，

---

① [日] 家永三郎：《日本文化史》，刘绩生译，商务印书馆 1992 年版，第 190 页。

"随着中国的快速崛起和全球化浪潮的深化,日本国内近年逐渐兴起的民族主义值得警惕,它往往趋于集团化和情绪化,是蔓延性的,非理性的"①。新时代中国的强势崛起正在考验日本人能否突破民族主义的局限,从而达到国际主义的高度,就新时代中国倡导推动的"人类命运共同体"而言,日本也要培养"开放的国际主义",要摆脱"狭隘的民族主义"。

"无论什么时代,中国对日本来说都是一个巨大的存在"②,历史的经验和教训表明,日本在历史上从来都无法摆脱对中国的深层依赖,尽管大和民族并不愿意承认这样的历史客观事实。日本"狭隘的民族主义"给大和民族贴上了自身文化机制优于他者文化价值的特殊标签,这样狭隘的民族主义观念也注定将在全球化和人类世界命运共同体的"开放国际主义"主流浪潮中被彻底抛弃。

即使是在今天,日本无论承认还是不承认,其对中国传统文化的深度依赖都无法从历史上根除。因此,无论日本如何谄媚依附西方文化,都难以从自身文化传统中拯救出独特的日本文化身份。这种矛盾的民族心理决定着日本在选择和确立自身身份的时候将自身置于东方国家之外,而事实上却又不是西方国家的尴尬境地,日本民族身份的含混不清以及自身客观处于东方国家的地理位置,加上对中国文化的深度依赖性,日本对中国形象的认知自然呈现出无法超越但又幻想超越的这种"巨大他者"形象的现代性想象。

二 中国武术与日本武道的交流溯源

中日两国武术文化交流的历史源远流长。1962年在日本大和栎东大寺山古墓中,出土了一柄中国制造的环柄大刀,刀身刻有"百炼精

---

① [日]加藤嘉一:《日本的逻辑》,光明日报出版社2011年版,第206页。
② [日]天儿慧:《日本人眼里的中国》,范力译,社会科学文献出版社2006年版,第2页。

钢，上应星宿，下辟不祥"等铭文，后经专家鉴定为东汉中平年间（184—189年）中国锻造的铁制环柄大刀。同期，日本考古学家也曾经在日本九州北部一些酋长部落的石墓陪葬品中发掘出了来自中国制造的铜剑。据文献记载，公元238年，日本派使者来中国以通友好，魏明帝回赠日本礼物"五尺刀两口"。所有这些都是中日两国武术文化早期交流的物证。

两晋、南北朝时期（相当于日本大和时代），因中国战乱频发，不少中国人移居日本，其中很多人在日本"弓削部""矢作部"等专门从事武器制作。隋唐时期（相当于日本大化革新时期），日本派遣遣唐使十余次来中国学习武艺、射箭等，并进行射准的比赛交流等。直到9世纪末年，日本还派留学生去学习中国文化。中国文化的传入，比过去经过朝鲜半岛间接接受的时代要丰富得多，留学生直接带来的中国文化，给日本文化的发展带来了深刻的影响。唐朝时期是中国历史上文化繁荣昌盛的时期，日本大派遣遣唐使来到中国，从中国学习先进的文化和技术，特别是对中国武艺等的学习，为此后日本武道文化的发展奠定了坚实基础。

宋朝时期，日本刀剑反馈回中国，其制作技术精良，锻造锋利，装饰精美。经历了元代两国交往的低潮时期，到了明清之际，两国武术文化得到了快速发展。此时，日本武士崛起，武艺发展迅速，日本武士刀术极负盛名。明朝时期，两国武术文化交流广泛，特别是明朝中后期到清末，一直延续到民国初期（相当于日本的江户时代到明治维新时期），中日两国的武术交流真正进入了高潮。这是因为两国都处于封建社会晚期，并且受制于西方强硬势力的强行干预，不得不走向维新自强和追求现代转型。同处于相同命运的邻国，虽然国情不同，发展路径各异，但是彼此间相互交流与文化融合更趋广泛。

江户时期的日本大量引进中国武艺，一些重要的武学典籍都曾传入日本。日本著名学者荻生徂徕（1666—1728年）就将中国多种射书典籍引进日本，对日本的射艺影响深远。戚继光的《纪效新书》、何良臣的《阵纪》、程宗猷的《单刀法选》、清代吴殳的《手臂录》等也都有专门对日本刀术和刀法精辟的论述。清末民初以后，伴随着中日文化交流和人员往来，我国不少著名拳种流派传入日本，两国武艺交往更加深入广泛。

近代中日武术文化交流日趋频繁，并且在武术技术方面有着深度交流的历史记载。1930年，适逢第九届远东运动会即将在日本召开，南京中央国术馆决定派遣馆内术学兼优的馆员十二人赴日观摩，同时留居日本三个月，实习日本柔道及剑术等，以借镜强邻，足资效法，为将来学成归国后传习国人。此举不但可作为技术上之互相印证，也可做到知己知彼。但最终因经费短绌，仅由政府拨款五千余元，其中由中央国术馆编审处长唐豪为指导员偕六人在日本学习柔道。据赴日人员郭世铨的回忆，当时前田道场的柔道教师藤昌宪对中国学员授课时的热情教导出乎意料，不仅与学生对摔，虽汗流浃背，也绝不马虎过去，所以当时每日可学到两三个技术。而对于柔道技艺非常热衷的郭世铨等人虽然正值年富力强的黄金时期，本拟设法多留日几年研究学习，但国民政府当局并非真心提倡武术，所以仅实习了很短时间便回国。

在第九届远东运动会期间，中央国术馆由杨法武、郭世铨等六名精于中国摔跤的教员组成观摩团参观学习。中央国术馆一行六人在抵达日本后，除观摩运动会等相关事宜外，前往东京神田区神保町的前田道场学习研究柔道，并在该道场的红白试合中以中国摔跤与日本柔道家进行了比赛。此次比赛中凡获胜的一方，需连续接战，直至败于新的对手或与新的对手不分胜负时方能罢手。其中如中央国术馆的杨法武以精湛的中国摔跤技术在红白比赛中一连战胜三名日本柔道家。唐豪事后忆述，虽然杨法武所用摔跤技法极之巧妙，但遇对方一倒地便无计可施，不敢进行地面纠缠。并发现柔道一本比赛的时间往往超过中国摔跤三回比赛时间，柔道家因此大多体格粗壮，体力十分持久。如杨法武在柔道比赛中体力较日人略显不足，至战到第四人时仅能勉强持平。而当天比赛日本柔道家金子则在连胜五人后，体力仍然绰绰有余。王子平曾对唐豪说，武术中的点、打、摔、拿，日人占有了摔、拿，日本摔法的优点为耐久力和地下法，中国黏跤、跪跤他们早学去了，但是连环绊子和破法恐怕未学到，如马良曾要求部下立誓不教破法给日本人。而中国掼跤家往往失败于日本人手中，多是吃了耐久力和地下法这个亏。

根据唐豪《考察日本武术的报告》一文中的记述，日本柔道中的技巧是为中国掼跤所无的，单只地下制人的方法，而其特别精妙之处，也就在于此。这次我们一行人到前田道场研究柔道，杨法武在红白比赛中与日人五级者竞技，虽三胜一平，然遇对手往地下一倒，便不敢去和敌人较量一个长短，因为平时练习的时候早已饱尝这种滋味。故正式比赛，我们事前一度商量，抱定用我之长这个宗旨和他们周旋。所以我们将来要与日人进行国际比赛，这地下制人的功夫非特别研究不可。赴日人员郭世铨也在《日本柔道与中国摔角》一文中记述，柔术之地下法，有押、绞、拿、锁等法。绞、拿、锁等法，站立时可以使用，唯押法在地下用之再为得体，如一人欲起，即可向其欲起之肩或腰加以压力，可以无虞。压在腰部，更觉保险，因为腰部是人体四肢的总干，再被压住，更不易起矣。而比较绞拿押锁法，必须自己认败而后才可放松，使法不得当，自不易使敌人屈伏。如果使法得当，虽一分一秒，亦闷苦难受，不克支持也。此种地下法，乃比我国摔跤进一步，因摔跤法，只要手着地，以及身着地，就算败北，而真正决死拼命时，岂有手着地，身倒地就肯屈服的道理？

中央国术馆赴日人员郭世铨在回国后于湖南国术馆及第四路军技术教导大队教授搏击、摔跤期间，整合多年对摔跤心得编写了《摔跤教本》一书。郭世铨认为，我们的摔跤无地下方法是最大缺点，这是一个明例。所以我始终赞同最后一合，能使对方屈服的胜利，才是胜利。在今人之眼光看来，民国时代的武术家们受时代所限对于地面技的了解自然略显粗糙，但前辈先贤们在有限条件下，勇于打破国界与拳种的束缚，虚心求教，不断探索革新的精神，依然值得我辈武术人学习。由于近代日本明治维新后的快速发展跻身帝国主义列强，走上了侵略中国的罪恶之路，官方的交往被迫中断，但是中日民间交往仍然存在。

日本的武道文化给当时中国追求强种爱国的民族自强精神极大的启发，中国民间出现了"中华武士会"等许多爱国武术社团。20世纪40年代，日本人宗道臣来中国学习少林拳，创立了"日本少林拳法联盟"，学员近百万人，可见中国少林拳在日本受欢迎的程度。宗道臣于1979年携家人宗由贵来我国少林寺朝拜，并在寺内树碑留念。此外，日本人三浦英夫多次来我国学习太极拳，并在日本横滨、大阪等地开展分会推广中国太极拳，中国武术家也多次应邀前往日本传授太极拳。中日邦交正常化之后，中日两国文化交流频发，两国的武术交流更加深入广泛。

交流开启思想心智，交流助推历史前进。中日武术的交流既是技术的交流，更是思想的碰撞。在技术交流和思想碰撞中，助推了中国武术发展前行。1981年全国武术观摩交流大会，日本国际拳道学联盟、日本少林寺拳法联盟一行十余人由拳道学联盟理事长大西荣三率领来到此次大会进行了观摩和表演，演武主要以辛荣馆空手道两人及多人穿护具组成对抗以及日本少林寺拳法的两人柔法、擒拿解脱等技法的演示。大西荣三在接受记者采访时对中国武术发展提出很多中肯的建议，他认为，当时的中国武术似乎正在朝着一个舞台化、舞蹈化和艺术化的方向发展着，这是否是对中国武术的进一步深化和发展，很值得思考。

中国武术是世界文化宝库中珍贵的遗产，如果还叫武术的话，它就应该同舞蹈、体操等划清界限，这个界限应该怎样划分，注意哪些特点，看来还可以进一步探论。像北京体院、武汉体院表演的短兵和散打，实际上已经失去中国武术的独特风格，而对于散打戴防护用具，武术没有对打不行,对打不戴防具也不行,因此必须对防具做科学研究。中国运动员现在戴的护具太薄,颈部等还露在外面,很容易受伤。大西荣三的这些中肯建议的确对中国武术的发展起到了积极的作用。

自然门武术家万籁声在看过大西荣三对于中国武术表演和对抗性的看法后提出了自己对武术发展的几点看法。第一,原来中国武术,即有对抗和表演上的两大派系。尚对抗者,为技击武术。尚表演者,多属花拳门中拳术。第二,为了练好功夫,应不排除练腰、练腿的各种翻腾技巧。不过,还要加以技击门的腾闪刺扎,虚实巧打和各种基本功夫的锻炼,这才谈得上对抗。如只求其一,在花拳绣腿中,就成为近于舞蹈和体操了。在技击实战中,其不练腰腿者,就陷入板滞不够灵活的境地……第六,对抗练习时,可着软护具,比赛时,应不着护具,如一着护具,就使不出功夫了。我曾参加过多次的大型比赛,只是不得戳目,扼喉,踢打下阴,其他不禁,亦不得见死了什么人。即有所损伤,也算不得什么。当然,此后还可以禁打口和鼻,违者为负。又应当分年龄,过磅分级,不能一锅熬。

在中日武道文化交流的历史上,嘉纳治五郎、陈元赟、鲁迅、徐傅霖等人做出了重要贡献,对中日武艺的发展有着深远的影响:

嘉纳治五郎(1860—1938年):日本近代历史上重建日本本土体育文化的领军人物,现代柔道创始人,亚洲最早的奥委会委员。嘉纳治五郎按照当时社会需要,对日本传统柔术进行了整合,实现了日本传统柔术由术至道的提升,提出通过柔道的修行达到培养健全人格的目的。因此,从这一点上看,这与中国武术武以成人的理念高度吻合。嘉纳治五郎创立的讲道馆柔道在中日武术文化交流中具有深远的影响力和巨大的推动作用。嘉纳治五郎与中国具有特殊的情缘,鲁迅、徐傅霖、杨昌济等人都曾留学期间在嘉纳治五郎创办的弘文学院读书学习。

陈元赟(1586—1671年):浙江人,侨居日本,对日本柔道的影响深远。此人对传统武术兴趣浓厚，据传其掌握浙东张松溪派内家拳系，后又北上嵩山学习少林武艺，此时少林武艺正处于变革期，向寺外地区广泛传播。陈元赟在少林寺求学一年后离去，随后随商船游历日本并定居。陈元赟游历到日本后，先是在东京寄居在僧人饭仓圭左的曹庵，后移居西久保国昌寺。在寺内教授少林拳法，当时日本武士福野七郎右卫门正胜、矶贝次郎左卫门、三浦与治右卫门义辰等都师从陈元赟学习中国徒手搏击术，经过陈元赟的精心教授，此三人都成为日本古典柔术的高手，后自成一派。

陈元赟融中国南北武艺之长，擅长松溪内家拳法，在昌国寺教授的武艺有所谓"当身""杀活"之技法，即以拳、肘和足尖锐击敌人要害部位，要害部位也就是内家拳所说的穴道。正是这个渊源，日本柔术古籍《拳法秘书》尊称陈元赟为柔术之祖。尽管这个说法至今存在争议，但是当初日本柔术中陈元赟注入的中国武术文化元素却是不争的事实，特别是在具体技术上，陈元赟对日本柔术体系的建构和发展都起到了重要的影响和作用。日本近代武道文化的卓然确立，曾经吸纳了中国南北拳法之元素，印证了中日武道文化交流历史悠久的渊源。

周树人、徐傅霖：1902年，周树人（鲁迅）等中国满清学子前往日本于讲道馆柔道创始人嘉纳治五郎先生创办的弘文学院留学，并利用课余时间在该校的牛入道场选修柔道。两年后，又有吴县徐傅霖（徐卓呆）等东渡日本体操学校学习了新式体育。徐傅霖回国后创办了中国体操学校，提倡国民教育，强身御侮。由于当时国内却没有相关柔道教材，徐傅霖于1917年着手翻译出版了讲道馆早期的柔道教材，中译名为《日本柔术》，该书为历史上第一本中文柔道著作。书中对于柔术之名如下记载："老子曰：柔胜刚，弱胜强。柔术者，武技之精蕴，极天下之至刚，而以柔名，为其能胜刚云尔。"

著名历史学家马明达先生曾经说道："从源头上讲，中日两国的古代体育文化，特别是古典武艺以及从中衍生出来的武文化属于同源异流,呈现出你中有我,我中有你的特点"①。这句话道出了中日两国武文化交流融合的特质。在近代东方各国传统文化的现代化转型上,日本的武道体系无疑是较为成功的。时至今天,中国武术为代表的中华民族传统体育文化的国际传播并没有取得我们期望的成就,神圣的奥运会殿堂中,至今也没有将中国武术纳入正式竞赛项目,而我们近邻日本的柔道却在代表世界最高水平的奥运舞台竞放精彩。在中日武文化交往历史的过程中探寻日本武道成功的经验,给予中国武术国际传播以借鉴。

三 "镜像"与"隐喻":中国武术在日本的矛盾镜像与自我隐喻

"日本是一个只佩服强者的民族。当你强大时,他们可以五体投地,拜你为师,学习你的先进文化与技术。对于落后自己的国家与民族,他们往往不屑一顾。"② 日本对强者谄媚对弱者欺凌的民族心理,说明大和民族的内心深处从没有将自身之外的他者看作是真正平等意义上的他者,而是在失败时候学会反思,在成功时候依然故我。与之相反,中华民族则是一个崇尚和平和谐的民族,对待域外民族真正从心理上同等看待,中华民族是一个不畏强者欺凌,也不欺凌弱小的伟大民族。日本与中国武术具有源远流长的交流历史,甚至日本的柔道技术也深受中国武术技术的影响,但在大和民族的眼里,中国武术却是一个"病夫"与"睡狮"的矛盾镜像。在日本人眼中,日本文明是优越于中华文明的,西方是强大优越的他者,而中国是弱小卑劣的他者。

日本对中国武术双重矛盾的形象谱系中,首先需要明白他"污名化"中国武术为"病夫"形象的原因是什么?其次,也要弄清楚他又

---

① 郑旭旭、袁镇澜:《从术至道:近现代日本武道发展轨迹》,厦门大学出版社2011年版,第1页。
② 郑旭旭、袁镇澜:《从术至道:近现代日本武道发展轨迹》,厦门大学出版社2011年版,第300页。

如何"变异化"中国武术为"睡狮"的形象谱系？中日武艺从源头上讲实际上是同源异流，互相联系，相互依存的关系。但是由于中日两国在封建社会晚期之后选择的发展道路的不同，使得文化交流与冲突并存，中日两国的武艺交流实质上是伴随着两国关系的变化呈现出国家意志和意识形态上的意义。第二次世界大战失败后，日本决心走和平的道路，但是在"冷战影响"下却被纳入西方阵营，追随美国的亚洲战略模式，而"与中国为敌"，这种状况一直持续到20世纪70年代。日本民族是一个矛盾的民族，一方面怀有"战争的内疚"心理，另一方面还对中国"不怀好意"，这也正是日本对待中国武术这一中华民族文化国粹的双重镜像的真实写照。

"东亚病夫"一词是类比西方列强所谓"欧洲病夫"所产生的。清末民初时期，国民吸食鸦片，身体羸弱，帝国主义列强纷纷染指侵略中国。国民被称为东亚病夫，是外国人对中华民族的屈辱称谓。同处于东亚的日本，由于当时自身军事实力的强大，积极依附西方，试图摆脱自身东亚文化身份。日本眼中的中国武术形象，狭义地讲，是指日本武士眼中的中国武术家的形象。日本武士将中国武术家想象为东亚病夫，体现出日本武士对中国武术一致的贬低与蔑视的态度；把中国武术看成是沉睡的狮子，说明在与中国武术的比较想象中，中国武术不怒自威，一旦睡狮警醒，意味着带来崛起与爆发的强大力量。这也正是日本对中国发动了多次战争，却从未征服过中国的根本原因。

日本"污名化"中国武术为东亚病夫，这是大和民族对于自身武道文化优于中国武术的自我想象。东方文化中狮子是吉祥、威严的象征，在西方文化中狮子也象征着王者与勇敢精神。拿破仑曾这样说过，中国是一头沉睡的狮子，当这头睡狮醒来时，世界都会为之发抖。日本对中国武术形象隐喻为"睡狮"，蕴含着中国武术内在的威猛犹在，一旦睡狮醒来，将会带来狮子般威猛无敌不可阻挡的强大力量。

历史上的日本是以武立国的国度，从1192年镰仓幕府时期开始，武士一直被日本社会各界尊重。日本在封建社会晚期对于"武士"阶层的推崇,"武士"的武艺受到器重,客观上催生了日本武道文化的发展。日本流传很广的一句谚语"最美的花是樱花,最高尚的人是武士"。由此,可见日本民族对于武士的高度尊重。在日本,武士一般指学习武艺以军事为职业者,专指平安后期到江户时期存在的以武艺技能作为谋生手段的职业武士。因此,武士并不是简单的指向那些习练武术的人。

在日本历史上,武士阶层在日本民族的集体记忆中一直是烙下深刻印记的社会阶层。特别是在近代明治维新时期武士是推动日本社会政治与社会变革的最为活跃的社会力量。从历史上考察,日本武士是多面孔的,战国时期的日本武士奉行实力说话,杀人不眨眼,弱肉强食的丛林法则是当时日本武士生存的重要规则。明治维新时期,日本武士是具有独立自尊理想人格的求道者。日本武士眼中中国武术的他者形象是日本文化和日本民族的文化性格决定的,特别是日本武士文化与武士道精神是日本想象中国武术隐喻自身的重要文化根源。

正因为日本武士将优雅与残暴、保守与革新、狂野与细腻等许多极端矛盾集于一身,武士奉献的武士道精神在不同的历史时期,起到了不同的历史作用。"武士道"作为武士的道德与行为规范,是日本民族最引以为骄傲的民族文化传统,被视为日本民族精神的象征,支撑着这个岛国民族的信仰和民族自信。和平时期,武士道是维护统治体制的道德规范,战争时期又成为煽动武勇斗狠的思想工具。日本武士道精神不仅是日本文化的源流,更是日本国家品格的体现。在日本人眼中,武道的修行可以让青少年达到理想武士的修养境界,永远的武士情结,支撑着日本武道的长盛不衰,也是日本武道永续发展的文化源泉。正是日本封建社会晚期对于"武士"阶层的推崇,武士技艺的高强与否就成为武士荣誉的决定因素。武士在与域外民族的决斗中的出场就成为武士证明自己武艺高强的重要途径。

1908年，日本尚武会神道六合流开祖野口清偕门下来到上海开办"虹口道场"，天津静海武术家霍元甲先生于上海张园公开打擂名扬十里洋场，因之受邀前往尚武会道场观摩，并以摔跤技艺与神道六合流柔术家进行了一场武术史上首次中日武技间的切磋交流。霍元甲战胜每一个对手，不是光用武力让对方屈服，而是用自己的风范让对方心服口服，这就是中国武术家的崇高境界，也是中国武术家对于国术强大的心理自信。《霍元甲》电影也在日本公映，影片中对日本武士的书写也非常客观。《霍元甲》这部影片回答了这样一个问题：今天的我们，究竟该以什么样的眼光和胸怀来看自己，来看世界。强大，靠的是实力，但是，伟大，靠的是胸怀。归根到底，自身的强大才是硬道理。伟大的中国武术家先贤们也是用这样的风范战胜了来自"他者"挑战，同时也用这样的精神期许我们这些后来人，我们有责任把这种武术自强精神传承下去。

根据史料记载，中日武士对决中霍元甲、杜心武、孙禄堂等中国武术家都以胜者的姿态颠覆了日本武士对中国武术的想象。历史上，日本武士一度将中国人看成是"东亚病夫"，"东亚病夫"同时也体现出日本武士对中国武术家群体的蔑视幻想。中日武艺交流历史上出现的比武，正是日本武道对中国武术骄横蔑视的掠影。然而在历次与中国武术家比武的历史记忆中，骄横自负的日本武士都不得不吞咽失败的苦果。在日本武士眼中，蔑视中国武术，却又无奈落败，无法战胜的中国武术家群体似东方睡狮，即使沉睡百年，但威猛犹在，不可侵犯，更无法战胜。这如同日本无法摆脱自身身份认同危机的矛盾心理一样，日本对于中国武术的形象认知也存在着这样双重对立的矛盾属性。

日本对中国武术双重矛盾形象体现了日本武士内心渴望战胜中国武术的骄横心态，实际上却对中国武术抱有一种敬畏之心。日本武道文化深受中国传统文化的影响，这是不争的客观事实。江户时期，日本武术的精神遗产存在佛教禅学和儒家礼仁两条精神支柱。嘉纳治五郎彻底抛弃了佛教禅学的思想，完全吸收了儒家"礼仁"思想给日本柔术注入了新的文化理念。嘉纳治五郎的讲道柔道馆的成功离不开中国传统儒家文化的合理移植，其以合理主义为依据的技术体系战胜了神秘主义的传统柔术，将柔道作为教育之道，这与中国传统武术倡导的实用理念合武德理念高度吻合。

因此，通过对中日武艺交往历史的梳理，日本为之骄傲的武道文化都深深地打上中国传统文化的印记。这种对中国文化的深度依赖，使得日本武道文化无法彻底实现自立。但是，在日本现代性的世界观念体系中，日本民族试图为构建日本自身民族文化的自立和认同提供证据。这种文化自卑反应在以武立国的武士文化体系中，想当然地把中国武术形象作为一种东亚病夫的形象去书写和想象，从轻蔑和贬低中国武术的叙事中，为日本武士现代性身份提供有效的证明，成为日本武道渴望强大自我隐喻的幻象。

四 小结

"灿烂的东方文明和丰厚的文化传统使伟大的中华民族昂首屹立于世界民族之林。开放包容的文化情怀，从未中断的中华文明给世界人民留下了珍贵的精神财富。"① 作为中国优秀文化的中国武术文化和中国的文学、禅宗、史学、哲学、道教、儒教等传统文化一样，在与我们一衣带水的日本武道文化源远流长的交往过程中，泽被东瀛。日本对中国武术"病夫"和"睡狮"的矛盾镜像中，体现着大和民族蔑视中国武术的他者幻想，并以此确证大和民族自身武道文化的独特价值，满足其自身武道文化优于他者的自我想象。"古代日本怀着敬畏、崇拜之心仰视中国，全方位学习、模仿和接受中国的文化和政治制度。"近代的日

---

① 蔡毅编译：《中国传统文化在日本》，中华书局2002年版，第2页。

本"对中国的亲近感和敬畏之心永远成为过去,轻视乃至蔑视中国和中国人的民族沙文主义甚嚣尘上"①。

因此,我们必须清醒地看到,由于中国自身并没有足够强大,才会造成日本对中国如此的看法,如果中国实力足够强大,在国际上跟美国平起平坐甚至超越美国的时候,日本将会变成俯首称臣奴颜婢膝的样子。如同中国武术文化一样,中国武术同样需要加倍努力,让自身足够强大,才能够在国际舞台赢得足够的尊重。中日两国的武艺交流,中国武术家秉持谦虚认真的学习态度,吸收日本武道文化的长处,认真反思中国武术的不足。新时代中国的崛起让世界人民看到了中国的伟大成就,中国不仅成功地举办了一届精彩绝伦的夏季奥运会,也会在不久的将来举办冬季奥运会,但是这样的成功还是无法掩盖在奥运会的世界体育聚会的舞台,没有一项来自中国的传统体育项目。

当与我们相邻的日本把柔道成功地送到奥运会的世界体育舞台时,中国武术还应该做出怎样的努力?首先,在中国武术国际传播方面以及与域外武道文化的交流方面仍需加强。中国武术在国际社会的舞台,已经没有可以骄傲的资本,必须踏踏实实放下身架,重塑形象,把中国武术国际化交流与传播持久有效的开展,做好自己才是中国武术当前最重要的事。其次,是中国武术努力的方向。中国武术申请为奥运会正式比赛项目的问题,是否应该重新审视?中国武术作为中华民族优秀的传统体育项目,应当重新建构中国武术的价值体系和话语体系。最后,中国武术作为中华文明的重要内容,应当站在服务全人类全世界的高度,广播中国武术的文化种子,让世界的每一个角落都结满中国武术的果实,福泽人类。世界之大,面向人类未来的中国武术文明,除了奥运会的舞台,还有更大更加宽广的世界舞台。

---

① 王秀丽、梁云祥:《日本人眼中的中国形象》,北京大学出版社2017年版,第1页。

第二节　中国武术在俄罗斯的形象

俄罗斯与中国是拥有共同边界的最大的邻国，俄罗斯与中国的关系极其微妙，在不同的历史阶段中，中俄关系虽然多有变化和波折，但是两国之间在国际事务的战略合作仍是主流并占有重要的地位。俄罗斯的中国形象也在不同的历史时段发生着变化，富庶神秘的哲人之邦、停滞衰朽的东方帝国、崛起腾飞的东方巨龙等形塑了俄罗斯民族在不同时期对东方中国的想象。与中国是本原的东方国家相比，俄罗斯则是一个非本原的、西化的西方国家，俄罗斯民族一方面深刻意识到自身的西方性，同时又为自身的非西方本原的特征感到不安和焦虑。这种不安和焦虑不仅体现在俄罗斯对待西方文化的关系方面，也体现在俄罗斯对中国形象认知和想象的诸多层面。

对于俄罗斯民族而言，中国武术是来自长城那边异域民族的神奇功夫，俄罗斯民众对中国武术的神奇形象源于对其自身"桑搏"技击文化的隐喻和确认。中国改革开放以来取得的巨大经济成就和国际地位的快速提升，让一些俄罗斯人心里产生了一种复杂而矛盾的心态。这种复杂而矛盾的心态，形塑了俄罗斯民众和媒体对中国文化的神奇想象。沿着俄罗斯对中国形象的历史线索，追溯中俄之间的武术文化交往，探源俄罗斯民族对中国武术形象的套话成因，在中国走向民族富强和文化复兴的强国道路上，加强与俄罗斯在"一带一路"上的重要战略合作伙伴关系，提升中国传统文化的国际影响力，为中国武术的国际传播奠定良好的国际环境和坚实基础。

一　俄罗斯的中国形象及成因探源

探源俄罗斯的中国形象，是关注中国形象如何深入俄罗斯民族内在精神结构并参与其文化自我的建构，并在此基础上，进一步关注俄罗斯的中国形象的意义和表现。俄罗斯是一个非本原的西化的西方国家，俄罗斯的中国形象基本上复制了西方的中国形象的话语。从西方看俄罗斯，俄罗斯属于东方；从东方看俄罗斯，俄罗斯属于西方。这种文化分裂的二元性，意味着没有明确的他者，因此使俄罗斯文化的自我确认左右为难，无法确定自我的东方或者西方。俄罗斯非本原性西化的西方国家属性，致使俄罗斯的中国形象没有独立的他者意义，俄罗斯的中国形象不仅是俄罗斯西方形象的派生物，也是西方的中国形象的派生物。

任何一个民族对于中国形象的认知必须建立在其民族自身的文化自觉基础之上，俄罗斯在17世纪之前的中国形象，是建立在传说基础之上的。17世纪之后，俄国派遣使节来华，形成了对中国的最初印象。18世纪以后，东学西渐，来自中国的文化吹向西方欧洲，欧洲传教士对古老中国精神的想象左右着俄罗斯民众对东方帝国的美好幻想。俄罗斯受到西方文化价值取向的影响，其中国形象基本复制了西方的中国形象话语。俄罗斯人的眼中，中国成了一个哲人辈出、国家昌明的理想帝国的想象。当然，作为一个独立的强大的非本原西方大国，俄罗斯人的意识深处依然规约了俄罗斯人对中国独特的社会集体想象。19世纪之后，为建立强大的俄罗斯帝国，俄罗斯人的眼中需要一个落后、停滞的衰落腐朽帝国形象并以此作为自我文化先进性的他者参照和自我确认。

1949年新生的中华人民共和国得到了来自苏联的巨大帮扶，苏联人对中国的想象获得了新的动力和资源。中国人一向以老大哥称呼苏联，这种称呼包含着尊重，但似乎又蕴含着无奈的自卑情感。在中华人民共和国刚刚成立的那几年，来自苏联的施与与帮扶的确给了新生的中国巨大的力量和精神鼓舞。施与和接受的这种形式决定了中苏不可能处于平等的地位，苏联人以老大哥自诩对中国的帮扶是对自我优越性的确证，另外又隐喻中国是一个必须乖乖听话的小兄弟的想象。苏联时期的"兄弟之邦"形象，体现着苏联时期全球化战略格局外联获助的心理期待,寄托着对中国兄弟情感的美好想象。

20世纪70年代以后一直到现在,尽管当今的中国并不能称为强大的中国,但是中国在世界格局中逐渐站稳了脚跟,在全球政治经济形势波谲云诡的变局中,坚定不移地走中国特色的社会主义道路。中国经济的强势崛起和民族文化的伟大复兴,使得中国从需要苏联帮扶的弱者变成了苏联不可或缺的国际合作战略伙伴。这一时期的中国,在俄罗斯民族眼中,形塑了一个崛起的腾飞的中国形象,长城的那一边,成为当今俄罗斯民众羡慕与向往的东方想象。因此,中国改革开放以来经济的崛起,在俄罗斯民族的眼中形塑了中国腾飞的东方巨龙形象。

俄罗斯思想是独特的俄罗斯现代性精神的具体呈现,在俄罗斯思想的现代性精神结构中,实现在世界文化东、西方的二元对立观念秩序中对俄罗斯文化的自我确证,需要引入俄罗斯的中国形象作为他者文化的比较想象。俄罗斯是一个非本原的、西化的西方国家,这是俄罗斯文化无法摆脱的文化身份和历史宿命。俄罗斯一方面意识到自身的西方性,同时又深刻地焦虑自身西方身份的非本原性,这种"中间性"文化身份成为俄罗斯民族文化焦虑的"症候"。显然,俄罗斯思想中关于中国形象的知识与价值离不开西方。西方现代构筑的作为西方文化他者的中国形象,实质上具有俄罗斯确认自身西方性身份的参照意义。

二 中国与俄罗斯武术文化的交流

中苏文化交流历史悠久,中国与俄罗斯的武术文化交流是建立在中苏文化交流基础上进行的。15世纪末16世纪初,俄罗斯逐渐形成了统一的国家。到17世纪初,随着俄罗斯向东方的扩张,中俄两国之间开始发生外交往来。一方面,两国建立了外交关系,外交官员频繁接触,俄罗斯的东正教传教士也深入中国内地进行传教活动;另一方面,俄罗斯不断向中国侵略扩张,参与世界殖民主义势力对中国的瓜分和掠夺。

中苏的文化交流历史可以追溯到蒙元世纪,但是有记载的中苏文化的交流历史则是从 18 世纪开始。历史上两国文化大规模的交流发生在俄国十月革命和中国的五四革命时期,这是在特定的政治背景下产生的。中苏交恶以及之后的文化交流的恢复都是基于两国全面战略合作的政治背景进行的,这说明了中俄两国文化交流是以政府主导、顶层推动为主的重要特征,这决定了中俄两国武术文化交流同样具有政府主导顶层推动的行为特征。

18 世纪,中国商品大量输入俄国市场,促进了俄国社会对中国的了解,助长了 18 世纪俄国的"中国风"形成。在清代,中俄通过贸易关系客观上促进了彼此之间的文化交流。贸易关系在清代中俄关系中占据了重要的地位。清朝时期,俄罗斯一直期望扩大与中国的贸易往来,频繁派遣商队来华,以实现"自由通商"的目的。此外,在中俄交往中,许多俄国使节、商人和传教士也相继来到中国,或奉节通好、或谈判交涉、或通商传教,在与中国各个层面的广泛交往中,实现对中国以及中国文化的认知和了解。他们"抱着探索中国之真情的热切期望,步入清朝鼎盛时期的中华帝国,以好奇赞叹的眼光,饱赏中国古老之文明,由衷感受中国大众之勤劳朴实和聪敏睿智"[1]。"任何其他帝国都不能与中华帝国相比,因为它最古老:中国人精通之事,其他帝国尚一无所知,崇尚文明礼貌,工艺精巧。"[2]

在中俄文化交流过程中,特别是中华文化向俄罗斯传播的过程中,俄罗斯派遣的东正教传教士发挥着重要的作用。俄国的中国学研究就是基于传教士团为中心形成的对中国研究的机构,有突出成就的中国学专家成员大都是传教士团或随团的留学人员。正是俄国中国学家的学术贡献,使得中国的文化典籍在俄国流传,客观上促进了中华文化在俄国的

---

[1] 武斌:《中华文化海外传播史(第三卷)》,陕西人民出版社 1998 年版,第 2048 页。
[2] [罗]尼古拉·斯帕塔鲁·米列斯库:《中国漫记》,蒋本良等译,商务印书馆 1990 年版,第 2 页。

广泛传播，并引起俄国知识界的研究兴趣，许多著名的文学家、艺术家都以很高的热情关注中华文化，传播中华文化。中华文明也被俄国文学界给予了高度的评价，"到遥远中国的长城脚下"成为俄国文学界倡导对中国古代文明宣传的口号。中国与俄罗斯武术文化的交流，也就是在这种背景下正式拉开了帷幕。

中华人民共和国成立以后至今，中俄文化交流日益丰富，两国的武术交流丰富多彩。2014年至今，武当武术协会连续4年在莫斯科开展不间断的武当武术教学和培训活动。2017年，中国组成了108人的武当武术表演团，在俄罗斯第十届国际军乐节上进行了一场精彩绝伦的武术表演，惊艳全场。2018年，白俄罗斯举办第二届国际武术文化节，文化节期间将举办白俄罗斯国际武术友谊公开赛及中华文化体验活动。活动主办方希望通过这一活动增进本地区的武术文化交流，推广中华武术并弘扬中华文化，推动作为中华文化重要组成元素的中华武术在东欧地区的蓬勃发展。2019年为庆祝中俄建交七十周年，促进中俄双方体育项目合作发展，深化中俄两国睦邻友好合作关系，由"一带一路"文武中国世界行组委会、俄罗斯和太极国际文化交流协会等单位承办的"一带一路·文武中国世界行"俄罗斯站太极文化交流活动在英雄的历史文化名城莫斯科中央文化中心剧场隆重举行。在承载历史的红场，中国武术太极拳的惊艳出场，赢得了俄罗斯民众交口称赞。

应该看到，新时代的中国武术正站在中国传统文化复兴的历史关口，俄罗斯作为新时代中国全面合作的战略合作伙伴，中俄两国的武术交流无疑将进一步加深中俄两国人民兄弟般的友谊之情。在中国倡导的"一带一路"战略中，俄罗斯民族也将成为中国不可或缺重要合作伙伴，中国武术文化隐喻的和平价值将一个崇尚和平热爱和平的中国形象推介给支持、理解、尊重中国发展的合作伙伴，为新时代中华民族的和平崛起筑牢和谐的国际外部环境基础。

三　长城那边的神奇功夫：俄罗斯的中国武术形象

俄罗斯是一块奇妙的广大的土地。在地理上，它处于欧亚两大洲之间，欧洲人视之为东方，亚洲人视之为西方。它是中、西之间的"过渡带""中间带"，也是中、西间交通的通道与中介。它自身的文化也因此具有中间性的特征，也就是说，它既有东方文化的特征，也具有西方文化的特点，东正教正是此种文化特征的具体表现。正是在这样一块辽阔的黑土地上，产生了俄罗斯民族的本土搏击"桑搏"文化。由于俄罗斯文化产生于没有地理屏障的平原地带，历史上战乱不断，尚武精神浓厚。

俄罗斯本土的武术称为"桑搏"，意思就是"不带武器的防身术"。由于桑搏一直是苏联和俄国军方以及特种部队的必修课，因此被披上了一层神秘的面纱。现代桑搏至今不过百年历史，是融合摔跤、柔道、柔术等武技结合军事需求而产生的一种武术。客观地讲，单纯从实战的角度，本身就是一种综合格斗的桑搏，其战斗力丝毫不逊于中国传统武术的实战功能。俄罗斯的中国武术形象，包含着俄罗斯民族对缺席的中国武术的隐喻和想象。对于整个俄罗斯民族或者是习武个体而言，来自长城那边异域民族的武术文化既充满神奇色彩，又是隐喻自身"桑搏"文化优越于他者的确证与幻想。

俄罗斯国家正是基于自身文化固有的中间性特征和俄罗斯民族精神结构的宗教色彩特征，导致了俄罗斯民族对中国武术形象的矛盾心态和神奇功夫的想象格局。俄罗斯民族是一个尚武的民族，古代中国与俄罗斯民族文化交往的历史并不是以促进两者和平发展的交往为目的，而是俄罗斯民族觊觎辽阔的中华大地巨大财富的侵略想象。俄罗斯东正教传入古代中国的真实目的并不是发展在华的传教事业，而是搜集有关古代中国的相关情报。"当人类有了武器、衣服、社会组织，人类就克服了饥寒和被兽吞吃的危险，而这些危险也不再是影响选种的重要因素了，但是另一种有害的物种插手进来，即两个相近部落互相敌对而产生的武士精神，尤其不幸的是人们视此为应追求的理想。"①

作为具有尚武传统的俄罗斯民族，正是将这种武士精神想象为侵略和征服弱小的想象。从19世纪中期以后，俄罗斯民族就开始参与西方列强对中国的侵略和掠夺。20世纪初，俄国还参与八国联军对中国的野蛮侵略，正是在这样的殖民主义政策的背景下，尚武的俄罗斯民族将赢弱的古代中国想象成为可以随时宰割的羔羊，中国武术也顺理成章地被幻想为"北极熊"可以随时征服的欺凌对象。

俄罗斯是一个以其挑衅性而激起西方其他民族不安的民族，这也给古代中国留下了屈辱的历史印记。19世纪，在俄罗斯民族向中国瓜分掠夺的殖民主义征程中，俄罗斯的武士们跨越长城，仰仗自身强壮的身躯，发起了对国人蔑视的挑战。中国武术凝聚着中国武术先哲们的勇敢和智慧，并不是争强斗狠之术，也不以制胜为唯一目的。中国武术止戈为武、先让一步的"弱势地位"，并不是中国武术"不能打"的真实体现。武术家群体在民族生死存亡关头，自发组织救亡图存的民族命运抗争，展现了不屈的民族精神和民族气节。特别是面对俄罗斯大力士来华挑衅的时候，勇敢应战，为国术正名，鼓舞了民族正气。

从康熙十五年开始，挫败俄罗斯武士的中国武术家大约有十二人。霍元甲、丁发祥、王子平、宋义祥、蔡龙云、蒋浩泉等武术家都曾参与与俄国武士的比武，特别是山东梁山县武术家宋义祥击败了精通俄国桑博的瓦罗加，后瓦罗加拜在宋门下学习子午门功夫，把子午门功夫带到俄罗斯发扬光大。面对身强体壮的俄罗斯武士，中国武术家霍元甲临危不惧，让声称"打遍中国无敌手"的俄国大力士斯其凡洛夫临阵求饶；武术家王子平的扬长避短、避实击虚让号称"环球大力士"的俄国大力

---

① [奥] 康罗·洛伦兹:《攻击与人性》，王守珍、吴月娇译，作家出版社1987年版，第49页。

士康泰尔抱头窜去，不敢再登擂台；只有14岁的蔡龙云面对体形魁梧的俄罗斯拳师马索洛夫，精妙的"迎面三腿"，威震上海十里洋场。

在中俄两国交流的历史中，实际上更多地是来自俄罗斯向东方扩张的历史。俄罗斯一方面参与世界殖民主义势力对古代中国的掠夺瓜分；另一方面，又通过一定程度的贸易关系建立了与古代中国的外交和文化往来。因此，在面对俄罗斯与中国一边外交、一边侵略的历史事实，古代中国与俄罗斯相比，其弱势地位可想而知。在这样的历史境遇下，来自俄罗斯本土的武士们，带着骄横和戾气，来到了长城的这一边，开始了对中国武术的挑衅。身材高大强壮的俄罗斯人，仰仗自身强壮的身躯，肆意驰骋暴虐国人的自我想象。

从中国武术产生的内外部环境出发，在中华民族的几千年的发展历史上，中华民族一直饱受外来敌人侵略的困扰，在面对比自己更加高大和强壮的外敌入侵时如何制胜也就成为中国武术先哲需要致思的重要问题。如果说在中世纪的欧洲古罗马，他们对于外敌的征服是依靠强健的体魄、强大的军事装备和超强的军事训练，这是典型的以弱胜强、以强凌弱的常规战术思想，那么在古代中国恰恰与之相反，中原人面对的是北方强悍的匈奴，从体质和身高上，中原人和北方匈奴人相比体质柔弱、身材普遍小于北方匈奴，因此如果想要战胜北方强大的匈奴民族，必须依靠"以巧制胜""以弱胜强"，而这正是中国武术的制胜法宝和重要技击思想。面对身高体壮的俄罗斯武士，中国武术家以灵动的民族智慧，精妙的制胜技巧颠覆了俄罗斯民族对中国武术的想象，形塑了长城那边神秘的中国功夫的形象。

"俄罗斯是世界的一个完整部分，是一个巨大的东—西方，它将两个世界结合在一起。在俄罗斯精神中，东方与西方两种因素永远在相互角力。"[①] 中国文化传播到俄罗斯的大地，并与西方文化相遇。一方面，

---

① [俄]索洛维约夫：《俄罗斯思想》，南泽林、李树柏译，浙江人民出版社2000年版，第7页。

俄罗斯当局从对中国开始的接触，就带有侵略的历史意蕴，觊觎丰沃的中华东北大地；另一方面，回传到俄罗斯的中国文化与西方文化的际遇，体现了俄罗斯民族对中国文化的抗拒与排斥。这种矛盾的心态历史上是俄国对中国侵略的兴趣心态，也是俄罗斯国家自身文化固有的中间性特征的真正体现。中华民族是爱好和平的伟大民族，面对强壮的"北极熊"肆虐古代中国的东北大地，热爱和平的国人和中国武术家用自己特有的品质告诉"北极熊"，中国是一头沉睡的"狮子"，被誉为"兽中之王"的狮子自然不会惧怕来自北极的熊。长城那边是一个神秘的中国，战则能胜的中国武术颠覆俄罗斯民族对中国功夫表象的认知，长城那边神奇的中国武术形象就成为俄罗斯自身民族桑博技击的隐喻和确证的自我想象。

四　小结

在俄罗斯民族的观念秩序中，中国形象一直是作为西方的否定形象呈现的，这也成为俄罗斯民族现代性文化无意识的惯性心理模式，规定了俄罗斯民族思想的现代性世界观念秩序，包含着明确的知识与价值意义。作为和中国具有广大国土相邻的民族，俄罗斯与中国的文化交往并不带有天然的平等性质，这种不平等交往的"故意"，应当看成是俄罗斯民族殖民主义扩张思想的侵略本性使然。近代时期的俄罗斯民族与中国武术文化的交往同样不是在一种平等的秩序理念中进行，俄罗斯民族与中国文化的交流同样服务其殖民主义扩张的动机。

对于俄罗斯民族而言，中国武术是来自长城那边异域民族的神奇功夫，俄罗斯民众对中国武术的神奇形象源于对其自身"桑搏"技击文化的隐喻和确认。中国武术家在强壮的俄罗斯武士面前，并没有呈现表象上的"弱小"，中国武术家在与俄罗斯大力士对决出场中的胜利，展示了中国武术敢于胜利能够胜利的神奇，也诠释了中国武术倡导的和谐之"道"的意义。"照我看来,东方民族:中国人、波斯人、土耳其人、印度人、俄罗斯人,也许日本人——如果他们不曾完全被腐烂的欧洲文明的罗网捕住了——他们的职责是要把自由的新路径指示给世界,这条新路,在中国的语言里面,只有一个'道'字代表它,'道'就是说:和人类的永久法则相符合的生活……"① 探源中国武术在俄罗斯等世界不同国家和文化区的形象特征,诠释中国武术他者形象的意义,即在于此。

第三节 中国武术在欧美的形象

"历史上,西方通常有几个核心国家,现在它有两个核心,即美国和欧洲的法德核心,英国则作为另一个权力中心游离于它们之间。"② "欧美"这个词不是具体的某一个国家,是一个以美国为核心的欧美诸多国家的泛指,涵盖世界西方诸多发达国家和地区的巨大场域。中国作为历史悠久的东方大国,历经欧风美雨,在政治、经济以及文化方面深受欧美世界的影响。中国普通民众视欧美为西方的代名词,中国武术在欧美的形象,主要是指中国武术在西方国家的形象。以美国为代表的欧美国家对中国武术的形象,不可避免地影响甚至控制着欧美其他国家对中国武术表征与想象的话语。欧美国家对中国武术文化的想象,从根本上受制于其对中国形象的强势影响。因此,只有在探源欧美国家的中国形象的基础上,追溯中国与欧美在武术文化方面的交往历史,才能描述和还原欧美国家对来自世界东方的中国神秘功夫的想象。

中国正由传统社会向现代社会转型,中国现代化在世界现代化浪潮

---

① 清华大学思想文化研究所编:《世界名人论中国文化》,湖北人民出版社1991年版,第544页。

② [美]塞缪尔·亨廷顿:《文明的冲突与世界秩序的重建》,周琪等译,新华出版社2010年版,第115页。

中表现出了自己特有的实践、经验和路径。不过与美国相比,作为现代化进程快速发展的中国并不能称为强大的现代化国家,中国仍需要更加先进,更加强大的文化力量来支撑。欧美国家的中国武术形象研究,主要聚焦在美国的中国武术形象上,这是因为,美国是欧美国家的典型代表,美国的中国武术形象话语实际上基本代表了欧美其他国家的武术话语。美国在欧美甚至在全世界的首位影响力毋庸置疑,其先进强力的文化力量同样是中国学习的榜样。本文遵循这样的逻辑,主要探讨美国的中国武术形象及成因,并以此类推欧美国家的中国武术形象。探究欧美国家的中国武术形象,站在欧美国家先进文化的他者视阈来审视中国武术形象的意义及成因,为中国武术国际传播的广阔前景提供理论参照。

一 欧美国家塑造的中国刻板形象溯源及隐喻意义

以美国为主的欧美国家是西方强势文化的典型代表,西方优秀文化对世界做出了有目共睹的重要贡献。中国作为后发的发展中国家,新时代中国的强势崛起给多元文化的人类世界增添了新美的色彩,也给惯性强势文化代表的欧美国家增添了"复杂"的心态。中国的崛起是"潜在威胁"还是"和平共赢"？中国灿烂的东方文化和耀眼的中华文明能否让强势文化的欧美国家感到同样的"愉悦"和"心仪"？欧美国家占据了西方强势文化的主导话语,欧美国家的中国形象,这是中国和平崛起能否获得理解和尊重的重要前提,也是中国文化国际传播和交流的前置条件。

欧美国家对中国的形象同样是对中国缺席的想象和随意性表现,是欧美国家对他们自身的设想与隐喻。美国一直奉行美国优先的政策,热衷于自身文化优于他者的自我想象,这当然是其自身文化强势的霸权行为。对于中国,美国同样习惯性地将自己的价值理念强加到中国文化中，以优越的眼光来看待自身。美国把中国当作一面镜子，"这面镜子照出了美国典型的自恋形象"。美国的中国形象建构涉及中美关系的大众话语，既包括价值信念、认知情感、刻板形象、定型性看法、主观影像，还包括更为重要的美国对自身的希望与想象，这一切都是美国公众在自己的文化视野内，不断地建构中国形象的一部分。

对于西方的美利坚民族，遥远而神秘的东方中国是一片具有吸引力的国土，其巨大的财富潜力让美国人展开了对东方古老中国重塑的想象。矗立在美国纽约港口的自由女神雕像表征着美国追求自由的崇高理想，自由也被视为美国的象征。一直标榜自由、民主的美国文化曾经吸引了来自世界追求自由理想的一代又一代年轻人，美国文明由此兴起。标榜自由与民主的美国人，怀着一颗"救世主"的"恩扶"之心，对于遥远而神秘的东方中国展开了丰富的想象。

19世纪末，美国传教士远渡重洋来到中国，想让中国按照美国的精神和文化形象来重塑。许多来中国的美国传教士看到了中国悠久的历史和灿烂的文明，其庞大的人口预示着中国有巨大的传教潜力，表达了她对中国的热切渴望。正如西方对中国的侵略并不是简单地占领土地，侵吞财产那样，传教士的出现也并不是简单地传教，而是为了用基督教文化征服和取代中国文化。"他们的真正使命是改变中国人的'异教'信仰，以及与信仰相关联的所有的道德、价值观念、风俗习惯，即整个生活方式。他们狂热地认为，只有用西方基督教文化彻底改造中国文化和社会才能完成其传教使命。"[①] 西方列强在晚清时期对于中国的侵略，实质上是强势推行西方的文化价值观，传教士的出场正是基于西方文化价值对于中国文化价值观的强硬替代背景。披着传教外衣的传教士，既完成了掩盖西方对中国侵略的客观事实，又扮演着拯救中国的救世主的角色。

"从时间的尽头回看，各民族上演的戏剧不过是一部人口迁移和文

---

① 王立新：《美国传教士与晚清中国现代化》，天津人民出版社1997年版，第6页。

明变迁的历史而已"①,帝国主义发展的原动力是"人类各群体对于地球上生存基地和自然资源分配权的无休无止的斗争"②。毫无疑问,美国传教士对于中国形象的塑造也并不是对古老中国的真正意义上的"帮扶",而是觊觎东方中国潜在的巨大财富。"因此可以说,正是基督教信仰鼓舞了传教士们,使他们对那些殖民开拓者抱着强烈的希望和热情,与他们一起按照旧世界的经济和文化来改造新大陆……除了宗教动机外,也许还要加上人类的冒险本性、对未知世界的好奇心、暴利的奴隶贸易、追求自由的精神、逃脱法律的惩罚以及那些使非常人物不能甘心于就世界庸俗生活的那种强烈的好动本性。"③

美国先进的现代性社会以及强势的文化先进性,使得美国在与当时中国的交往中占据绝对的主导地位,美国的传教士和教会学校都给晚清的中国社会留下了深深的历史烙印。"只有在西方国家……不仅偏爱自己的生活方式,而且相信它是优于其他生活方式的最佳生活方式,是一种基本的、甚至自然的现象。"④ 美国的中国观从基督教恩抚主义、经济开发热情,再到种族主义的偏见,融合了不同的态度、期待和希望。美国一方面对中国有所图谋,另一方面又驱逐中国人,体现了殖民扩张和国内种族主义、仇外主义之间的明显冲突。尽管美国传教士并没有完成他们要教化东方世界的宏伟目标,但传教士创造的乌托邦理想帝国的中国形象在美国很长一段时间内都有影响。如同美国传教士远渡重洋来到中国,想象让中国按照美国的精神、政治和文化形象来重塑自我一样,20世纪初期,这一时期美国的中国形象同样不是基于他们对中国客观实际的认知和了解,而是希望接受一个按照美国自己的意愿塑造的

---

① [美]查尔斯·比尔德:《美国文明的兴起(上)》,杨军译,北京时代华文书局2018年版,第1页。
② [美]查尔斯·比尔德:《美国文明的兴起(上)》,杨军译,北京时代华文书局2018年版,第3页。
③ [美]查尔斯·比尔德:《美国文明的兴起(上)》,杨军译,北京时代华文书局2018年版,第7页。
④ [美]艾伦·布卢姆:《美国精神的封闭》,战旭英译,译林出版社2011年版,第11页。

中国形象。正是在美国文化优越的自我想象中，美国的中国形象成为一种停滞和落后的衰颓形象存在。

20世纪初的中国正处在一场文化变革之中，停滞与落后的中国形象给美国人实现自己的文化理想提供了绝好的机会，尽管中国在这一历史时期客观上是处于民族苦难的特殊时期，但是中华民族并不是落后弱者的形象，美国塑造的停滞落后的弱者形象，只是美国人对弱势的中国进行"恩扶"的自我想象。停滞与落后的中国形象背后，隐喻着美国对自身文化的认同，也反映了美国人的希望和梦想。在美国的期望中，落后的中国乐意追随美国的脚步，美国要作为一个仁慈的霸权，将自己政治、文化遗产中的精华，与其他国家分享。这种"美国世纪"理想的实现，需要塑造一个落后的等待恩扶的中国形象，也就是说需要一个想象的能够追随美国走美国化道路的中国形象。事实证明，这只能是美国自己的天真臆想。

中华人民共和国成立以后，中国取得了有目共睹的巨大成就，一个迅速崛起的东方大国的形象也就成为美国对中国形象的第一认知。显然，欧美国家的中国形象，并不取决于中国形象自身，而是取决于欧美国家现代性自我认同的方式与自我身份确证的想象。中国的巨大发展实质上已经成为世界范围内有目共睹的事实，但迅速崛起的中国形象在欧美国家眼里既有自身迅速崛起的想象，也包含着迅速崛起的东方大国对于欧美国家"潜在威胁"的隐忧。尽管在世界观念体系中西方文化霸权仍然成为不可否认和难以摆脱的客观存在，但是这一时期以美国为首的西方欧美国家对于中国的想象仍然受到中国自我想象与自我塑造的文化自觉的影响。

欧美国家在意识形态上与中国的迥异，自然成为欧美国家对迅速崛起的中国形象带有复杂的心理感受和特别的意味。"意识形态是具有独特逻辑和独特结构的表象体系"①，正因为如此，崛起的中国在欧美国

---

① [法]路易·阿尔都塞：《保卫马克思》，顾良译，商务印书馆1984年版，第201页。

家眼里实际上还包含着"潜在威胁"的意蕴。在西方文化体系中对待东方文化存在着两种截然不同的想象方式,一是对于东方文化否定的、意识形态性的东方主义;二是对于东方文化肯定的、乌托邦式的东方主义。因此,在西方欧美国家的想象中,面对中国的崛起形象,也会呈现两种截然不同的中国形象。欧美国家对于崛起中国呈现出的这种矛盾形象,表征了西方欧美国家一方面对中国崛起不可阻挡趋势的自我隐喻,另一方面也体现了欧美国家对于崛起中国"潜在威胁"的隐忧想象。

20 世纪 60 年代,来自美国的民意调查数据显示,1968 年,支持中国的美国人仅有 5%,五年之后就上升到 49%。① 而日前,中国学者王丽雅所做的美国人眼中的中国形象调查中,在问卷所列的五个国家中(中国、德国、日本、印度、俄罗斯),在美国受访人群选择出他们喜爱的国家。结果显示:喜爱中国的人数排在首位,所占百分比为 30.2%,第二位德国,所占百分比为 29.9%;第三位日本,所占百分比为 28.1%;第四位印度,所占百分比为 7.50%;第五位俄罗斯,所占百分比为 4.30%。② 在此次调查中,中国形象在美国民众心目中普遍对社会主义制度下的中国的发展持有充分肯定的态度,这说明中国的发展所取得的成就在普通民众的眼中都得到了肯定性评价,普通民众也欣赏和赞成中国的发展。但是在此次调查中,同时又有相当比例的受访者认为存在所谓的"中国威胁",因此看出,美国普通民众同样对中国的迅速发展仍然抱有复杂的矛盾心态。

新时代的今天,美国依然隔洋注视着中国,寻找一个能够立刻满足自己需要的中国,事实已经证明,这只能是美国人异想天开的幻想。"中国不愿意接受美国在世界上的领导地位或霸权;美国也不愿接受中国在亚洲的领导地位或霸权。"③ 因为中国的强势崛起,已经成为不可

---

① 注:数据来源于盖洛普的《盖洛甫民意测验:公众舆论(1935—1971)》,第 3 卷的数据。
② 王丽雅:《美国人眼中的中国形象》,北京大学出版社 2018 年版,第 165 页。
③ [美] 塞缪尔·亨廷顿:《文明的冲突与世界秩序的重建》,周琪等译,新华出版社 2010 年版,第 204 页。

阻挡的历史趋势，这是美国必须面对的现实。"中国对美国人来说是自恋的中心，是一个展示自我崇拜的机会。"巴特沃斯在探讨中国社会、中国历史的特征，以及中华人民共和国所面临的各种问题时说道，"我们不能够重塑中国，也不能用我们自己的形象来改变中国人民。"① 中国在中华人民共和国成立以后的巨大变化，已经在美国人面前树立迅速崛起的东方大国的形象，美国对于中国迅速崛起形象又抱有复杂的"中国威胁"的想象。无论如何，新时代中国强势和平崛起的正面形象已经成为主流，中国在国际地位的显著提高，美国人按照自己的意愿塑造中国的形象，已经彻底沦为幻想，美国人不得不承认中国人的事情要由中国人民自己去决定。

二 中国武术文化与欧美国家的交流与传播

"人若想成为完全的人，他不能只满足于自己的文化给予的东西，这就是柏拉图在《理想国》中通过洞穴影像和把我们描绘成洞穴囚徒所要表达的意思。文化就是洞穴。"② 尽管中国和以美国为代表的西方欧美国家在意识形态、价值理念等方面存在分歧，但是他们之间有很多共同的东西这是毫无疑问的。"美国人民和中国人民在基本价值观念上存在共识"，"中美两国人民有很多共同的东西。"人类世界是一个由不同民族组成的多元文化价值观的缤纷世界，不同文明之间交流共享，不同文化之间交流互鉴，在多元文化和多元文明交织的人类文化百花园中才能合作共赢共同发展。以美国为首的欧美西方文化尽管在西方现代化过程中优越于东方文化，但是西方文化的价值观并不能强加于东方国家之上。

古老的中国文明对欧美国家的发展做出了不可磨灭的历史贡献。16

---

① [美]杰斯普森：《美国的中国形象》，姜智芹译，江苏人民出版社2010年版，第266页。
② [美]艾伦·布卢姆：《美国精神的封闭》，战旭英译，译林出版社2011年版，第13页。

世纪以来,中国的故事传播到西方,中国的伦理、思想、哲学、天文、地理、瓷器、茶叶、航海技术等都在西方欧洲引起了极大的反响,为欧洲的资本主义文明输入了来自东方文明的新鲜血液。但是,来自古老东方中国文明的慷慨输出,并没能换来西方欧美国家应该给予的尊重和感恩。"对于包括哲学在内的来自中国事物的一种狂热追求横扫欧洲,特别是18世纪的法国。"① "他们是那种炮舰政策的先驱,正是这些炮舰在英国成功地把拿破仑流放到圣赫勒拿岛之后,便厚颜无耻地到中华帝国推行殖民主义去了,而该帝国曾在如此之长的时期内丰富了这个忘恩负义的欧洲的思想、科学和技术。"② 虽然从崇拜中国的热潮到对华不友好的转变,这是帝国主义列强本质的使然,他们清醒地知道他们对我们这个遥远国度所欠的债,但是具有宏阔胸怀的中国文明仍站在人类情怀和人类文明发展的高度,以其自身独特的方式依然做着对于整个人类文明发展应有的贡献。

同中国其他文化与欧美国家交流的历史一样,中国武术文化同样给欧美文明带去了东方搏击文化的一股清流,为欧美技击文明做出了独特的贡献。在世界武技格斗文化中,中国武术、日本柔道空手道、韩国跆拳道等都为世人熟知,但是却没有来自美国本土的格斗术,这取决于美国的印第安文明和文化模式的独特性。"中国文化之模式,由农村经济、家庭主义、义务本位观、祖先崇拜及人伦艺术之重视等文化特质所造成;美国文化之模式,则由资本主义、小家庭制度、个人主义、权利本位观、基督教、民主政治及科学技术之注重等文化特质所造成。"③ "印第安文明是由上百个部落,几十种语言,无数的图像、图腾、传统仪式和故事——神话、传奇和传说——那些关于动态的和平和对关心地球的训诫就是通过这些方式世代相传的。"④ 基于美国文化模式和印第

---

① 安田朴:《中国文化西传欧洲史》,商务印书馆2013年版,第495页。
② 安田朴:《中国文化西传欧洲史》,商务印书馆2013年版,第493页。
③ 金耀基:《从传统到现代(补篇)》,法律出版社2010年版,第103页。
④ [美]尼德曼:《美国理想:一部文明的历史》,王聪译,华夏出版社2004年版,第155页。

安文明的独特个性,美国并没有本土的武技格斗技术和文化,但是这并不妨碍其他国家武艺技术在美国的推广与传播。随着中国的崛起,中国推行文化走出的战略,中国武术在美国的传播越来越受到关注和重视。

学者王丽雅所做的美国人对中国文化符号认知的调查研究中,选择了长城、阴阳图、龙、故宫、兵马俑、大熊猫、中国功夫、天坛等24种符号作为中国的文化符号。调查显示:"美国民众认为最能代表中国的十大文化符号依次是:长城、中国烹调、阴阳图、汉语、大熊猫、龙、丝绸、北京故宫、中国功夫和唐装/旗袍。""美国是一个多元文化的国家,美国民众身处如此丰富的文化汇聚的环境,要在林林总总的文化类型中准确辨识一种文化符号的归属,这种文化符号本身的独特性和对这种文化符号的接触度都会影响美国民众对这种文化符号与文化归属关联度的判断。"① 在被调查的美国民众中有31%的选择了中国功夫作为最能代表中国文化符号的选择,这说明在美国民众对中国功夫的接触度较高,中国功夫已经成为美国民众感知中国和认知中国的独特个性的文化符号之一。

作为西方文明进步的重要要素之一的骑士,自然是欧美武艺格斗文化中最值得书写的一笔。中世纪欧洲的"骑士"制度与中国古代的"侠士"文化有很多类似的地方,一定程度上我们可以这样说,古代中国文明的西传欧洲,深刻地影响了欧洲的"骑士"文明。中世纪欧洲的骑士精神与我国古代的侠士行侠仗义、为民除害、抱打不平、除暴安良等精神具有高度的一致性。骑士在欧洲是一种荣誉,也是中世纪青年竞相追逐的理想,"在法国,中世纪时骑士体制和球类游戏盛行。梦想成为骑士的青年们12岁起就跟随前辈狩猎和征战,15岁时被授予骑士衔。从那时起就可以自己去狩猎、比武和征战"②。骑士制度在最初时

---

① 王丽雅:《美国人眼中的中国形象》,北京大学出版社2018年版,第10页。
② [希腊]塞莫斯·古里奥尼斯:《原生态的奥林匹克》,沈健译,上海人民出版社2008年版,第87页。

是通过道德与体格训练培养未来战士的教育制度。"中世纪的骑士制度既是一种制度,也是一种理想。作为一种制度,它是贵族或军事阶级的不成文的规定,它的成员只有正确遵守它的仪式与义务,才能获得和保持自己的身份。作为一种理想,它提供了道德基础,并被用作教会据以教育激动不安和掠夺成性的征服者,并使其贪得无厌的本能得以升华的手段。"① 欧洲中世纪骑士制度不仅对中世纪后期,而且还对西方文明以后的几个世纪产生了持久的影响。

20世纪80年代末90年代初,中国与国际社会交往愈发密切,文化交流更加深入广泛,中国武术与欧美国家的交流传播逐渐走上了快车道。中国向世界传达了一个信号:中国正在张开臂膀,快步走向世界,渴望拥抱世界。2008年奥运会的成功举办,这不仅是中国荣耀和向世界展示的舞台,同样传递着人类"同一个世界,同一个梦想"的开放合作共赢的理念,中国把举办奥运会的意义提升到了一个更高的层面。"北京奥运会的举办让中国变得更加开放了,以至于超乎了人们的想象。"中国的开放,带来了文化的交流。武术文化作为中华民族优秀的文化形态同中国传统文化一样走上与欧美国家武技文化交流的舞台。

1998年,中国河南嵩山少林寺第34代弟子释延孜在伦敦创设少林寺文化中心;2002年,韦陀在曼哈顿开设"咏春堂"武馆;2007年,延然在美国成立少林寺文化中心,至今,已在美国开办了四家教授少林功夫的文化中心,还把少林功夫课程引入了斯坦福大学……这是中国武术文化在欧美国家传播交流的缩影。新时代中国武术在欧美国家的传播交流已经成为中华文明在海外最为靓丽的风景,越来越多的人们加入习练中国武术的队伍中来,近距离体验神秘的中国功夫,品味中国文化,共享中华文明。正如曼哈顿"咏春堂"武馆创始人韦陀所说的那样:"中国功夫和其他功夫都不一样,你可以学会泰拳,而不用了解泰国文

---

① [英]普雷斯蒂奇:《骑士制度》,林中泽等译,上海三联书店2010年版,第40页。

化,你也可以学会拳击,而不用了解西方文明,但是中国功夫则是没有中国文化底蕴而不能学习的。"①

对于欧美国家而言,遥远的东方中国是一个神奇的所在。中国几千年的尚武传统和武术精神给予了中华民族强大的前行动力。武术精神是一种爱国精神,也是一种侠义精神,珍爱和平,不畏强者,报国杀敌,除暴安良等都是中国武术精神的内涵所在。中国武术以敢于向强者挑战,敢于同邪恶势力作斗争的侠义精神,向全世界无声地宣告着中国文明的深刻内涵和底蕴。中国武术并不仅仅是一种技术,而是中国文化和中华文明的象征,新时代的今天,中国武术在欧美国家的传播,武术精神的人类正能量和深刻的文化内涵,正在引领欧美世界走向高度文明。

三 神秘的中国功夫:欧美国家对中国武术的现代性想象

神秘意味着特殊的魅力。对于欧美国家,遥远的中国是一个神秘的地方,"中国像万花筒,什么都有,什么花样组合都变得出来;中国历史像魔术,可以把一切想象变成真实,又可以把一切真实变成幻象;中国文化传统玄之又玄,阴阳变化,万象归一,天下万物生于有,有生于无,变是不变,不变是变"②,在西方欧美国家眼中,根植于中国传统文化土壤的中国武术自然蒙上了一层神秘的面纱。在西方欧美国家看来,19世纪的中国就像一个过时的社会,像是在一潭死水中慢慢沉沦下去,在西方欧美国家的现代性想象中,他们需要给中国注入发展的活力,促使中国脱胎换骨。他们认为:"第一,中国只有通过外来的强刺激才能从沉睡中惊醒;第二,近代西方,而且只有西方,才能发现这一

---

① http://news.sina.com.cn/w/2017-08-11/doc-ifyixcaw4105098.shtml,2019年10月15日。
② [美]史景迁:《西方眼中的中国:大汗之国》,阮叔梅译,广西师范大学出版社2013年版,第1页。

强刺激;第三,这一震击过程已经开始,其结局必然按照西方形象改造中国文化。"① 基于欧美国家这种西方冲击—东方回应的自我想象,来自欧美国家的搏击高手纷纷来到遥远的东方,带着欧美国家对古老中国天生的傲慢,寻找击败中国武术的快感,自诩可以拯救古老中国现代化的进程。欧美国家对于中国武术的傲慢与偏见似乎同样与生俱来,但是结果却不是他们想象中的一样。

从文化差异的视阈出发,来自东方中国的武术文化与欧美国家的武术文化客观存在一定的差异属性。从内涵指向上,中国武术将敬畏生命的理念融入武术之中,中国武术的本质属性是技击的说法,一定程度上支持着对这种内涵的理解。重视技击功能的中国武术,如果从根源上深究,实质上是对生命的敬畏与尊重,也就是说,中国武术首先是一种保命的技击术,没有了对生命的敬畏与尊重,一切技击之术似乎都失去了存在的伦理基础。而欧美国家的武术,更加直接地将胜利和击败对手视为唯一检验之道,携带胜者为王,败者耻辱的意蕴。

与追求胜利和击败对手的欧美武术相比,中国武术注重点到为止胜利的旨趣,主张铭心理性,追求精神修为,强调塑造"武以成人"的高远境界。20世纪60年代,源于欧美国家的自由搏击,是一种强调个性技击风格,追求实战求胜为主旨的全接触自由式徒手搏击术。由于采用"无限制自由比赛"的方法,契合了西方欧美国家的实用主义哲学的理念,注重"爆炸性"的连续攻击能力,追求快速、准确、有力的实用要素,以达到制服对手而求胜的唯一目的。

武术家李小龙这样评价自由搏击,他说:"自由搏击是没有一成不变的途径和方法的,它依靠观感、变化、见机行事,它时刻生生不息。"② 作为中国武术实战派的标志性人物,李小龙用自己对中国武术

---

① [美]柯文:《在中国发现历史:中国中心观在美国的兴起》,林同奇译,社会科学文献出版社2017年版,第179页。
② 华博:《中国世界武术文化》,时事出版社2007年版,第319页。

的深刻理解创设了截拳道,成为中国武术在欧美的"武圣",成就了神秘的中国功夫"东方不败"的神话,颠覆了欧美武术界对中国武术的狭隘想象。李小龙作为中国武术文化的符号,将英文"功夫"(kung fu)写进外文词典,在欧美武术界成为神一般的存在。1999年,荣获美国政府"多米尼加艺术奖",李小龙与美国总统肯尼迪当选美国《时代周刊》列出的20世纪英雄与偶像人物,并被美国《黑带》杂志评选为"十大世纪武术家"荣誉排位的榜首。

武术家李小龙用实际行动打破了欧美国家对于中国武术的傲慢与偏见。在欧美国家的想象中,中国人一直是"面黄肌瘦、体质羸弱、无精打采"的东亚病夫,但李小龙用他的功夫与肌肉,让身材高大的欧美世界看到了中国人的阳刚与健美。从病夫到"中国人都会功夫",欧美世界对中国的认知发生了巨大的认知转变。李小龙在真实的武术搏击实战中无人战胜的骄傲以及他在好莱坞功夫电影片中塑造的武术形象给予他本人也带给中国武术无上的荣耀,使得傲慢的欧美武术界对来自东方中国的功夫倍感好奇,赞誉有加。

中国武术不仅仅是搏击技术,更不是简单的拳脚运动,中国武术从开始就凝聚着中华民族敢于胜利善于胜利的精神和智慧。作为传统的中国文化,中国武术凝聚着中华民族先哲们敬畏生命的参悟;作为古老的中华文明,中国武术体现了中华文明博大精深的旨趣意蕴。在几千年中华民族的历史发展中,中国武术的伟大精神和哲理思想滋润并涵养中华民族的生存与发展,成为世界独一无二的"武文化"。与西方欧美国家的技击文化相比,中国武术更加注重以弱胜强的民族灵性和攻防智慧,更加强调点到为止的胜利韵趣,而不是像欧美国家武术简单的以击败和胜利为唯一目的。

因此,在西方现代文化构筑的知识秩序中,中国武术文化为西方欧美国家的技击文化提供了"文化他者"的形象叙事。在与中国武术家交战的历史记载中,中国武术家的出场,颠覆了傲慢的高大的欧美武术家的想象，无法战胜的中国功夫，让西方欧美国家对东方中国充满了神秘想象。在现代世界综合格斗以及自由搏击的场域中，中国武术家的身影并不多见，这是因为中国武术并不以追求现代自由搏击竞技比赛的唯一胜利为旨趣，而是作为东方文明和传统文化去参悟生命和宇宙，去追求那种完美而和谐的天人合一的人生境界。

四 小结

"近半个世纪以来，西方列强对中国虽已停止了侵略殖民，但西方一般民众对中国的认识，仍然带有殖民心态与说不清道不明的迷思，三分猎奇，三分轻蔑，三分怜悯，还有一分'非我族类'的敌意。"① 东方文化在与具有强势地位的欧美西方文化交流中，要想取得一定成效，显然需要付出加倍的努力。"美国年轻人对外国的了解和兴趣越来越少。过去还有很多学生真正了解并热爱英国、法国、德国和意大利这些国家，因为他们梦想去那里生活，认为学习它们的语言和文学会使自己的生活更有趣。这样的学生几乎消失不见了，取而代之的顶多是那些对第三世界国家的政治问题感兴趣，想帮助它们实现现代化的学生，当然，他们对这些国家的古老文化也给予充分的尊重。这不是在向别人学习，而是一种屈尊，一种伪装的新帝国主义。"②

历史上的中国给人类世界贡献了古老的中华文明，中国始终坚信不同文明互鉴，不同文化交流共享，才能彼此理解尊重，因为人类世界本来就是互相联系相互依存的命运共同体。同历史上西方欧美国家对于中国的形象并不是中国的真实镜像一样，欧美国家对于中国武术的形象，同样是西方现代性的自我想象。中国武术形象在西方欧美国家的传播，重要的不是中国武术如何看待自己，而是需要西方社会如何看待中国武

---

① ［美］史景迁：《追寻现代中国 1600—1949》，温洽译，四川人民出版社 2019 年版，第 1 页。
② ［美］艾伦·布卢姆：《美国精神的封闭》，战旭英译，译林出版社 2011 年版，第 10 页。

术。尽管中国武术的国际传播已经取得了一定的成就，但是这远远不够，中国武术还需要更多的努力。中国武术如何设计一套全新的理念诠释自己在西方社会的真实形象，恰如其分地还原中国武术的本来面目，这是中国武术国际传播必须面对的现实问题。

第四章 日韩武道国际传播形象塑造及启示

尽管不同文化之间的误读和文明冲突在世界局部地区仍然长期存在，但人类命运共同体和谐发展的理念已经成为不可阻挡的时代潮流。在经济全球化的今天，文化全球化已经成为世界主流趋势。世界上不同国家和民族都具有自身的文化传统和文明历史，不同文化之间的交流和异质文明之间的互鉴建构了一个五彩缤纷的人类世界。他山之石可以攻玉，借鉴日本武道和韩国跆拳道国际传播形象塑造的成功经验，为中国武术国际传播提供样本参照，这是对中国文化走出去国家战略的回应，也是加速中国武术国际传播步伐的现实关切。

第一节 日本武道国际传播形象塑造及启示

尽管日本和中国是一衣带水的近邻，但大和民族与中华民族具有截然不同的民族性格。中华民族自古是追求和平的伟大民族，而大和民族是一个只对强者臣服的民族。只对强者臣服的民族性格意味着大和民族对弱者的无视与欺凌，这正是日本"温和善良中隐藏严厉凶恶"矛盾民族性格的真实写照。历史上的日本并不是友好的近邻，但同处于东亚地理的中国和日本在文化上具有诸多互通之处，中日两国在历史上也有着密切深入的文化交流活动。日本武道文化在国际传播取得了不菲成就，给予同处于东亚文化圈的中国武术的国际传播提供了参照性的样本。

他山之石可以攻玉，当代中国武术尽管在国际传播方面做出了巨大努力，但是中国武术并没有取得我们想要的成就与结果。仅中国武术入奥这一点，我们就应该俯下身子去思考近邻日本在柔道入奥方面的经验给中国武术的启示。日本武道在国际传播中的形象塑造，使得日本武道赢得了国际社会对日本武道文化的认可，使得日本柔道项目顺利成为奥运会比赛的正式项目，给柔道文化的国际化发展增添了快速强劲的传播力。将日本武道纳入研究视野，梳理日本武道文化国际传播的形象塑造，借鉴日本武道入奥成功的经验，为塑造中国武术国际传播的正面形象，加快中国武术国际传播的形象力和吸引力提供借鉴。

一 日本武道国际传播的形象塑造

"日本走向现代化的历史事实证明，在政治经济、文化教育诸多领域，广泛吸收西方文明的成果，逐步实现传统自身的完善，对传统进行创造性的转化，建立一个新的交流模式，对于推动日本的现代化是至关重要的。"[①] 毫无疑问，日本武道文化在当代的国际传播，正是基于日本对西方文明成果的吸收与借鉴，进而实现了对自身传统武道文化的创造性转化和创新性发展的结果。在日本走向现代化的道路上，日本武道在国际传播中成功塑造了日本武道的文化形象、创新形象和开放形象，为日本武道在国际社会赢得了广泛赞誉和尊重。

（一）日本武道国际传播的文化形象塑造

"在任何部落或任何最文明的民族中，人类的行为都要从日常生活中去了解，无论一个人的行为或观点是多么怪异，他的感受和思考方式

[①] 龚波：《日本文明的现代转型与日本足球的成功对中国足球改革的启示》，《天津体育学院学报》2011 年第 4 期。

总是会和他的经历有关联……人类一旦接受了某种价值体系，就不会在行为、思考中奉行相反的一套价值体系，这样只会导致混乱和不便。"①日本大和民族的传统文化是一种独具特色的个性化文化系统，日本人文化体系的独特性决定了日本人与西方人的价值观念的不同，也与同处于东亚地理圈的中华民族、高丽民族等存在着价值理念上的巨大差异。日本武道文化表征着大和民族的文化身份，体现着大和民族的思维范式、生活方式以及价值观念。

日本虽然在地理位置上属于亚洲文化圈，但是日本对于自身亚洲文化身份的认同是矛盾的，一方面日本积极"脱亚"去寻求自身现代性文化身份；另一方面在积极追求西方文化的同时，又极力强调日本自身文化的固有特性以确认自身的文化身份。在日本武道国际传播的进程中，日本武道文化首先确立了自己独特的文化身份，塑造了日本武道独特的文化形象。日本武道国际传播文化形象的塑造，确立了日本武道在国际社会独一无二的文化身份，阐释了日本武道"以武入道"的精神价值和文化诉求。

"道"的追求正是日本武道修行和武道文化形象的深层蕴涵。日本"柔道的修行是通过一系列攻防练习来达到身体、精神双方的锻炼和修养，从而体会道之精髓，进而达到既完善自我又兼济天下的目的，这是柔道修行的最终目标"②。日本剑道"磨炼身体与心智，塑造强大的精神力量……为人类社会的进步做出广泛的贡献"③。日本近代历史上对日本武道文化形象的塑造过程中，嘉纳治五郎是一个做出了卓越贡献的伟大人物。嘉纳治五郎在变革日本教育体制和建构日本武道体系上的卓著贡献，成为日本武道国际传播得以快速发展的重要力量。

作为日本现代柔道的创始人，嘉纳治五郎在推广理想柔道的过程

---

① ［美］鲁思·本尼迪克特：《菊与刀》，吕万和等译，商务印书馆1990年版，第11页。
② 泉敬史、何英莺：《武道》，上海辞书出版社2007年版，第62页。
③ 梁敏滔：《东方格斗文化》，天津古籍出版社2002年版，第61页。

中，以贯通与简约改造了柔道的传统技术，创新性建构了"以乱取为主体"的教学方法体系，重视柔道礼仪在人格培养中的特殊作用等做法，使得日本柔道成为"由术入道""以武入道"理念的先行者，在塑造日本武道文化形象的同时，将大和民族的武道精神和价值诉求一并呈现，确立日本武道独特的文化身份和民族标记。正是日本武道在国际传播中对文化形象的建构，标榜了日本武道独一无二的文化身份，阐释了大和民族"以武入道"的价值观念，从而赢得了国际社会对日本独特文化价值的认同，收获了国际社会对日本武道的善意情感，为日本武道国际传播奠定了坚实的基础。

（二）日本武道国际传播的创新形象塑造

毋庸讳言，日本民族是最具有创新精神的民族之一。特别是近代以来，日本受到了西方文明和西方文化的强势冲击和深刻影响，如何继承和创新本土的传统文化成为日本面临的重要问题。面对西方文明的强势冲击下，日本国家对待本土文化以创新求发展，以转型求进步，这种对待本土文化主动求变求新的做法，给予日本传统文化的转型创新和国际传播创造广阔的发展空间和难得的革新机遇。日本对待外来文化和本土文化的这种态度自然带来了他们想要的结果，已经进入奥运家庭的柔道，被世界人民珍视的空手道、剑道等一系列日本本土武道项目得到了迅速发展和广泛传播。

日本武道国际传播的创新形象塑造体现在理论革新、价值重塑、形式改进、技术变革、体系传承革新等许多方面。在理论革新方面，日本武道官方确立了武道名称，完善了武道理论基础，形成了完整的武道理论体系，实现了从一项项搏杀技术到体育项目的转型；在价值重塑上，日本武道重视人格培养和民族精神的塑造，实现了"从术至艺""以武入道"的价值超越；在形式改进上，对各种武道项目诸多流派进行了统一整理，实现了日本武道在形式上的规范化和标准化；在技术变革方面，根据各种武道项目的技术特点进行了简约化的贯通改造，简单易学的技术变革给日本武道的快速传播奠定了坚实基础;在体系传承方面,日本武道争取文部科学省的支持,倡导日本武道的学校传承,明确了武道在学校课程中的地位,实现了武道教育从中学到大学的体系化传承的革新。

日本对本土武道项目的创新改造,塑造了日本武道国际传播的创新形象,体现了日本国家对待外来文化和本土文化的创新态度。比如现代柔道,就是在日本传统柔术基础上进行综合性创新改造形成的柔道项目。现代柔道创始人嘉纳治五郎对日本传统柔术进行了彻底革新:一是创新了柔道技术理论。提出了现代柔道"以柔克刚""借力顺力"的技术理念,并进一步升华为"精力善用,自他共荣"的柔道哲学理论;二是重塑了柔道文化价值。倡导通过柔道修炼达到德智体美的人格四育培养,实现了现代柔道"从术至道"的提升;三是重塑柔道技术体系。简约贯通性改造了传统柔术技术系统,实现了现代柔术技术体系的革新,为现代柔道的国际传播铺设了坦途。应当说,日本对待本土武道项目的变革和创新是成功的,日本武道的创新形象为当代日本武道的国际传播奠定了基础,成为日本武道国际传播成功的基石。

(三) 日本武道国际传播的开放形象塑造

日本地处海岛,资源不足,在历史上日本就是一个"不安分"的向外扩张的国家,这种向往向外扩张的民族性格决定了日本国家的开放个性。只有国家的国门是打开的,别的国家才能够进来,开放意味着敞开国门让别人进来,也意味着自己可以更好地走出去。经济全球化带来的文化全球化已经成为不可阻挡的世界潮流,世界上任何一个国家都不能将自身封闭在自己狭小的国度中断臂求生。文化全球化意味着世界文化多元共存时代的来临,也意味着世界各民族正在迎来开放发展的新机遇。抓住文化全球化和文化多元共存的时代契机,才能给自己国家本土文化带来走向世界的机遇,也能为自己国家的传统文化融入国际社会赢得世界认同占据先机。毫无疑问,日本武道文化塑造的开放形象给其国际传播带来领先一步的契机。

在日本国家的伦理中："一个人必须对自己行为的一切后果负责，过错所产生的自然后果会使他确认不再这样去做。"① 日本对于自我负责的态度与解释远比标榜自由的西方国家更加严格。"今天，在西方的意义上来说，日本人要'放下刀'；在日本的意义上来说，他们仍将继续努力关注如何才能使心中那把易被锈蚀的刀保持光洁。就他们的道德术语而言，这把刀是一种即使在自由、和平世界也能保存的象征。"② 因此，战败后的日本认为军事失败与一国的文化价值无关，强调"日本必须在世界各国中得到尊重"。日本国家对于自身民族文化的自信心和必须赢得世界各国尊重的民族自强感让大和民族塑造了自身文化在国际传播中的开放形象。日本武道国际传播中的开放形象，给予日本武道文化在国际社会赢得了情感善意，铺平了日本武道国际传播的大道。

开放意味着包容情怀，回顾日本柔道成功入奥的历程，可以发现日本现代柔道在国际传播过程的开放情怀和包容态度。日本现代柔道在进入奥运会的过程中，积极适应现代奥运会对武道竞技化要求，对比赛规则进行了大幅修改，对现代柔道技术进行大力度删减，只保留了现代柔道的摔技，并在比赛级别、服装颜色等诸多方面进行了适应性改变，塑造了现代柔道的开放形象和包容情怀，给国际社会留下了面目一新的清新形象，赢得了国际社会的美好情感和善意，使得现代柔道顺利进入奥运会成为正式比赛项目。日本的其他本土武道项目也是如此，空手道的国际传播同样遵循着这样的开放方针，积极寻求进入奥运会的组织联合，塑造了日本武道国际传播的开放形象，展示了日本武道为迎合世界竞技体育新要求的包容情怀，假以时日，日本武道的国际传播的前景和未来值得期待。

---

① ［美］鲁思·本尼迪克特：《菊与刀》，吕万和等译，商务印书馆1990年版，第270页。
② ［美］鲁思·本尼迪克特：《菊与刀》，吕万和等译，商务印书馆1990年版，第260页。

二 日本武道国际传播对中国武术国际传播的启示

日本和中国一衣带水，同处于亚洲文化圈，近代日本国家在经济方面取得了不菲的成就，其经济的飞速发展加速带动了日本文化的全球化传播进程。身边随处可见的丰田、本田汽车品牌，索尼、佳能相机产品等都会让我们深切地感受到日本先进的企业管理文化和商业经营文化带来的强烈冲击。日本在以日本武道为代表的民族传统体育文化在国际传播方面取得的巨大成就带给近邻的我们深刻的思考与启示。新时代的中国站在民族崛起的历史节点，迎来了传统文化复兴的时代契机。他山之石可以攻玉，借鉴日本武道国际传播形象塑造的成功经验，塑造中国武术国际传播的正面形象，开创新时代中国武术国际传播的新格局。

(一) 塑造文化形象，坚持中国武术国际传播的价值诉求

战败后的日本宣称："军事失败与一国的文化价值无关""日本必须在世界各国中得到尊重"，当我们质疑一个侵略者身份的战败国，有什么理由可以得到世界各国的尊重时，日本国家在质疑声中塑造了其民族文化的新形象，并且赢得了国际社会的尊重和认同，这的确应该引起我们深深的思考。中国武术是中华民族传统文化的典型代表，蕴含着中华民族的核心价值意涵，在中国武术国际传播的过程中，应当坚定不移地塑造民族文化身份的时代形象，彰显中华民族核心价值的时代诉求，引导国际社会对中国武术的重新认知和情感善意，在中国武术国际传播的过程中赢得国际社会广泛的文化认同。

塑造中国武术国际传播的文化形象，就要确立中国武术鲜明的民族文化身份，形成中国武术独特的个性文化符号标识。日本现代柔道在国际传播中，面对西方文化是这样宣传的："柔术是不用武器的攻击与防御之道，而且柔术让我们体会到东洋精神的精髓。柔术教我们借敌人之力而战胜他，对方的力用的越大，对他越不利。柔术让我们惊叹的不仅

是名人的高超技巧，更重要的是在整体技术中表现出的东洋独特的思想。西洋人有谁可以总结出这样奇特的思想，不以力抗力，是引诱、利用敌方的力，依敌之力击倒他，借敌之力战胜他。这种不可思议的构想，西洋存在吗？西洋人考虑的只是直线运动，东洋人考虑的是曲线与圆弧运动。作为挫败暴力的手段，这也象征着绝妙的智慧。柔术不仅是自卫术，是哲学，是经济学，还是伦理学"[①]。可以看出，日本柔道的国际传播确立了日本武道的文化形象，日本武道不同于西方技击文化的价值观念和技术理念，带给了西洋受众截然不同的文化体验。

中国武术与日本武道有很多相似之处，但是中国武术又与日本武道不尽相同。在借鉴日本武道国际传播经验的同时，中国武术国际传播的文化形象塑造，必须确立中国武术独特个性化的文化身份，坚持中国武术文化的核心价值诉求。中国武术是蕴含攻防技击意义的身体文化形态，这种身体文化形态携带着中华民族传统文化的基因，体现着中华民族在身体对抗的攻防技击形式中中华民族的个性思维方式和民族伦理智慧。如果说日本武道文化的价值诉求体现了"以武入道"的民族理念，那么中国武术文化"尚武崇德""武以成人"的核心价值诉求，则是建立在通过对中国武术的习练体悟中实现了对习练者人格全面培养的终极目的，彰显了"以武化人"的武术文化理想。中国武术的国际传播只有在坚持中国武术核心价值理念的基础上，彰显中国武术国际传播的文化形象和独特魅力，才能让中国武术在国际社会挑剔的眼光中赢得尊重和认同。

（二）塑造创新形象，实现中国武术国际传播的转型创新

中华民族自古就是一个具有创新品格的伟大民族。在中华民族的发展历史上，中华民族历经劫难而经久不衰，靠的就是中华民族伟大的创新精神一次次拯救了中华民族，磨炼出了中华民族不屈不挠的创新精神

---

① ［日］加藤仁平：《嘉纳治五郎——在世界体育史上闪耀》，逍遥书院出版社1964年版，第104页。

和创新品格。从古代中国的四大发明到当代中国航天的"嫦娥登月"无一不是中国自主创新的结果。中国武术作为一种传统文化,实现中国武术国际传播中的文化创新,展现新时代中国传统文化创新的形象,赢得国际社会和域外民众对中国武术的文化认同与情感善意,这是中国武术国际传播必须考量的现实问题。

日本武道在创新中实现了其在国际传播中想要的结果,中国武术与日本武道文化具有相似的"东西"。在源头上,中日两国的武文化都是从本国的古典武艺中衍生而来;在交流上,中日两国的武术文化相互借鉴,呈现你中有我、我中有你的特点。尽管中日两国在武术文化方面的确存在诸多相似之处,但是基于两国文化传统的不同,特别是近代两国在遭遇西方文化的强势冲击中,两国对待外来文化和本土文化的态度存在明显差异,也许这正是造成中国武术国际传播吸引力不足的重要原因。日本现代柔道的创设是在日本传统柔术基础上进行综合创新形成的,日本空手道、剑道等武道文化同样如此。客观地讲,现代中国武术文化的创新,的确乏善可陈。理论上并没有建立能够阐释中国武术自身的理论话语体系,技术上并没有真正形成具有中国武术特色的技术创新体系,中国武术的传承体系在外来武道文化的冲击下也岌岌可危,面临传承人口骤减的窘状,等等。

"文化创新是指以前人的文化精华为前提,在新的时代背景下进行的文化上的创造与超越,即旨在更新知识和开拓价值的精神创造活动。"① 因此,新时代中国武术文化创新必须到了痛下决心的时候。首先,在理论上,依托中国传统文化建构能够阐释中国武术自身的理论体系,建构能够阐释中国武术文化核心价值的话语体系;在技术上,面对林林总总的武术拳种系统,必须切实综合整合拳种技术体系,形成特色化的中国武术拳种技术体系,建构体系化的技术传承内容体系;在传承上,应当加强对儿童青少年的传统武术文化教育,建构从小学到大学的

---

① 胡刚:《中国特色社会主义文化创新研究》,中国社会科学出版社2018年版,第2页。

系统性传承创新体系，落实从中学到大学的传承创新体系的制度建构和政策支持等。在中国武术文化创新中，首先要解决好理论创新问题，这是新时代引领中国武术重新出发的理论基石，也是推动中国武术技术体系、知识话语体系、传承制度体系和学术观念创新的内在动力和支柱。

（三）塑造开放形象，展示中国武术国际传播的包容情怀

在中国历史发展中，曾经有一段闭关锁国的封闭历史，关上自己的国门自己出不去，别人也进不来，这样就导致了自己不了解别人，别人也不了解自己。中华人民共和国成立70多年以来，特别是中国改革开放之后取得的巨大成就，让新时代更加自信的中国把开放的大门越开越大。站在新时代的起点，中国顶层设计传统文化走出去的国家战略，以中国武术为代表的中国传统文化迎来了文化复兴的时代机遇，中国武术的国际传播迎来了前所未有的发展契机。中国正在以前所未有的开放姿态拥抱世界，新时代中华民族的伟大复兴需要敞开胸怀，让中华民族的传统优秀文化走出国门，与人类世界共享中华文明。

以开放的心态对待中国武术的发展和未来，塑造新时代中国武术的开放形象，让世界人民共享中国武术文明，这是中国武术国际传播的包容情怀和广阔胸襟。开放意味着共享，开放意味着包容。日本武道塑造的开放形象不仅仅体现在日本武道对本国习练人口的重视，更重要的是武道在国际传播的宣传方面做了大量工作。日本在20世纪90年代开始，经济低迷，风尚颓废，武道人口减少，日本武道管理部门积极争取文部科学省的支持，实施了"武道振兴大会""柔道文艺复兴"等活动，在争取政府政策的支持和帮扶下，高举武道作为教育途径的旗帜，突出武道教育在人格培养中的特殊作用，引导广大青少年重新转向日本本土武道的学习。在国际宣传方面，尽管日本武道在国际组织中并不是起决定性的主导作用，但是应该看到在其不遗余力的国际宣传努力下，日本代表也争得了在诸多国际武道组织中的多位执委席位。

中国武术国际传播的开放形象塑造，首先要提升中国本土的武术习

练人口。本土习练人口的多少一定程度上决定着"他者"的接受态度和受欢迎程度。很难想象作为本土传统文化的中国武术，自己都不去习练，还怎么向"他者"推广，怎么让"他者"认同和接受。日本政府以及民间团体对于日本武道的国际化推广和普及投入的人力、财力是巨大的，并且都有规定性的要求。在这些方面与我国仅仅依托各地方武术协会的自发性推广力量相比，显然存在明显的差距。而面临林林总总上百种武术拳种的特殊教育作用，在学术界和教育界并没有真正达成共识，一定程度上也影响着中国武术在学校教育体系中的传承。其次，在中国武术国际传播的宣传方面，中国武术还需要做更多的工作。尽管中国武术协会已经在世界各地成立广泛的国际武术组织，但是对于国际性武术组织的管理仍需要制定开放性的制度进行规范，真正实现国际武术组织话语权的国际化。

2008年奥运会在中国北京举办的时候，适逢举办了一场具有"奥运意义"的国际武术比赛，在"理所当然"的国民期待中，我们摘得了中国武术在"奥运会"上的首枚金牌。我们设想如果第一枚所谓的武术奥运金牌并没有被国人摘取，我们是否会接受这个设想的结果？在日本武道的相扑中，横纲是被视为英雄的，但是日本人并不拒绝外国人当他们国技的英雄。20世纪90年代，美国出生的曙太郎位居横纲数年之久，蒙古人花青龙也是如此。中国武术的国际传播中，要有包容情怀，特别是在武术国际竞技比赛中要放下所谓的面子，学习日本武道为迎合世界竞技体育要求的包容精神。"允许"在武术国际竞赛中更多的"他者"夺取了锦标，也许对于中国武术的国际传播才更有意义。塑造开放形象，兼容并包，彰显中国武术国际传播的开阔胸襟，真正让更多的"他者"参与中国武术，这才是中国武术真正想要的结果。

三 小结

日本武道作为日本国家的本土文化，在日本国家形象塑造中起到了重要作用。日本武道文化所倡导的文化精神和武士精神，在日本民众中具有神圣的地位。以嘉纳治五郎为代表的武术家创新性的建设了日本现代柔道的理论基础，特别是嘉纳治五郎讲道馆创立的现代柔道成为日本武道文化向现代体育文化转型成功的标志。日本武道在国际传播中成功塑造了日本武道的文化形象、创新形象和开放形象，这是日本武道在国际社会赢得广泛赞誉和认同的重要基础。日本武道国际传播中的文化形象，提升了日本武道文化在国际社会的人文影响力，确立了日本武道在人格培养中具有的特殊作用；日本武道国际传播中的创新形象，体现了日本国家面对西方文化强势冲击下对待本土文化和外来文化的创新态度，展示了日本武道文化勇于创新的可贵品质，为当代日本武道的国际传播奠定了基础，成为日本武道国际传播成功的基石；日本武道国际传播中的开放形象，体现了日本国家对于自身民族文化的自信和必须赢得世界各国尊重的自强，展示了日本武道为迎合世界竞技体育新要求的包容情怀，给予日本武道文化在国际社会赢得了善意情感，奠定了日本武道国际传播成功的坚实基础。

　　作为日本一衣带水的近邻中国，中国武术文化与日本武道文化具有太多的相似之处，日本武道国际传播的成功经验为中国武术国际传播提供了参照与借鉴。首先，塑造中国武术国际传播的文化形象，坚守中国武术文化的核心价值。中国武术的国际传播不能丢掉中国武术的"根魂"，这个"根魂"就是中国武术文化的核心价值，重视中国武术"武以成人"在人格培养中的特殊作用。其次，实现中国武术的创新性转化，塑造中国武术国际传播中的创新形象。中国武术应当进行理论创新，建立在国际传播中能够阐释自身意义的理论体系，知识体系、话语体系；进行技术创新，对中国武术林林总总的上百种拳种体系进行体系化整理革新，简化拳种技术形式，整合拳种技术系统，实现武术技术体系简单易学、演练并行的技术创新；进行传承创新，建构儿童青少年贯通培养的武术文化传承创新体系，落实武术传承体系的政策保障和制度建设。最后，塑造中国武术国际传播的开放形象，彰显中国武术国际传播的包容情怀。新时代中国武术的国际传播，应当以开放的心态和胸怀思考中国武术发展的未来，提升中国本土习练武术的人口，加强中国武术国际传播的宣传力度，真正实现国际武术组织话语权的国际化，让域外更多的"他者"参与中国武术。

第二节 韩国跆拳道国际传播形象塑造及启示

跆拳道起源于古代朝鲜的民间武艺。跆拳道技术重视腿法的应用，因此又被称为"脚的艺术"，这与中国武术中讲究"手是两扇门，全凭脚打人"的技击理念极为相似。在与中国武术、日本武道的交流与借鉴中现代跆拳道发展迅速，创新了跆拳道的技术体系，形成了现代跆拳道技术新系统。时至今日，世界习练韩国跆拳道的人口几千万人，遍及一百多个国家，跆拳道国际传播取得了惊人的成就。中国武术与韩国跆拳道无论是技术体系还是发展历程都极为相似，借鉴韩国跆拳道国际传播形象塑造的成功经验，为中国武术国际传播的形象塑造提供参照，这是新时代中国文化走出去国家战略的回应，也是加速中国武术国际传播步伐的现实关切。

一 韩国跆拳道国际传播的形象塑造

（一）韩国跆拳道国际传播的文化品牌形象塑造

"品牌一词最初的意思是指一种标记、印记。"① 生活中常说的品牌通常是指在市场经济中得到消费者认可和信赖的产品。走在中国城市的大街小巷中，你会发现打着"韩国汉城黑带"标牌的跆拳道馆随处可见，也会发现城市小区广场上穿着白色道服的青少年在激情飞扬地演练

---

① 王均、刘琴：《文化品牌传播》，北京大学出版社2011年版，第37页。

跆拳道品势或"踢木板"的表演，这一方面意味着韩国跆拳道文化对于中国武术文化的冲击，同时也意味着韩国跆拳道文化对于中国年轻一代具有强烈的文化吸引力。韩国跆拳道已经成为韩国的国家文化标识性符号，韩国跆拳道作为文化品牌形象的塑造不仅给韩国传统文化带来了蜚声世界的国家声誉，也深刻影响着韩国跆拳道在国际社会的文化发展力和文化传播力。

跆拳道作为文化品牌符合品牌产品所有要素组成的典型特征。韩国跆拳道具有独有的产品名称、术语等外在表征，也具有一定的功能实用价值，同时还具有附于产品之上能够满足人们精神需求的一种附加值。韩国跆拳道品牌塑造中，除了对外在特征形成了自身特色的标志，也对跆拳道文化的内在价值和独特文化意蕴进行了精细化包装和打造，使跆拳道文化形成不同于中国武术、日本武道等其他武文化的独特文化意蕴。跆拳道的习练者对于跆拳道"有着情投意合、心灵相通的感觉"，给习练者带来独特的心理与情感的感受。

韩国跆拳道国际传播的飞速发展，与跆拳道文化产品的品牌形象塑造紧密相关。首先，1955 年将唐手、空手、拳法、朝鲜古典武艺等融合确立了跆拳道的正式名称，跆拳道名称的确立成为跆拳道向世界传播的统一性表述；其次，跆拳道设立了自身特殊的标记、图案，并在跆拳道的推广传播中，形成了自身特色的升级晋段制度，专有的训练竞赛道服等；最后，跆拳道倡导"礼义廉耻、忍耐克己、百折不挠"的价值理念和文化宗旨。习练者在艰难的跆拳道练习中既通过特殊的"礼仪"规训培养了健全的人格，又通过综合修炼锻炼了强健的体魄。在长时间的跆拳道练习中，习练者掌握了防身自卫的技术，也形成了对跆拳道文化情感上的善意与满足。韩国跆拳道国际传播中的文化品牌塑造，打造了具有韩国传统文化鲜明人文识别意义的跆拳道文化产品，塑造了在国际社会具有巨大影响力的文化品牌形象，给韩国跆拳道带来了良好的国际声誉，助推跆拳道国际传播的进程。

(二)韩国跆拳道国际传播的技术形象塑造

号称"世界第一搏斗运动"的跆拳道是朝鲜民族的传统武艺,现代跆拳道之所以在短短几十年的国际传播中取得不菲的成就,这是与被称为"脚的艺术"的跆拳道独特技术体系、理论体系所带来的深度文化体验分不开的。跆拳道的传播推广体系存在两种主要的方式,即竞技跆拳道和传统跆拳道。韩国跆拳道国家管理和研究部门针对跆拳道的两种传播推广方式有针对性地打造了两种不同特质的技术形象。竞技跆拳道之所以能够进入以西方竞技文化为主导的奥运会中,这是与竞技跆拳道为适应奥运会竞技的需求而对跆拳道技术进行了简约化改造分不开的。与竞技跆拳道不同,韩国传统跆拳道在技术上建立了跆拳道特色化的技术体系,与同处于东方格斗体系的中国武术、日本武道文化具有明显的技术区分度,体现了韩国传统格斗技术的独特性。事实证明,韩国在竞技跆拳道打造的简约化技术形象与传统跆拳道建构的特色化技术形象,既满足了跆拳道竞技比赛的特殊需要,又满足了不同层次人群对跆拳道体验悟道的一般需求。

竞技跆拳道简约化技术形象的塑造是与奥运会格斗竞技项目的特殊需要相契合的。奥运会是竞技体育的最高殿堂,能够进入奥运殿堂的竞技体育项目一直被视为本民族体育的最高荣誉。任何一个能够成为奥运会竞技体育的正式项目,对其国际传播都具有巨大的推动作用。跆拳道之所以能够顺利的进入到奥运会,成为正式格斗类竞技体育项目,得益于竞技跆拳道在技术上的简约化改造。为了契合奥运会竞技比赛的要求,竞技跆拳道在技术上简约化地舍弃了传统跆拳道的大部分内容,并对竞技跆拳道的技术做出限制规定,突出了以脚为主,被称为"脚的艺术"。"脚的艺术"突出了竞技跆拳道的观赏性,加之竞技跆拳道在护具方面的电子化改进,使竞技跆拳道增加了胜负评定的客观性,契合了西方竞技体育文化的要求,这一简约化的技术体系和形象最终被世界体育界认可,并最终成为奥运会的正式竞技项目,奠定了跆拳道国际传播的良好基础。

与竞技跆拳道的简约化技术不同,传统跆拳道的技术融合了中国武术和日本武道格斗技术,形成了自身特色化的格斗技术体系。这种特色化的技术系统,给跆拳道带来了与中国武术与日本武道截然不同的运动体验情感体验,适应了不同层次人群对跆拳道的习练需求。传统跆拳道的基本技术、品势练习、实战击破、特技防身等系列化技术体系建构了传统跆拳道完整独特的技术系统。竞技跆拳道对技术进行了限制化改进,塑造了竞技跆拳道的简约技术形象,传统跆拳道融合了中国武术和日本武道的技术,塑造了传统跆拳道的特色化技术形象,竞技跆拳道和传统跆拳道的协同发展,增加了跆拳道传播内容,契合了不同层面人群的习练需要,扩大了跆拳道的传播人口,可以说跆拳道在技术形象的塑造是竞技格斗类技术形象塑造成功的典范之一。

(三) 韩国跆拳道国际传播的民族精神形象塑造

文化是一个民族的根魂,"不懂得一个民族文化的象征意义,就不可能真正理解一个民族的文化。民族文化也正是通过其象征性,来达到其民族成员的群体认同的"[1]。韩国跆拳道传播向国际社会展示了跆拳道文化对韩国国民的人格养成和民族精神培育的良好形象。只有民族的,才是世界的,韩国跆拳道塑造的民族精神形象深刻的影响着跆拳道文化的国际传播。文化传播的目的是让"他者"了解自身,实现自我与"他者"的交融与认同,形成对异质文化的美好体验和善意情感。对异质文化的认同,就会加深对异质文化的吸引力。

跆拳道的国际传播是通过习练跆拳道技术的手段,形成对跆拳道文化的深层认知,获得对跆拳道文化的情感满足,增强了对跆拳道文化传播的助推力。任何一种技术的学习和体验,并不仅仅在于技术动作本身的掌握,而是通过掌握技术动作的手段来达到深层次的精神修炼和人格

---

[1] 张文勋、施惟达、张胜冰、黄泽:《民族文化学》,中国社会科学出版社1988年版,第16页。

养成。跆拳道在具体技术习练中，确立了自身规范化的礼仪程序，将跆拳道的技术动作训练与跆拳道文化理解及习练者人格养成有机融合，展示了跆拳道文化丰富的文化蕴涵，形塑了韩国的民族精神形象。

跆拳道文化的精髓即是对韩国民族精神形象的塑造，这包含着对国民文明礼仪素养的培育以及对国民人格养成的培养。韩国跆拳道在国际传播中的民族精神形象塑造，体现了韩国跆拳道推广的文化价值理念。跆拳道技术层面的推广是建立在对跆拳道深层文化价值理念的基础之上进行的，也就是说，跆拳道技术推广的最终目的是实现对跆拳道在文化价值层面的渗透与认同，技术与文化的协同推进。一方面，通过技术习练的手段，达到了对练习者身体规训的要求；另一方面，通过文化精神的渗透，实现了对习练者人格精神的培育。技术与文化的有效结合，让跆拳道精神成为教化人培养人的重要手段，宣传了韩国传统文化的价值理念，展示了韩国文明礼仪的民族精神形象。

（四）韩国跆拳道国际传播的杰出人物形象塑造

传播学中无法忽视的一个问题是："谁传授信息"或者说"传播的主体是什么"。从信息学的视阈出发，一切都是信息，"所谓信息，即事物的存在方式以及这种方式的直接或间接的表述。"[①] 因此，跆拳道的国际传播实质上就是关于跆拳道信息的传播，因此，一个无法回避的问题是"谁"去执行传播跆拳道文化信息的任务。跆拳道作为一种身体文化，其技术是通过习练者的身体动作来展现的，所以，跆拳道国际传播中对杰出人物形象的塑造就成为跆拳道传播过程中最为重要的任务之一。实践证明，跆拳道国际传播的成功，与跆拳道杰出人物的巨大影响力密不可分。

跆拳道的发展历史中，最值得书写的一个杰出人物是崔泓熙，正是崔泓熙将原本默默无闻的朝鲜民族武艺打造成为符合现代人品味的跆拳道文化，才有了跆拳道今天在竞技格斗项目的显著地位。崔泓熙生于

---

① 张国良：《传播学原理》，复旦大学出版社2018年版，第7页。

1918年11月，是朝鲜咸镜北道人。崔泓熙自幼体质羸弱，但是性格坚强，1937年崔泓熙前往日本并学习了日本空手道，为其日后研究跆拳道打下基础。1946年，崔泓熙作为韩国军队的创始人之一，倡导在军队中教授推广跆拳道，并致力于跆拳道的国际化推广，1955年跆拳道正式确立了官方名称，并在崔泓熙的影响下，于1966年成立了跆拳道国际联盟，成立初期得到了美国、意大利等九个国家的认可，为跆拳道以后的国际传播奠定了坚实基础。崔泓熙在跆拳道国际化推广中，倾尽一切，树立了跆拳道在国际社会和国际民众中杰出跆拳道领袖人物的形象，成为跆拳道国际化推广的先驱人物。

韩国跆拳道在国际化推广传播中，十分重视跆拳道杰出人物的示范引领作用，成为跆拳道国际传播巨大的助推力量。除了跆拳道国际化推广的先驱人物崔泓熙，金云龙也是韩国跆拳道国际传播的功勋人物。金云龙利用其国际奥委会副主席的便利条件，对跆拳道的国际传播起到了重要的助推作用。正是在崔泓熙、金云龙等杰出人物的引领下，韩国跆拳道的国际化发展和传播取得了巨大成绩，韩国跆拳道在几十年的发展过程中，成为国际上备受欢迎的武道产品，并被奥委会正式接纳为奥运会的正式比赛项目。崔泓熙、金云龙等一批韩国武术的领军人物选择跆拳道作为韩国的国术，努力推动跆拳道的国际化发展。这些领军人物作为跆拳道国际传播过程中成就卓著的传播者群体，展示了跆拳道杰出传播者的个人魅力和群体形象，并通过跆拳道杰出传播者群体形象的引领作用，韩国跆拳道在国际社会和国际民众中确立了现代格斗项目中独树一帜的韩国国技形象，使跆拳道成为世界人民喜爱的体育运动项目之一。

二 韩国跆拳道国际传播对中国武术国际传播的启示

(一) 塑造品牌形象，建构中国武术国际传播化的文化品牌

品牌是一种标记或标志，一种文化品牌的建构体现了该种文化具有

独特的人文识别意义和价值特征。韩国跆拳道在国际传播中塑造的文化品牌形象，意味着跆拳道文化具有韩国传统文化的文化身份特征和一定影响力的价值意涵。韩国跆拳道的文化品牌塑造，打造了韩国文化鲜明的人文识别标识，成为代表韩国文化和韩国国家形象的文化产品。韩国跆拳道塑造的文化品牌形象，给中国武术国际传播的文化形象塑造提供了借鉴文本。中国武术作为中国传统文化的代表，同样具有中国独特的文化身份特征，在域外民众眼中，会不会中国功夫一度成为一个人是不是中国人的独特印记，中国武术作为一种身体文化，成为域外民众对中国武术普遍认知的显著特征。借鉴韩国跆拳道国际传播的成功经验，建构中国武术文化品牌，塑造中国武术国际传播中的品牌形象，这是新时代中国武术走向世界面对的现实课题。

与韩国跆拳道文化相比，中国武术所包含的内容更加丰富，可以形象地认为，在中国武术文化的拳种门派体系中，跆拳道只相当于中国武术某一门派的拳种而已。因此，如果建构中国武术国际传播的文化品牌，绝不能笼统地将中国武术这一"满汉全席"式的博大内容体系全部纳入，而是要在中国武术庞大的拳种体系中选择最能代表中国传统文化和中国武术特征的特色拳种，把该拳种塑造成能够代表中国武术国际传播中的文化品牌。因此，中国武术文化的品牌形象塑造，是将能够代表中国武术文化特征和中国传统文化身份的武术拳种打造成为具有鲜明人文识别意义和具有巨大影响力的文化产品。使得中国武术文化品牌形象因其鲜明独特的个性特征成为中国传统文化和中国武术文化的身份标识，在中国武术国际传播中，通过中国武术文化品牌的传播，对国际社会和域外民众在思想观念、思维方式、生活方式以及行为方式等方面产生良好影响，最终形成对中国武术文化的情感善意和文化认同。

显然，简单笼统地把中国武术的博大内容都塑造为国家文化品牌的设想在国际传播实践中既不现实也不可能。如何在中国武术博大精深的文化丛群中选择代表性的武术拳种打造成为中国武术国际传播的文化品牌，是中国武术国际传播应当面对的现实问题。太极拳是建立在中国传统哲学文化基础上的具有中国传统文化典型特征的特色拳种，当前太极拳的习练人口无论是国内还是国际方面都相当可观，其传播力和影响力不容小觑。因此，选择太极拳作为中国武术国际传播的文化品牌，打造太极拳成为代表中国武术文化的国家品牌应是不二选择。

借鉴韩国跆拳道国际传播和太极拳国际传播过程中的文化品牌塑造的经验，首先，在国家层面进行顶层设计，官方确立太极拳国际传播中的统一性表述话语、设计属于太极拳自身独特文化属性的标记和图案。其次，国家层面形成对太极拳技术体系的规范化指导性框架，完善太极拳文化的理论体系和传播话语体系。最后，在太极拳的价值属性上，确立太极拳习练的健身养生价值，强化太极拳习练者的武德规范和礼仪规训，形成对太极拳文化价值观念的引导和渗透。太极拳文化品牌的塑造应该协调好其他门派拳种在国际传播中的关系，形成中国武术国际传播的"大武术观"，展示中国武术文化丰富的文化意涵和文明礼仪的文化品牌形象。

（二）塑造技术形象，体现中国武术国际传播的特色技术体系

提起中国武术，人们总会冠之以"博大精深"这样的字眼，这在一定程度反映了中国武术丰厚的文化蕴涵和博大的技术体系。我们甚至可以骄傲地说，世界上任何一种格斗项目和武道文化都比不上中国武术在文化上的广博意涵及技术上的丰富变化。中国武术上百种武术拳种门派都有自己独特的演练风格和技术特点，建构了中国武术博大精深的技术体系。韩国跆拳道包含竞技跆拳道和传统跆拳道两种传播途径和方式，并根据这两种传播方式塑造了两种不同风格及特点的技术系统，即竞技跆拳道的简约化技术形象和传统跆拳道的特色化技术形象。中国武术与韩国跆拳道具有很多相似的特征，韩国跆拳道国际传播中塑造的两种技术形象，给中国武术技术形象的塑造提供了启示与借鉴。

"必须明确的是，说到底技术是武术的内核，技术的形成、演练、

比试、载录与多种形式的传播继承,是武术最根本的内容和文化延伸的依托点。"① 正是由于技术的重要性,所以中国武术的国际传播必须建构中国武术自身的特色化技术体系,中国武术特色化技术形象的塑造是中国武术区别与日本武道、韩国跆拳道等格斗类文化的重要标识。道理很明显,如果中国武术不能形成自身的技术系统,或者说与日韩武道以及西方拳击等格斗项目的技术系统类似,那么,在格斗文化先入为主的文化竞争中,中国武术如果想进入代表竞技体育最高殿堂的奥运会必然困难重重。现代奥运会中已经设有日本柔道、韩国跆拳道、西方拳击等格斗类项目,基本包含了踢、打、摔的格斗技术体系。

应当看到,在当前奥运会设立的格斗类项目的技术导向中,都体现了特色化的技术特征,比如,跆拳道注重腿法,拳击强调拳法,柔道和摔跤注重摔技等。中国武术当前的发展是武术套路和武术散打两种主要方式,武术套路是以个人演练为主,以整套动作的演练水平、动作规格的规范标准、难度动作的完成情况以及稳定程度等为评判依据,武术散打是依据散打竞技规则,根据不同的体重分级等进行的格斗类竞技项目。中国武术技术是融合了踢、打、摔、拿这四种技击方法的综合性技术系统,武术套路演练中,显然是一种"体操化"的整套动作的技术表演,而武术散打比赛更接近和具备中国武术本身的特色化技术特征。

应当澄清这样一个认识,尽管中国武术的入奥目标能加速中国武术国际传播的进程,但是中国武术绝不能将入奥作为中国武术国际传播的唯一目标。中国武术国际传播的根本目的是扩大国际社会和国际民众对中国武术的认知,增加中国武术在世界范围内的习练人口,扩大中国武术文化的世界影响力和文化发展力。因此,中国武术国际传播,必须重塑中国武术技术形象,建构特色化的中国武术技术体系。中国武术特色化技术形象的塑造,要改变中国武术目前在技术上"重术轻学"的倾向,加强对中国武术各拳种门派的技术理论研究,建构中国武术自身的

---

① 王岗:《中国武术技术要义》,山西科技出版社2009年版,第4页。

技术理论体系，形成中国武术特色化的技术体系。

（三）塑造精神形象，彰显中国武术国际传播的民族精神蕴涵

"民族往往指的是这样一个群体：其成员相信他们由于历史的、文化的和共同祖先的关系而成为一个共同体。"① 一个民族在客观上表现为地域、语言等客观存在的内容构成，在主观上则体现了民族成员的民族意识与激情。一个民族的民族精神是民族成员对该民族至高无上的和为民族而献身的勇武精神。"一个民族，没有强大的科学技术，一打就垮；没有民族精神和文化，不打自垮。"② 民族精神培养了民族成员以民族安全和民族利益为首位的思想观念和行为取向，民族精神是民族内置的意识形态和民族独特的价值观念。中华民族几千年的发展历史，历经风雨仍顽强屹立在世界民族之林，是无坚不摧不屈不挠的中华民族精神的真切体现。

中国武术作为中国传统文化重要形态之一，中国武术精神的核心内涵正是中华民族精神的体现。韩国跆拳道在向世界推广跆拳道文化时，塑造了跆拳道文化最根本的文化精神，也就是韩国的民族精神。同样中国武术在向国际社会推广和传播时，仍然不能脱离精神层面的价值渗透和融入，塑造武术精神形象，彰显中国武术国际传播的民族精神蕴涵，这是中国武术国际传播中必须坚守的文化意识和文化自尊。就文化而言，只有民族的，才是世界的。在中国武术国际传播过程中，立足中国武术是一种文化的意识，文化是有品位的，文化是化人的，中国武术并不能仅仅将拳打脚踢的武术技术当成中国武术文化的核心内容来传承，而是要将中国武术精神方面的意涵渗透融入到武术技术的形式中，既要突出中国武术"武"的格斗本质，也要突出中国武术"文"的精神意涵。

倡导中国武术"走出去"是让国际民众认知武术、体验武术的基础上了解中国社会和传统文化，增进国际社会的情感善意，赢得中国在

---

① 郑永年：《中国民族主义的复兴——民族国家向何处去》，东方出版社2016年版，第59页。
② 郑永年：《中国民族主义的复兴——民族国家向何处去》，东方出版社2016年版，第59页。

国际社会中应有的尊严和地位。中国武术国际传播中武术精神的塑造，加强中国武术对习练者的教化功能，唤起习练者民族精神的自豪感，唤醒未来主流社会应有的公平正义与勇武豪情。过往的历史已经证明，一个民族在任何时代都需要具有临难不苟临危受命精神的人，都需要敢于担当、富有正义、敢说敢为具有武勇豪情的人。"未来主流社会应该是一个物质极大丰富、法制非常健全的社会，更应该是一个激荡着阳刚之气，充斥着尚武精神的社会……尚武精神和大无畏的革命英雄主义气概应纳入国民教育体系，成为我们民族精神的一个重要组成部分。"①

塑造精神形象，彰显中国武术国际传播的民族精神蕴涵，这是中国武术站在新时代服务人类命运共同体的宽广胸怀。未来的社会是一个文化全球化和文化多元化的社会，未来的人类社会仍将面临不确定的风险与挑战，中国武术文化的国际传播，必须将中国武术精神和民族精神渗透其中，突出中国武术对习练者的教化作用，这是中国武术作为教养的武术生命所在，也是中国武术服务国际社会、服务人类命运共同体的世界情怀。

（四）塑造武术家形象，突出中国武术国际传播中武术家群体的重要作用

在中国武术发展历史中，武术家群体是承载着武术文化和武术技术的重要载体。特别是在清末民初时期，中国武术家群体的集中呈现，绘就了中国武术文化波澜壮阔的发展图景，武术家群体形象和武术家群体精神始终是照耀中国武术前行和发展的宝贵财富。在新时代中国武术国际传播的新征程中，应当重塑新时代武术家群体形象，形成引领中国武术国际传播的强大助推力量。我们应当客观地承认，当代武术家群体形象并不理想，伪武术家现象以及遍地都是武术大师的中国武术发展场景，极大地伤害了本就脆弱的武术发展生态和文化传播前景。徐晓东所谓的武术打假约架传统武术传承人，所谓的传统武术究竟能不能打的争

---

① 罗援：《中国要成为一流强国，需要男子汉精神》，《环球时报》2010年12月14日第14版。

论，以及太极大师闫芳的发功让一群人上蹿下跳的闹剧等都极大地损害了中国武术的声誉和武术家群体形象。

武术家群体是具有高尚武德和高超武艺的武术家个体所组成的特殊群体，这一群体应是中国武术的形象大使，应当成为中国武术国际传播的形象代言人。武术家的称谓并不是自封的，而是在武术社会中被武术人公认的技艺高超的拳种传承人或者门派掌门人。武术家不仅仅是一种称谓，更是一种荣誉和责任。中国武术是由上百种武术拳种组成的大武术文化，不同拳种门派和拳种传承人和门派掌门人，应当切实摒弃武术门户之见，倡导"和而不同"的"大武术观"，共同促进中国武术不同拳种门派的和谐发展。中国武术的国际传播不是单独传播某一门派或拳种的武术技艺，而是将中国武术作为一个整体文化形态向国际社会传播推广。由几百种武术拳种组成的中国武术文化是一个有机的整体，失去了拳种的支撑，中国武术也就失去了自身的特色和个性，因此，切实保护武术拳种文化，塑造各拳种门派有影响的武术家群体形象，对于中国武术的传播和发展至关重要。

新时代中国武术的国际传播已经站在了新时代的起点，踏上了新的征程，我们欣喜地看到在官方层面已经意识到武术家群体对于中国武术国际传播的特殊价值和作用，开始着手塑造中国武术家群体的决心和行动。《武术产业发展规划（2019—2025年）》中明确提出了"推出100位武术明星和武术名师的发展目标，切实发挥民间代表性传承人在武术文化传承中的作用，充分发挥武术文化的社会功能与价值，增强中国武术在国际上的感召力和影响力"[①]。

借鉴韩国跆拳道国际传播过程中杰出人物的特殊作用和贡献，塑造武术家形象，突出中国武术国际传播中武术家群体的重要作用，在中国武术传播和发展过程中，积极践行中国武术文化价值和精神层面的推广

---

① http://www.sport.org.cn/search/system/gfxwj/jjty/2018/1206/308024.html，2019年12月30日。

传播，澄清和改善中国武术在国际社会的负面形象和不良影响，让中国武术家群体的人格魅力和技术魅力成为影响中国武术传播的重要助推力量，让中国武术家群体形象凝聚的中国武术精神成为新时代中国武术发展的宝贵精神财富，为中国武术的国际传播事业做出特殊贡献。

三 小结

"只有民族的，才是世界的"，韩国对民族传统文化的重视程度是空前的。在太极拳"申遗"过程中，我们抛开韩国等国是否对来自中国的太极拳进行恶意抢注，但是我们应当客观地承认，韩国在民族传统文化方面的保护传承与传播推广工作的重视程度非同一般，韩国的某些做法的确值得中国借鉴与反思。韩国跆拳道与中国武术相比，无论是历史渊源还是理论系统都无法与中国武术相提并论，但是韩国跆拳道却用了短短几十年的国际化推广，让韩国跆拳道成为"世界第一搏斗运动"，世界上习练韩国跆拳道的人口几千万之众。

韩国跆拳道在国际化推广过程中，分为竞技跆拳道和传统跆拳道两个途径，并根据各自的受众需求进行了技术改造，竞技跆拳道的简约化技术改进契合了跆拳道作为竞技体育的需求，而传统跆拳道则融合了中国武术与日本武道的相关技法，创新了传统跆拳道特色化的技术体系。韩国跆拳道在国际化推广中，重视跆拳道杰出传播人物的重要作用，塑造了跆拳道的精神形象和文化品牌形象，为跆拳道的国际化推广奠定了坚实厚重的基础。

反思并借鉴韩国跆拳道国际传播的经验，中国武术的国际传播应当重塑中国武术的技术形象，建构特色化的中国武术技术体系，中国武术特色化技术形象的塑造，要加强对中国武术各拳种门派的技术理论研究，建构中国武术自身的技术理论体系，形成中国武术特色化的技术体系；中国武术的国际传播中要塑造民族精神形象，将中国武术精神和民族精神渗透其中，突出中国武术对习练者的教化作用，彰显中国武术服务国际社会、服务人类命运共同体的世界情怀；应当塑造中国武术的国家文化品牌形象，选择太极拳作为中国武术的国家品牌，确立中国太极拳在国际传播中独特的中国武术标识符号；塑造中国武术家群体形象，借鉴韩国跆拳道国际传播过程中杰出人物的特殊作用和贡献，发挥武术家群体在武术文化传承中的独特作用，突出武术家群体对中国武术国际传播中的重要贡献。

第五章 中国武术国际传播形象塑造及机制

中国武术国际传播的形象塑造是按照中国武术国际传播的形象定位、受众需求、传播模式等要求，通过一定的方法和途径，对中国武术形象的构成要素进行优化，塑造出有利于中国武术发展和国际传播的正面良好形象。从形象传播的理论视阈出发，寻求中国武术国际传播形象塑造的实践途径，厘清中国武术形象国际传播的途径方式与价值效应，探寻中国武术形象国际传播的话语体系和内在机制，以期为中国武术形象国际传播的价值实现提供理论借鉴与实践帮助。

第一节　中国武术国际传播形象塑造的实践路径

文化形象好坏优劣的评判不是以"我"来划界的，而应该放到社会关系和他者的评价体系之中，中国武术国际传播的形象塑造就是要站在他者的视野，让域外民众通过对中国武术的感性认知，赢得情感上的良好善意，进而接受并认同中国武术的民族文化身份。中国武术国际传播的形象塑造，必须坚守中国武术的文化传统和价值根本，这个文化传统和价值根本就是中国武术的民族文化身份和民族精神价值。

中国武术国际传播形象塑造的途径有：树立武术形象国家意识，加强武术形象顶层设计，塑造中国武术国际传播的国家形象；注重武术价值与精神内涵传播，拓展武术传播媒介与途径，塑造中国武术国际传播的文化形象；注重参与者主体性体验，提升武术传播者自身形象影响，塑造中国武术国际传播的技术形象；基于武术拳种品类细分，彰显拳种民族个性，塑造中国武术国际传播的拳种形象；基于讲好中国武术故事，做好武术文本译介输出，塑造中国武术国际传播的艺术形象。

一 树立武术形象国家意识，塑造中国武术国际传播的国家形象

在中国文化"走出去"的国家战略中，中国武术国际传播应当树立武术形象国家意识，进行国家层面的顶层设计，塑造中国武术国际传播的国家形象。在中国武术国际传播的起点上，应当在国家层面对中国武术国际传播的形象进行顶层设计，对中国武术国际传播中的形象塑造进行系统性、体系化的战略规划和总体设计，绘就中国武术国际传播蓝图。针对中国武术拳种门派众多的现实，如何加以有效整合，形成中国武术一盘棋的整体形象，这考验着武术管理部门和全体武术人的智慧。中国武术国际传播的正面形象塑造，需要协调好各方利益，集聚各方智慧。比如：在中国太极拳的国际传播中，需要整合当前中国有影响的"陈、杨、孙、武、吴"这些不同拳种太极拳流派，塑造中国武术太极拳的国家形象。

中国文化走出去是将中国文化的价值理念与世界分享，中国武术的国际传播是将中国武术文化的和平和谐价值观与世界人民共同分享，达成"各美其美，美美与共"的不同文化交流融合和谐共生的境界。中国武术的国际传播是基于将中国武术走向世界的开阔视野，基于中国武术文化服务人类命运共同体建构的战略高度和造福人类世界的气度胸怀，而不是简单地看成是中国武术的技术传播。只有将中国武术的国际传播立足于服务人类命运共同体的战略高度，中国武术的国际传播方显高屋建瓴，方能生机无限。

如同邱丕相教授所说的那样，我们应该站在服务人类命运共同体的角度传播武术文化，而不是简单地把中国武术作为一种技术来传播，只有这样才是真正意义上对中国武术的继承和弘扬。在中华民族文化全面复兴和人类命运共同体建构的新时代，中国武术国际传播的理念应当明确以传播文化为核心，以传播价值观为终极目的。承载中国传统文化核心价值系统的武术文化国际传播，对于重"天人合一"，重"社会秩序"与"人伦规范"的人类命运共同体的构建具有重要的现实意义。中国武术国际传播中的形象塑造，站位于提升中国国家形象的战略高度，梳理中国武术形象的国家意识，做好对中国武术国际传播的形象塑造的高起点规划和顶层设计，并将中国武术国际传播的战略规划和总体设计落到实处。

二 注重武术价值与精神内涵传播，塑造中国武术国际传播的文化形象

形象的优劣好坏实质上是在某种形象与人或者社会的价值关系中确立起来的。优劣好坏作为矛盾的范畴，在对形象做出质的规定时，也就说明人与形象所处的某种关系之中，这种关系用什么样的价值尺度来衡量就体现了形象的优劣好坏。中国武术形象的建构必须解决好"中国武术：我是谁，为了谁"这两个根本性的问题。因此，中国武术传播要在内容上有所取舍和选择，突出中国武术精神和武术价值的传播，塑造中国武术国际传播的文化形象。

（一）注重武术价值与精神内涵传播，提升武术文化形象认知水平

"人类群体之间的关键差别是他们的价值观、信仰、体制和社会结构，而不是他们的体形、头形和肤色。"[①] 从国家安全的宏观角度出发，

---

① ［美］塞缪尔·亨廷顿：《文明的冲突与世界秩序的重建》，周琪等译，新华出版社2010年版，第21页。

"西方对中国的挑战，在形式上是军事的、经济的、政治的侵略。实际上，则是西方价值对中国价值的挑战，西方文化对中国文化的挑战"①。中国武术国际传播中武术文化形象的塑造，是将中国武术打造成为宣扬中国传统文化核心价值观和映射中华民族精神的"身份符号"。是向国际社会和域外民众宣讲这样一个道理：中国武术文化走出去，不是中国强行将自己的核心价值强加给域外人民和西方社会，而是基于中国传统文化的核心价值观对于构建人类命运共同体的现实需要。中国武术的国际传播正是将和平和谐的文化价值理念传播域外，运用中国武术和平和谐的价值理念和文化精神，帮助世界发展中国家实现共同繁荣的民族理想。

中国武术文化的精神就是民族文化的精神，中国武术的精神就是民族精神，中国武术国际传播中，映射着爱国主义精神的武术文化形象才能成为符合武术跨文化传播和武术未来发展内在要求的武术形象。无论是通过哪种传播媒介塑造的中国武术文化形象，都要牢记植入民族精神和武术精神。比如，我们推介和打造的武术家形象，一定是将爱国主义的民族精神和家国情怀的武术精神融为一体的武术家形象。拍摄制作的武侠电影和武术形象宣传片同样如此，甚至在武术技术的参与层面都要将武术精神与民族情怀融会在一起，道理很简单，中国武术是代表中国优秀传统文化的民族文化，打造中国武术文化形象将中国武术远播世界各地，一定不能忘记武术文化承载的中华民族精神。

（二）拓展武术传播媒介与途径，提升武术文化形象影响力

宣传是指"以重要的符号，或者，更具体一点但欠准确地说，就是以消息、谣言、报道、图片和其他种种社会传播方式来控制意见的做法"②。在信息社会中，作为宣传和舆论制造的工具，各种媒体在宣传、

---

① 金耀基：《从传统到现代（补篇）》，法律出版社2010年版，第116页。
② ［美］沃纳·塞弗林、小詹姆斯·坦卡德：《传播理论》，郭镇之等译，华夏出版社2000年版，第107页。

传播和建构武术形象中所起的作用愈发重要,特别是新媒体的出现,大大加快了传播的速度和覆盖的范围,新媒体的强大时效性日益凸显,如何有效地利用媒介建构武术形象,成为摆在武术工作者和武术管理部门面前一项重大的战略性和全局性的任务。加强武术文化传播,必须重视新闻传播和大众媒体的作用,并合理选择传播的议程设置影响武术形象的建构。

"要加强国际传播能力建设,打造国际一流媒体,提高新闻信息原创率、引发率、落地率。"可以看出国家层面对新闻传播的重视,为了提高社会主义先进文化的影响力,要搭建一个国际传播交流的技术平台,在这个技术平台上把中国的声音传到域外,同时还要采用域外民众乐于接受的方式进行传播,保证域外民众愿意接受这类传播信息,保证传播的效果。所以,向世界宣扬中国武术,必须尊重国际传播规律,掌握跨文化传播的技巧。要善于超越差异,别中求同,寻找人类思想情感的共鸣点,找准彼此利益的契合点,掌握议题设置的主导权,构建一套传播体系,系统地对外宣传中国真实的武术,传递和谐的中国武术形象信息,最终形成他们对中国武术的理解方式和正确认知。

"新闻媒介或者公共舆论影响或将建构我们头脑中的图像。"[①] "大众媒体通过有选择地表现以及突出某种主题,在受者中造成一种印象。"[②] 因此,大众媒介建构的武术形象与真实的武术现实情况之间并不存在必然的真实对应的关系,只能这样说,大众媒体宣传的武术形象只能是武术真实状况的部分反映。"内敛型"的文化传统和民族性格以及传播力度的不足,使西方民众沉浸在中国武术的"暴力打斗"的形象认知中,而对中国武术真实形象的误读所造成的这种"刻板形象"认知是中国武术发展的重要阻碍。正如中国武术申请加入奥运会正式项目一样,在我们一厢情愿地渴望中,中国武术屡次被排除在奥运会的大

---

① [美] 沃特·李普曼:《公共舆论》,上海人民出版社2006年版,第12页。
② [美] 德弗勒、丹尼斯:《大众传播通论》,颜建军等译,华夏出版社1989年版,第354页。

门之外,已经说明了国际社会特别是国际奥委会的执委对中国武术并没有真正的了解,在奥运会项目瘦身的背景下更不可能给中国武术一个进入奥运会正式比赛项目的机会。归根结底正是中国武术文化传播的不足,进而形成国际社会对中国武术形象的认知偏差。

(三)彰显中国武术民族身份,塑造中国武术文化品牌形象

中国武术文化形象的塑造应带有强烈的民族身份标识,打造成宣扬中国文化价值观和映射中华民族精神的身份符号。因此,就中国武术国际传播而言,首先要树立一个品牌意识,将中国武术打造成为中华民族独特身份标识的文化品牌。中国武术走出国门已经多年,但是成效甚微。学界曾经这样形容武术走出去的场景,中国武术走出去就像是有价无市的艺术品市场,只是表面上看上去热热闹闹。中国武术文化品牌意识的缺失是中国武术国际传播成效不佳的一个重要原因。"品牌是一种存在于消费者心中的一个心理符号,它是消费者某种心理情感的代名词。"①

"一个品牌最重要的特性就是它的独特性"②,就推广中华武术文化而言,武术品牌形象的塑造实质上就是打造域外民众在心理上对中国武术的良好情感善意,并在此基础上形塑中国自己心智资源认知的独特性文化身份的品牌形象。"品牌战略的第一步,也是最重要的一步,那就是,你必须清楚地界定你自己"③。中国武术之所以能够成为一种文化品牌,是在于中国武术文化对自己特质的界定。此外,"良好的情感基础,是一个品牌最重要的根基"④。一个很浅显的道理就是,一个人喜欢某一品牌,肯定对于该品牌培养了良好的情感基础,只有情感上的善意才有可能去接纳某种品牌。正如,观众对于演艺界人士的喜爱,正是

---

① 欧阳斌:《名字决定品牌生死》,中国社会出版社2012年版,第104、105页。
② [美]艾·里斯、劳拉·里斯:《品牌22律》,寿雯译,山西人民出版社2011年版,第191页。
③ 欧阳斌:《名字决定品牌生死》,中国社会出版社2012年版,第24页。
④ 欧阳斌:《名字决定品牌生死》,中国社会出版社2012年版,第95页。

因为演艺明星符合观众的某种情感需求，或是契合了观众对在某种形象的喜好，文化传播同样如此。

培养国际社会对于中国武术文化的情感善意，需要的不仅仅是对武术文化独特身份标识的善意，而是需要从更深层次去符合和满足国际民众对于中国武术文化的价值契合和价值需求。"每个国家都有属于自己独特的认知。如果一个品牌带有自己国家独特心智资源的认知，它就有可能成为全球品牌。"① 中国武术的国际传播就是打造中国武术的全球性品牌，这个全球品牌的独特性即是在中国自己独特心智资源的认知基础上，形成映射中华民族精神"身份符号"标识的全球认知形象。因此，中国武术文化品牌形象的塑造，最重要的特性就是其自身身份标识的独特性，这种自身身份的独特性必然映射着中华民族精神的光辉，彰显中华民族身份确认的独特性特征。

三 注重参与者主体性体验，塑造中国武术国际传播的技术形象

"文化由于具有以价值观念为核心的内在特质，因此，文化对于认知主体的影响是无形的和柔性的。"② 所以，中国武术国际传播的技术形象塑造必须注重参与者的主体性体验，通过"他者"切身的技术实践去体悟中国武术技术特殊的思维范式，领略中国武术技术所蕴含的民族个性文化的特殊魅力。同时，中国武术国际传播的技术形象塑造还要提升中国武术传播者自身的技术能力和武德修为，注重中国武术国际传播中"武术家"的形象塑造。

（一）注重参与者主体性参与，体悟武术技术思维范式

中国武术国际传播的技术形象塑造是在域外民众对中国武术技术表

---

① ［美］艾·里斯、劳拉·里斯：《品牌22律》，寿雯译，山西人民出版社2011年版，第160页。

② 吴友富：《中国国家形象的塑造和传播》，复旦大学出版社2009年版，第145页。

象认知的基础上，通过参与者主体对中国武术技术的体悟实践形成对中国武术的客观评价和良好情感体验。从形象的心理属性出发，武术他者形象也属于一种心理现象，广义上讲，是域外社会个体、群体或民族对武术的心理想象和创造。每个社会个体都会对中国武术有着自己的理解、想象和创造，但是社会个体关于中国武术的想象在升华后广泛传播被广大的人群接受，才能称得上是严格意义上的武术形象，这是对武术的综合性的认知，具有普遍性和广泛认同性。由于中西方思维方式的不同，武术技术形象塑造必须通过社会个体的技术参与，体悟武术技术中蕴含的民族传统思维方式，通过自身的技术体悟形成对武术技术形象的深刻认知。

　　文化哲理的差异造成的东、西文化思维方式的不同，东方文化有较强的整体思维，重视经验和直观方法，长于辩证，重于意象；而西方文化有较强的逻辑思维，有严密的实证方法，长于分析，重于实证。因此，东方文化属于感性思维，西方属于典型的理性思维。感性思维是通过自身实践对认知客体的初步认知，具有直接性、具体性、生动性的特点。感性思维是在感性认知的基础上通过对事物规律的抽象，形成的对事物本质认识，具有抽象性、简洁性和普遍性的特点。中国传统文化受儒、道、佛的影响，直觉思维是其核心思维方式。儒家"内省不疚"是说自然规律是由心的内省得以实现，道家"道不可言，言而非道"是认为通过感觉和领悟对自然界这一整体的探究领悟，佛家追求"顿悟"，意指超越时空进入佛性本体境界。中国武术"拳起于易，理形于医""一阴一阳谓之道"都说明武术"立象尽意"的感性拳理思路。"理性思维的主要特征之一是力求精确。"[①] 因此，理性思维倡导逻辑推理，重视归纳演绎。东西方文化并无优劣之分，但由于文化哲理的不同造成的思维方式的差异，对武术技术的理解和领悟必然存在一定的差异。

---

① ［英］伯特兰·罗素：《西方的智慧》，亚北译，中央编译出版社2011年版，第339页。

武术技术作为一种通过肢体运动展示出来的身体符号,借助身体符号来传达中国武术意义的主动行为,武术技术形象的塑造正是在这一传达武术意义的行为过程中得以实现,也就是说,通过参与武术技术这一实践与思维过程赋予中国武术独特的意义,从而实现了武术技术形象的塑造。身体姿势就是身体语言,武术技术就是通过身体姿势或者说是身体语言来实现武术意义的建构和武术技术的传播,这种身体语言是中华民族认同的语言的一部分,是一种关于中华民族归属感的话语传统。从这个意义上讲,构成武术技术的肢体动作或者身体姿势即身体语言,这些身体语言在一个可被转达和阐释的技术实践中被具体化,从而实现了对武术意义的表征,完成了对武术技术形象的传播及建构。

就中国武术文化的国际传播而言,武术技术形象的塑造至关重要。在与西方文化形态的比较中,武术作为一种东方形态的典型文化,呈现出一种"智性"的文化特征。因此,武术技术形象的塑造必须通过个体的技术参与和主体性感悟来实现,也就是说,武术技术形象的塑造需要长期对武术技术动作中蕴含的传统思维和文化意蕴深入感悟,才能形成对武术技术形象的正确认知和真实评价。"感悟本身是人心对宇宙世界的反复思考,是一种既有直觉体验又有理性思维的心理活动,它和感应一脉相承,即所谓感悟。"[①] "感悟是中国文化所内在具有的一种思维方式,一种为中国人所特有的人认识世界和把握世界的方式。"[②] 中国武术属于内倾型文化,仅仅通过对其表面知识的理解无法获得对其内在精神和内在意义的深层认知。对于中国武术技术而言,同样需要长期持久的技术演练,反复揣摩感悟,方能体会武术技术动作中深刻的文化意蕴和传统思维方式的妙用。

(二)塑造武术传播者形象,提升武术传播者自身的技术形象影响

武术技术形象的塑造需依靠参与者对武术技术的亲身参与体悟来完

---

① 王岗:《中国武术:一种追求过程的文化》,《体育文化导刊》2007年第4期。
② 袁盛勇:《"感悟"在中国文化中的存在论基础》,《中国文化研究》2005年春之卷。

成，这是一个必须的步骤和过程。呈现给域外民众中国武术文化原汁原味的丰硕营养和丰富意涵，绝不能失去中国武术的文化传统，这些文化传统才真正是中国武术的根脉和灵魂。每一个武术习练者都清楚这样一个简单的道理，那就是要达到武学的最高境界，即便天资聪颖，悟性极高，加之名师指点，怕也需要二十年以上的时间。因此，中国武术技术形象塑造中对武术技术的领悟的确是一件艰难的事情，中国武术国际传播几十年成效不高，一方面与武术参与者对武术技术领悟以及传统思维方式有很大的关系；另一方面，还应当大力提升中国武术传播者自身的技术形象影响力。

中国武术的国际传播绝不能失去中国武术的文化传统和民族特色，如果中国武术失去了传统思维方式的浸润，失去了意象思维的想象，那么中国武术也就失去了民族认同的身体语言符号属性。因此，中国武术国际传播的技术形象塑造，还需要注重塑造传播者形象，特别是武术家形象塑造及传播影响力。人才是中国武术文化实施"走出去"战略取得成功的关键因素所在。中国武术本身是一种身体文化，因此中国武术的国际传播离不开"人"这一最重要的因素。客观地讲，中国武术虽然习练人口众多，但是能够称得上"武术家"这一称号的国家级人才并不太多。

此外，即使是武术界公认的武术家也并没有充分发挥这一珍贵的国家资源在中国武术国际传播中的重要作用，特别是民间武术家的生存状态和发展状态基本上处于自然存续无人过问的状态。在中国武术国际传播的实践中，一是要将技艺高超和武德高尚的武术名家作为国家最珍贵的武术资源看待，充分发挥武术名家在中国武术国际传播中的重要影响力，切实为中国武术国际传播的国家战略发挥作用；二是对每一个中国武术国际传播的武术参与者，包括中国武术的民间交流和官方交流传播实践中，都要切实提升武术传播者自身的技术形象以及武德修为影响。

四 基于武术拳种品类细分，塑造中国武术国际传播的拳种形象

从历史中走来的中国武术拳种，是中华民族传统文化的个性符号，渗透着中华民族独特的民族文化意蕴和民族心理气质，武术拳种的类型分化和序列演进不仅是中国武术博大精深内容的全面呈现，也是中国武术在世界多元武术文化丛群中彰显其鲜明民族文化个性的符号表征。中国武术的国际传播，不能忽视武术拳种形象对民族文化传承和武术文化传播的影响，应当增强武术拳种的民族文化个性符号意识，塑造中国武术国际传播中的武术拳种形象。武术拳种承载着中国武术独特的文化思想和人文精神，中国武术的国际传播是把属于中国武术独特个性的文化传播域外，而武术拳种正是中华民族独特文化个性的符号表征，是中国武术国际传播中武术文化与武术技术有机交融的最佳载体。

中国武术拳种类型分化中，武当派和少林派是中国武术拳种体系中最具代表性的武术拳种，因此，中国武术国际传播的拳种应该选择武当和少林的拳种优先推广。当然，从武术内家拳和外家拳的二分体系而言，武当内家拳实际上除武当张三丰的内家拳外，还包括太极、形意、八卦拳系。对于中国文化走出去，"一个严酷的现实是，大家都知道了中国文化需要'走出去'，但却不明了文化方面什么东西要'走出去'"①，对于中国武术文化"走出去"，同样如此，面对博大精深的中国武术，我们应该选择什么样的武术拳种进行国际化交流与传播？显然，中国武术文化走出去，实质上和商品推销有点类似，那就是中国武术必须拿出自己高质量的文化产品，去改变域外人士对中国武术的不良认知，增加对该文化产品的认同感。

---

① 郑永年：《中国的文明复兴》，东方出版社2018年版，第186页。

那么，什么才算是中国武术文化的高质量产品呢？当然是中国武术文化最优秀的拳种，比如：少林、太极、形意、八卦等拳种。道理很简单，上述武术拳种是中国武术类型分化和序列演进中经过实践检验过的真正能够代表中国武术形象的武术产品，上述武术拳种产品能够自己解释自己，并且能够清楚地解释自己，拥有中国武术文化自身的知识体系和文化传统。更为重要的是，上述武术拳种已经在域外让"他者"信服，获得了较高的信任度，也就是说作为域外的"他者"具有接受中国武术拳种文化的美好意愿。

中国武术国际传播，如何塑造武术拳种形象？中国武术拳种形象最重要的是能够解释自己，形成中国武术拳种自身的知识体系。中国武术拳种自己的这种知识体系不仅需要依附中国武术的文化传统，还要尽可能地寻求中西文化之间的共性。首先，中国武术拳种形象必须是具有中华民族文化个性的符号，也就是说，中国武术拳种是中华文明的一部分，其渗透着中国传统文化，武术拳种的技术和理论都是独特和深邃的。武当内家拳种是中国道教文化的重要内容，属于纯粹的中华民族传统文化的典型，是最具民族文化个性的武术文化遗产。道教修炼追求仙境，俗语说得道而成仙，道教炼丹术追求长生不老、白日飞升。因此，道教的修炼多在深山老林，修炼神丹和功德。这就要求道士能够行走险恶江湖，"禁刀兵、驱虎豹、避蛇蝎、攀高山、涉恶水、散毒瘴"，道士必须有高超的武功。道教修炼内丹术为武术修炼提供了方法基础，炼丹与武术精气神的修炼有机结合，为高超的武功修为提供了基础。

其次，对于太极或是武当张三丰的认知早已超越了国界，也就是在国际上已经有了一定的认知基础。比如，太极拳在美国和俄罗斯等都具有广泛的传播基础。杨氏太极拳杨澄甫的弟子郑曼青长期在美国传授杨氏太极拳，他认为："是以三丰称为武当始祖，谓太极拳为内家拳。""惟太极拳之表现，诚有以配合护内径与易，及黄老与孔氏之哲理，则表里粗精无不到。且体用之实，得而彰著矣。"① 郑曼青去世后，其弟子罗邦桢继续在美国推广太极拳五十余载，可谓桃李满天下。美国的太极拳界都很认同郑曼青的观点，对于中国太极拳在美国的推广和传播，郑曼青以及弟子做出了突出的贡献。同样在佛教文化基础上的少林拳系，尽管从属于外家拳系，但是从根本上讲，也是中国传统文化思想在拳术上的体现。无论何种武术拳种形象，都不能离开中国传统文化的民族性的根本，否则，舍本逐末的武术传播只能演变为中国人一厢情愿的文化自卑行为。

武术拳种形象的塑造是中国武术国际传播中对中国武术的民族性坚守。武术门户文化作为中国武术延续至今的文化传统，彰显着中国传统武术文化的个性，延续着中国传统武术的根脉。"武术门户"作为中国武术的文化传统和组织文化，拳种流派的技术传承与生存发展也要通过"武术门户"的载体来实现。因此，从某种意义上说，中国武术失去了门户文化的传统，也就失去了中国武术文化的个性，同样地，也就失去了中国武术的文化身份。新时代中国武术文化的复兴，不能失去武术门户的文化传统。应当清楚地意识到，一直以来阻碍中国武术发展的"门户之见"实质上是武术门户背后的身份确认与权力想象。门户本身并没有错，不要将"门户之见"的错误观念强加于门户传统的身上，因为"文化本来就是传统，不论哪一个社会，绝不会没有传统的"②。

所以，无论是继承性保护中国武术的文化传统，还是创新性发展中国武术的组织文化，"门户"作为中国武术的文化传统和组织文化都要得到应有的重视和保护。如同武术作为中华民族传统体育的组织文化一样，"门户文化"就是中国武术的组织文化，丢失了"门户"文化也就意味着丢失了中国武术的文化个性，失去了中国武术自己的文化身份。"就武术来说，它已然是我们民族文化个性的一个标志和代表。如果我

---

① 于志均：《传统武术文化史》，中国人民大学出版社2006年版，第276页。
② 费孝通：《乡土中国》，人民出版社2008年版，第61、62页。

们文化中连个性的东西都丢失了,我们也就无法再拥有辨别我们民族身份的东西了,或者说,我们已经无法再称其我们为中国人了。"① 中国武术国际传播中的拳种形象塑造,不能丢掉武术门户的文化传统,但是也不能对武术门户的文化传统一成不变墨守成规。如何在中国武术国际传播中创造性转化武术门户的传统思想,创新性发展这一中国武术的个性文化传统,这需要武术人发扬批判性继承的武术创新精神,革新武术门户文化传统中不合时宜的文化糟粕,张扬符合新时代武术拳种形象的文化价值,塑造中国武术国际传播中的拳种新形象。

武术拳种作为中国武术文化的民族个性符号,承载着中国传统文化的价值理念和文化精神,坚守中国武术国际传播的民族性,就是守住了中国武术价值传播的底线。中国武术拳种类型分化和序列演进的历史就是一部中国武术发展的历史,也是中华民族恢宏壮观的民族文化的呈现。要把中国武术推向世界,很显然我们不能失去对中国武术的民族性坚守,反之,"去民族化"的中国武术,无异于削足适履。中国武术努力想进入奥运大家庭的理想是美好的,但是中国武术为了适应西方体育竞技的规则,多次更改中国武术的竞技规则去适应西方体育竞技的需要,实际上并没有取得理想的结果。因此,中国武术的传播必须树立武术拳种意识,坚守中国武术文化的民族性品格,否则的话,我们削了中国武术的"足"也适应不了西方体育竞技的"履",如果真的那样的话,也许过不了多久,中国武术真的就成为"一种拿着奇怪器械的特殊体操"了。

五 基于讲好中国武术故事,塑造中国武术国际传播的艺术形象

中国武术与艺术同出一源,交融辉映,"武术的艺术"即武术的艺

---

① 王岗:《民族传统体育发展中的问题:文化模仿》,《体育科学》2006年第7期。

术化表达,是指把真实的中国武术进行艺术加工,使之更加符合人们的审美情趣,吸引更多的人去关注中国武术背后的意义。因此,武术的艺术,并不能等同于中国武术本身,但又必须合理掌握武术的艺术表达边界,这是国际传播中必须注意的重要事项。一个很简单的道理,武术之所以为武术,首先必须保持中国武术的本质特征,也就是中国武术之所以成为中国武术的根本之所在。因此,武术的艺术应当设置一定的表达边界,这种表达边界既要符合武术的本体特征,还要做到能够吸引更多人的审美情趣需求。显然,在武术的艺术化表达现实中,如何科学地设定武术艺术表达的边界并非容易之事。

艺术是心灵所有可能的框架中最简单、最原始和最单纯的,"一个成熟和文明的人通过排除其他诱惑因素的努力来获得审美体验,他拒绝科学地或历史地看待一个特定的对象,却愿意从审美的角度理解它。"① 对于中国武术而言,也许域外民众不愿意科学地看待它,但是却有可能愿意从审美的角度去理解它。据统计,中国艺术电影在海外的传播中,武侠片后来居上,成为华语电影在美国市场的主要类型。因此,对于从属于东方文化体系的中国武术文化而言,加强顶层设计,塑造中国武术国际传播中的武术艺术形象,打造具有国家形象品牌的世界符号,使中国武术的艺术形象成为阐释中国武术文化特色,讲述好"中国武术故事"的"世界符号"。

艺术是没有国界的,美好的艺术是人类社会的共同需要。"中国文化之基本性格是艺术的、道德的,而西方文化之基本性格则是哲学的、科学的。"② "西方的文明是成就于科学之上;而东方则为艺术式的成就也。"③ 中国武术艺术形象的塑造,就是把中国武术通过艺术审美的形式打造成讲述中国故事的世界符号,形成武术艺术潜移默化、润物无

---

① [英] R. G. 科林伍德:《精神镜像或知识地图》,赵志义、朱宁嘉译,广西师范大学出版社2006年版,第48页。
② 金耀基:《从传统到现代(补篇)》,法律出版社2010年版,第120页。
③ 梁漱溟:《东西文化及其哲学》,商务印书馆2012年版,第39页。

声、陶冶养成、久久为功的独特优势。中国武侠功夫片作为中国艺术电影中的重要类型之一，"中国的艺术片无论满足了怎样的西方想象，首先是要面对的是我们自己，在我们的历史与当下，怎样通过艺术表现来传达对于历史的反思和对当下的考察，怎样来表现中国历史的变迁和当下人生活的种种状态，这是艺术家的基点，站在这个基点上去寻求与西方视野的交汇与理解，我们的艺术才能有生命，才能广泛传播"①。

中国传统文化典籍中，以《水浒传》《三国演义》等为代表的优秀作品，应该多渠道多元化地输出到国外，这是目前中国武术国际传播中最为薄弱的一环。在这些能够反映中国武术优秀价值和文化传统的文学作品中，如何做到输出国外，又能深入国外受众群体的内心，这同样是中国武术国际传播需要关注的重要问题。在武术文本翻译文本中，不仅需要对中国武术有专业的深入了解，同样还需要对受众国家的语言文化有深层次的了解，这种在武术专业领域中具有深厚外语功底的人才并不多见。因此，这就需要国家在武术文化国际传播中加强顶层设计，培养优秀的跨专业多元化人次，切实把武术文本的翻译和推介工作落实在实处。在众多中华文化形态中，相较于书法、中医、戏曲等传统文化而言，中国武术的世界认知度、影响力和感召力可谓独行天下。

通过中国武术艺术形象的塑造，实现中国武术文化走出去，走上去，走进去，让中国武术成为世界人民与中国人民友好交往的桥梁，改变部分西方人对中国人以及中国武术的认知偏见。"剑丧失了它的功能，成了一种艺术形式。"② 中国武术艺术形象的塑造，就是让中国武术之剑，丧失其能够"杀人"的搏杀功能，让其成为中国武术的一种艺术形式。通过好莱坞功夫电影中武术形象的塑造，中国武侠电影的输

---

① 聂伟主编：《华语电影的全球传播与形象建构》，广西师范大学出版社 2014 年版，第 118 页。
② ［美］艾·里斯、劳拉·里斯：《广告的没落，公关的崛起》，寿雯译，山西人民出版社 2009 年版，第 16 页。

出以及中国著名武侠小说的输出，让中国武术的艺术形象通过多元化的途径输出到国外。因为，中国武术艺术这个"世界符号"可以形象地阐明中国的深层价值观，可以用来生动地讲述中国民众的生活方式，可以完整地反映中国人的思维与性格，可以丰富中华民族的道德形象等。在中国武术国际传播过程中打造多元化的传播载体，通过多元化传播路径，实现"各美其美，美美与共"的文化共享理想。

此外，还应该通过加快武术文化转型与创新，突出中国武术形象时代特征。"自信的文化是善于自省、善于创造的文化"。中国社会发展到现在，社会已经发生了巨大改变，特别是在我国社会的转型期，如果我们还要用原来的观点来看待今天的世界，无疑已经落伍。所以，要树立中国武术的新的形象，必须转变观念，通过对中国武术思想的创造性转化和中国武术价值的创新性发展，实现中国武术的现代转型和自主创新，塑造中国武术新时代的创新形象，提升中国武术国际传播中的形象力、吸引力、影响力。

第二节　中国武术形象国际传播的途径及机制

自亨廷顿提出"文明冲突论"之后，国际传播学界对文化问题倾注了较高的研究热情，从文化传播和信息斗争的背景中讨论全球问题引起了学界的持续关注。显然，在现代全球化语境中，我们无法回避意识形态问题所导致的文化冲突和文明冲突的现实存在。不同意识形态之间的冲突和斗争、文化霸权主义和媒介帝国主义、信息主权控制和反控制、国际组织和国际法等都必然成为中国武术国际传播必须面对的现实问题。中国武术作为中国传统文化的代表，隐喻在中国武术形象背后的价值理念必然体现着中华民族的文化传统和民族精神，中国武术的国际传播显然无法回避上述种种问题的抵牾。从形象传播的理论视阈出发，厘清中国武术形象国际传播的途径与方式，探寻中国武术形象国际传播的话语体系和内在机制，以期为中国武术形象国际传播的价值实现提供理论借鉴与实践帮助。

一 中国武术形象国际传播的途径与方式

国际传播，从字面上理解就是不同国家之间的信息传播。学者莫拉纳这样界定国际传播的概念，"通过个人、群体、政府和技术在两国、两种文化或多国、多种文化间传递价值观、态度、观点和信息的研究探索领域；同时也是一种对促进或抑制这类信息相关制度结构的研究"①。尽管学界专家国际传播的概念各有见解，但是国际传播实质上就是指世界不同国家之间的信息交流行为。由于世界各国之间，文化基本上是不同的（个别国家除外），可以说，国际传播基本上都是世界不同国家之间的跨文化交流行为。

中国武术形象的国际传播就是把中国武术形象作为一种感知信息或者符号信息，通过一定的传播媒介在世界不同国家的受众之间进行传播的过程。中国武术作为一种传统文化，武术形象蕴含着域外民众对中国传统文化的想象，武术形象的国际传播，试图通过不同的传播途径和方式将中国武术的真实形象展示给国际民众，澄清域外民众对中国武术形象认知差异上的误解，赢得国际民众对中国武术形象的清晰认知和善意情感，进而达到提升国家文化软实力和塑造国家正面形象的最终目的。

可以说，传播总是出现在一定的前后关系或一定的环境与情境中。文化间的传播常被认为与文化内的传播相比具有不同的语境与情境，文化传播领域按照"层次"进行分类，可分为人际、群体、组织和大众层次传播等。人际传播是人与人之间通过社会交往过程发生的信息交换和传播行为。广义上的人际传播包括人内传播、人际传播、群体传播、组织传播等，我们通常所说的人际传播即是狭义上的人际传播，也就是

---

① ［美］罗伯特·福特纳：《国际传播》，刘利群译，华夏出版社2008年版，第5页。

人际交往过程中的人际沟通和信息传播行为方式。群体传播是基于两人及以上的人群之间的信息传播行为。组织是结构化、等级化的正式群体，组织传播包括组织内、组织外两个层面的传播方式，组织内传播指组织内成员之间通过缔结成的稳定关系网络进行的信息传播行为，组织外传播是组织与外部环境进行的信息交换和互动行为。大众传播是以社会大众为对象，通过媒介对信息加工传递的传播方式。

中国武术形象的国际传播属于在国际社会不同民族之间进行的关于中国武术形象认知的文化传播，根据文化传播的层次，中国武术形象的传播同样可以分为人际、群体、组织和大众等不同层次的传播途径和传播方式。中国武术形象的人际传播探讨的是人与人之间，通常是面对面的关于中国武术形象认知的交际传播形式。中国武术形象的群体传播指的是在特定或者不特定的小群体中对于中国武术形象认知的传播行为和传播方式。中国武术形象的组织传播是指发生于大型的合作网络中，或者发生于特定的组织中对中国武术形象认知的传播行为和传播方式。群体传播必然包含人际关系的相互作用，组织传播同样如此。人际传播、群体传播和组织传播的许多方面在大众传播过程中都有关联，不应将它们视为实质上有什么差异，每个层次都既包含其他层次的某些因素同时又拥有自己独有的特性。

二 中国武术形象国际传播内在机制的影响因素

（一）语言交流与非语言行为差异对中国武术形象国际传播的影响

中国武术形象作为社会集体想象的呈现，带有综合性的特征，因此，社会个体之间的交流行为必然对中国武术形象的整体认知产生重要的影响。从传播学意义上，中国武术形象的形成是一种新的"思想"的形成，必然通过社会个体到社会群体的信息传播才能最终产生中国武术形象总体认知这一新的"思想"。所以，对中国武术形象国际传播内在机制影响因素的考察，首先需要考虑中西方语言交流以及非语言行为方面差异的影响因素。

语言是交流的工具，人们通过语言相互沟通。语言上的误解不能归咎于语言能力，更主要是由于交流的人群和个人在社会和文化方式中的差异。一方确实"听懂"了另一方的话，但并不总能"理解"另一方的意思。例如中文中对年幼或年长、地位高或者低的人交谈时需使用不同的称呼和方式，这类带有阶级划分的语言在西方社会逐渐消失。同时，不能低估非语言形式的影响，误解也许是对语言的误解，也许是对非语言行为的误解。在面对面的语言交流中，只有一少部分的社会意义是通过语言来传递的，而大多数的社会意义则是以非语言的方式（也就是利用空间和时间、肢体语言等）进行的。

在跨文化交流与传播中"用语言交流的能力"无疑是至关重要的。一种语言不能脱离它的社会文化环境，在不同的文化中，相同的词语和概念可以有不同的内涵、外延和比喻意义，还可产生不同的隐喻意义。东方语言是在听觉理解、情感等因素的基础上发展起来的，此外还考虑到事物的所谓"气息"。因此，比起建立在视觉观察和理性思考基础上的西方语言，东方语言更加多彩、更富有诗意。视觉文化是智慧的、理性的、理论的、积极的，而听觉文化是感性的、敏感的、直觉的、被动的。东西方存在着同样的社会阶层的划分，但西方对此并不过于强调，他们更愿意在人际交往中建立一种（常常是假装的）平等的关系；而在东方，阶级关系仍然存在并被明显强调着。

东方的交流模式间接含蓄，而西方模式则直接明确，在东方交流过程中有很多"暗示"和推测的成分，而西方人将语言作为一种工具并借此交流思想和意见，坚持直接做出决定，他们似乎不习惯接受非语言的表达。东方的理论强调整体性和一致性，而西方的观点则着重在对部分的测定上。也就是说，西方语言中强调对个人主义的理性思维方式的认知，而东方文化语言中强调对整体的直觉思维认知。因此，对于中国武术这种身体文化更加注重对技术动作的主体参与，切身感悟武术技术的思维范式和内在意蕴，显然这种重直觉重感悟的"语言"传播形式与西方的重理性思维方式的"语言"传播带有明显的区别。

（二）话语权与意识形态对中国武术形象国际传播内在机制的影响

"话语权"表面的意思就是说话的权力，即控制舆论的权力。你所占据的位置和你的声音分贝形成了话语权的两个要素。"人类的一切知识都是通过'话语'而获得的，任何脱离'话语'的事物都不存在，人与世界的关系是一种话语关系，话语意味着一个社会团体依据某些成规将其意义传播于社会之中，以此确立其社会地位，并为其他团体所认识的过程。"[①] 中国武术形象的国际传播是跨文化传播，因此，跨文化交流与传播必然受制于一定的环境与情境的话语权影响。莫拉纳说："跨文化交流若不考虑政治、经济和技术范围的知识，使用其他范畴就可以研究和分析的跨文化交流中的假设既天真又不现实。在现代全球的语境中，跨文化交流不可能发生在真空中。"[②]

因此，中国武术形象的国际传播作为中、西方跨文化交流的实践，必须考虑政治、经济和技术范围的知识体系，中国武术形象国际传播的话语体系建构同样受制于上述西方知识体系的抵牾。马克思主义理论非常重视传播手段和传播实践中的话语权的研究。传播实践是个人创造力与社会对这种创造力的束缚之间的矛盾的结果。只有当个人可以真正自由地、明确地和理性地表达自己的意愿时，才会得到解放。而这种条件在以阶级为基础的社会中是无法实现的。社会中的利益关系实际上是不同意识形态斗争的关系，从本质上讲，话语权的产生是对活动或文本的解释方式加强了一个集团而不是另一个集团的利益过程中产生的。

与话语权相似，意识形态也同样如此，多种意识形态在动荡的张力中相互并存。在中国武术形象国际传播的跨文化交流实践中，意识形态

---

① 王治河：《福柯》，湖南教育出版社1999年版，第159页。
② 郭镇之：《全球化与文化传播》，北京广播学院出版社2004年版，第331页。

这个术语对于中国武术形象传播的话语体系建构十分重要。霍尔这样来说明这个现象：关于表现系统的要点不是单一的……当你进入一个意识形态领域并拿起任何一个节点的表现或思想时，你立即就会引发一个隐含联想的链式反应，意识形态的表现是互为因果关系的。传播，尤其是通过媒体的传播，通过信息的散布对大众文化的影响有特殊的作用。媒体是极为重要的，这是因为它们直接展示了一种看待现实的方式。媒体是社会中意识形态的有力工具，对媒体文本的解释总是发生在意识形态控制的斗争之中。即使媒体是直接和公开地描述意识形态，但总能听到反对的声音，它们是一个社会中各集团间矛盾斗争的一部分。媒体还受到主导性的意识形态的支配并因此从占支配地位的意识形态的框架内来对待立场相反的观点。

意识形态是由占统治地位的政治力量维持的一套社会治理思想体系。意识形态理论家，法国的马克思主义者路易·阿尔苏塞尔认为，意识形态存在于社会本身的结构之中并产生于社会中各种制度所采取的实践之中，意识形态深深地根植于语言和所有其他社会与文化过程之中。正因为如此，意识形态实际上形成了个人的意识；并形成个人对经验的主观认识。意识形态对建构中国武术形象国际传播的话语权具有重要影响。东西方文化天然的差异，以及在西方意识形态占据优势的奥林匹克组织话语体系境遇下，是造成中国武术屡次申请成为奥林匹克正式项目未果的主要原因。因此，如何实现中国武术形象真正意义上的跨文化接受与融合，这需要冲破意识形态与话语权的桎梏。当然这一方面需要中国武术自身的强大；另一方面是中国武术的跨文化要切实跨越民族、国家的界限，实现中国武术话语与西方世界话语的交织与融会。

三 中国武术形象国际传播的内在机制

考察中国武术形象的国际传播机制，应当尊重中、西方文化方面存在的诸多差异,在厘清中、西方在传播模式的基础上,探寻武术形象人际传播、组织传播、大众传播的内在机制。西方传播方式注重交流信息的"译码",也就是以传者或信源为中心;而东方传播方式更重视"解码",也就是倾向接收者或受众的理解。西方人探求真理是建立在逻辑性论理的基础上的;而东方人认为真理的出现是建立在足够的知识准备和明晰的洞察力基础之上。西方人的行为取向使他们倾向于关注自然和技术,并希望能够控制和掌握它们;而东方人则致力于保持两者间的和谐关系。换句话说,中西传播模式对直觉、理性主义和经验主义的认识存在着重大分歧,表现出截然不同相互对立的观念。

(一) 中国武术形象的人际传播的内在机制

关系为人际传播的核心,是传播过程系统的一个重要部分。所谓关系,是指建立在传播双方相互作用的方式基础上各自对对方行为的一组期望。关系概念为人际传播理论的核心,在人际传播中,关系的性质由成员之间的传播所限定,关系与传播紧密地联系在一起,不可分割。两个人相互交流时,除了其他可能进行的动作,他们同时也在定位相互的关系。形成关系的期望是我们对他人行为或情感感知的结果。在中国武术形象国际化的人际传播途径中,参与者之间良好的关系和期望是中国武术形象人际传播的基础。显然,在武术形象的人际传播中,参与者之间的交流中存在对武术形象良好认知和美好情感的一方,如何将中国武术形象的良好认知和美好情感体验通过"透视"或"元信息透视"传播给受众,需要武术传播者对传播的受众一方良好的影响和期望。

信息是所有发展中关系的核心部分,关系传播中的一个重要方面就是关于个人信息的交换。关系传播中的不确定递减理论论述的是人们收集他人信息的方式,研究个人如何监察自己所处的社会环境以及如何增加对自身与他人的认识。不确定性递减理论用于跨文化的情形,发现所有的文化都寻求在关系的初始阶段减少其不确定性,但是采取的方式不同。东方文化区的"粘连文化"民族非常依赖整个情境解释问题,依靠关于个人背景的非语词线索和信息来减少对其认识的不确定性。西方文化区的"兀立文化"的民族更多地依赖于语言表达的明确的内容，或直接询问与经验、态度、信仰等相关的问题。一个很常见的现象就是，当我们认为他者是来自与我们自身不同的文化身份时，我们会感到一丝不安，不确定感就会变得强烈，当然，如果我们认为来自文化他者并不能带给我们自身潜在的威胁时，就会感觉到焦虑慢慢减少。

也就是说，当人们遇到来自异族的陌生人时，曾与不同文化的人交往的经验以及有过的友谊也能够提高人们的自信。另外，懂对方的语言，以及对歧义的一定程度的容忍都会对减少焦虑有所帮助。而且，在来自异族文化的人面前，表现得愈是自然坦然，愈可能更多地获取信息，减少不确定性。中国武术形象在不同文化区的传播，在充分考虑不同文化区特有的文化属性和文化特征基础上，还应考虑减少不同文化背景的人对信息感知的不确定性递减的其他变量影响。

在人际传播中的关系理论中受到关注和研究最多的理论之一是社交渗透理论。该理论的核心观念就是人们在社交中伴随着交流者之间的交往深入，随着信息的获得越累越多，交流者之间的关系也变得更加亲密。因此，社交渗透是一个关系中的信息透露与亲密度增加的过程。人际交流定义为渗透，交流者相互了解得越多，他们的交流就越带有个人感情色彩；相互了解得越少，交流就越不受个人感情影响。因此，人际传播正是社交渗透的过程，随着关系的发展，交流会向更深更具个人感情色彩的方向发展，交流者通过信息、感情及活动的交流提供宽度与深度方面的内容，来分享更多自身方面的信息。因此，传播是按层次逐步推进的。一旦达到了某一层次，在合适的情况下传播者在该层次上会分享更为广泛的内容。

社交渗透理论对中国武术形象人际传播向深度和广度发展提供了理论支持，发挥社交渗透理论中良好人际交流向深度发展，让中国武术形象的传播在良好的人际交流过程中伴随美好的个人感情色彩，使武术形象在不同文化语境的人际传播中收获域外民族的文化认同和情感善意。"对话的倾听"是人际传播中人与人之间的对话式传播与倾听式接收的结合,在武术形象的跨文化传播中"对话的倾听"是最理想的传播模式。"在所有的文化的源头,人的精神都表现出一种对话性,真理和本真的生活都是经由对话得到的,只是在后来的发展中才失去了这种对话性。"[①] 在中国武术形象的跨文化传播实践中,对话的倾听传播应是一种理想的有效传播模式,对话建立了人与人之间相互信任,彼此依存的紧密关系,是自我与他人共同"在场"的相互审视和认证,而倾听完成了对武术形象信息的接收并确定了武术形象的意义。

(二)中国武术形象组织传播的内在机制

大量的信息传播在组织中进行,武术形象的国际传播同样是通过组织传播的途径进行的。组织是一个至少由两个人(通常人数更多)组成的有相互依赖关系及投入与产出的系统。组织传播中的绝对信息是指系统中所有的有关信息,分配信息是指组织中传播的信息,前者指所有已知信息,而后者指个人了解的信息。武术形象的组织传播不仅需要充分考虑组织中正式管理途径的武术形象的绝对信息传达,还应当适当考虑非正式途径中在组织成员之间关于中国武术形象分配信息的流动与传递。

组织网络特征可从范围、功能及结构这三个方面做出描述。范围是指分析层次,涵盖组织子系统各个组织之间的信息传播;网络的第二个要素是传播的功能;结构就是信息传递表现出来的形式和规则。组织传播中我们感兴趣的是一般情况下谁对谁说话,即组织中信息的流动。根据组织网络特征的三个方面,在中国武术形象的组织传播中,需要理解武术形象信息传播的范围特征、信息的生产创新及维护、信息传递的形式与规则。组织传播的机制研究主要有职位论、关系论和文化论这三种主要方法。

---

① 刘杰:《马丁·布伯论"东方精神"的价值》,《文史哲》2000年第6期。

职位论的方法注重的是组织中正式的结构和功能。显然，职位论采用的是结构法，将组织定义为一组稳定的并正式确定的相互关系的集合。在"职位论的组织"框架下将中国武术形象纳入传播体系，对组织中的每一个职位都有明确的传播职责。

关系论的方法讨论的是组织成员间关系形成的方式，在该方法中，组织被视为一个具有生命力的、不断变化的系统，由其成员间的相互作用形成并被赋予意义。在"关系论的组织"框架下，中国武术形象的传播更加注重成员间的互动关系，并在成员间的相互关系中实现对中国武术形象意义的传播与确定。

文化论的方法以符号、意义为核心，认为事件、仪式及工作任务的参与者创造了组织世界，该方法注重组织成员的意义和价值观。它检验了人们如何通过事件、仪式、符号及其他形式的活动来形成并再形成一系列认知。文化影响传播行为，不同组织成员之间的不同文化背景不仅影响个体成员的行为，也会影响组织其他成员的行为。在"文化论的组织"框架下，中国武术形象的传播要将组织成员组织化的行为方式与日常生活意义的符号生产纳入整体考虑的视野，也就是说在中国武术形象的传播中武术形象的话语形成组织中的话语"权威"，并在武术形象的意义体系中促进组织在不同情境下对武术形象传播的系列认知和适应性选择。

（三）中国武术形象的大众传播的内在机制

媒介是大众传播的核心。我们所处的社会和时代，无时无刻不受到传播媒介的影响。媒介与内容对于大众传播都具有重要的影响，对于符号学家而言，大众传播的内容更加重要。显然，中国武术形象的国际传播，要在制作关于中国武术形象信息内容上，清晰地向域外大众提供关于中国武术真实形象的内涵信息，这对域外大众形成对中国武术形象真实的认知至关重要。

大众传播在宏观上，主要是媒介与社会机构的联系，即媒介如何融入社会结构和媒介间的相互影响。媒介对传播信息来说不只是简单的工具,而是复杂的组织和重要的社会机构。媒介有可能传播主导意识,也有可能传播其他的和对立的意识。大众传播理论的微观面,主要是媒介—观众的联系,面向包括群体和个人的人们,着眼于群体和个人的影响及信息传播的结果。事实上,在大众传播中的观众群体具有复杂性的特征。观众可能具有一些大众社会的因素,同时也可能具有地区性社区的某些因素;观众可能在某些方面主动,而在另一些方面被动,或者在某些时候主动而在另一些时候被动。武术形象的大众传播,在宏观上,要考虑媒介与社会机构的联系,形成媒介对中国武术形象传播的主导意识,而微观上,要考虑观众的复杂性,针对不同的观众群体和特性,增强中国武术形象传播的有效性和针对性。

观众通过联想赋予媒介信息以意义,观众个人也可能对信息内容怀有自身的感情(情感解释),有着与其相关的行为,例如依从(能动解释),或是诸如对为什么某一行为是正当的合理性解释(逻辑解释)。如,制作人明白将在观众文化中引起某些意义的内容种类,用真正的文本更强调众多意义中的某些意义。例如,功夫影视制作人会希望从角色中引出正义和扬善的主体意境,必须知道如何设计武术文化形象和技术形象引起观众的吸引和注意,换句话说,剧作者和演员将致力于赋予每个角色一种特别的感觉,以吸引观众的注意。武术形象的传播应该这样遵从观众。

在中国武术形象大众传播的媒介中获取观众的注意同样具有重要的作用。语义显露是大众传播媒介获取观众注意的主要方式,武术形象如何突出地呈现在媒介信息中是一种重要的语义显露。应该注意的是,语义显露的同时也要注意编码过度,许多"额外编码"或外界因素能影响意义,意识上的编码过度尤为重要,这出现于当观众的思想意识影响对信息的解释时,即使这一意识上的解释并不是有意为之的。中国武术形象国际传播的语义显露即是运用符号强调中国武术的某一特征并使其他特征模糊，人们可以从信息中"看到"的所有事物中，有些是被强调的，而另一些则被遮掩起来，这就决定了信息所要传达的意思。功夫剧中的语义显露由武打动作设计、人物表情和非言语行为来表现。

四 小结

中国武术形象作为一种对中国武术整体认知的信息客观存在于生活世界。中国武术形象的国际传播表面上关于中国武术形象的认知信息在域外大众进行传播的行为，但是从内在本质上看，中国武术形象的国际传播是将中国武术形象内蕴的价值观和文化意蕴传播到域外。在域外观众获得对中国武术形象真实清晰的认知后，在情感上增强对中国武术的国际情感善意，在认知心理上获得对中国武术文化上的接纳认同，在此基础上，整体提升中国传统文化在国际社会的影响力和传播力，塑造中国在国际社会崇尚和谐爱好和平的文化传统价值理念，增进国际社会对中国发展的尊重、理解和善意，形成中国在国际社会的正面良好形象，增强中国在国际社会的有效影响，为中国发展赢得和平稳定的国际环境。

基于中西方文化传统的不同，厘清中国武术形象国际传播的话语机制，是中国武术形象域外传播顺利进行的根本保证。中国武术的话语权一直被裹挟在以西方文化为强势传播力的弱势境遇之下，找回中国武术形象传播的国际话语权，既要正视中国武术所处的西方强势文化霸权的现实情境，也要检视中国武术自身努力方面存在的不足。中国武术形象的国际传播与文化传播的层次紧密联系，中国武术形象的人际传播、群体传播、组织传播和大众传播是中国武术形象传播的主要途径。中国武术形象的人际传播和群体传播应当重视传播中"关系"这一核心观念；武术形象的组织传播既要重视组织传播的网络特征，也要注意职位论、关系论和文化论这三种主要方法；武术形象的大众传播不仅要重视大众传播宏观层面上媒介与社会机构的关系，也要重视微观层面上媒介与受众的复杂性联系。

第三节 中国武术形象国际传播的价值与效应

价值多元化是社会文化发展的产物。随着文化全球化的到来，中国武术形象国际传播的价值也表现为多元化的特征。中国武术形象是中国武术身份和民族文化的身份象征；中国武术形象根植沉淀了中华民族精神，是中国武术精神的重要呈现；中国武术形象国家形象的展示窗口；中国武术形象是中国武术自身发展与国际传播的声誉基础。中国武术形象国际传播中一个重要的问题是对域外社会及民众个人产生什么样的影响，即社会效应和个人效应。社会效应的理论主要有舆论领袖、大众舆论、培植性分析以及议题设置等，个人效应的理论主要有有限和强力效应、使用和满意理论、期望价值理论以及依从理论等。基于上述关于传播效应的理论基础，分析中国武术形象国际传播的社会效应和个人效应，实现中国武术国际传播价值评估的重要意义。

一 中国武术形象国际传播的价值阐释

中国武术形象是民族文化的身份象征。中华民族历史悠久，传统文化是支撑中华民族强大生命力和存续力的坚实基础和精神源泉。中国武术作为中华民族优秀典型的文化形态，其生发、成长、兴盛的过程都离不开中华民族传统文化的滋养和浇灌。中国武术蕴含着中华民族传统文化的基因，中国古典哲学思想、中国传统兵家思想等都是中国武术历久弥新、顽强生命力的动力源泉。"身份"这个词语用来表示某个个体或群体据以确认自己在一个社会里之地位的某些明确的、具有显著特征的依据或尺度，如性别、阶级、种族等，因此，"身份"的基本含义实际就具有了事物原本固有的特质、本质的意蕴。

从这个意义出发,中国武术形象作为武术身份的象征,实际上说明中国武术形象蕴含着中国武术本源的特征和本质。武术身份也就是武术的中国身份,脱离了"中国属性"的武术也就不能称为中国武术,体现了中国武术文化的本土化特征。中国武术首先是中国的,其次才是世界的。中国武术形象是民族文化的身份象征,"中国武术的确有太厚重的中国面貌和中国身份。所以,中国武术的发展应该追求中国身份和中国面貌。唯其如此,中国武术的发展才具有当代的文化意义"[①]。

中国武术形象是国家形象的展示窗口。"国家形象是国家软实力的重要组成部分与直观体现,是国家及其重要的无形资产"[②],良好的国家形象是国家发展的声誉资本。近年来,中国武术的发展正如中国的蓬勃发展过程一样,"在这个蓬勃发展的进程中,中国吸收了各种各样的因素,这些因素又总是被一股显示出中华文明惊人能量的同化力转变成中国本身的价值"[③]。武术发展过程中的这种精神元素就是激荡在其中的武术形象的正能量和武术价值所在,它不仅满足了人们的生存意愿和精神愿景,促进着社会的发展和进步,也是武术顽强生命力的根源所在。

挖掘和发现武术文化中的正能量和文化价值,提升整个民族文化品格和自觉意识,将中国武术的和谐观念向世界传播,在中国文化复兴的进程中,向世界展示文明中国的大国形象和强国形象。武术形象是国家形象的展示,向世界有效展示国家的整体文化形象必须做好武术文化的世界传播,从这个意义上说武术的文化输出具有国家战略的重要意义。因此,在世界化的语境中,输出中国武术文化,彰显中国

[①] 王岗:《思考与争鸣:对中国武术发展的边走边思》,北京体育大学出版社2017年版,第42页。

[②] 胡晓明:《国家形象》,人民出版社2011年版,第4页。

[③] 丁韪良:《汉学菁华:中国人的精神世界及其影响力》,世界图书出版公司2010年版,第5页。

国家形象，展现中国话语对维护和促进世界文化的良性发展具有重要的不可替代的价值。

中国武术形象是民族精神的沉淀与武术精神的呈现。中国武术是中华民族智慧和情感的结晶，浸润着民族性格气质，彰显着民族个性，蕴含着中华民族精神。中华民族能够取得今天的成就不是偶然，不是侥幸，而是历史的必然，展望未来，中华民族一定是引领世界发展潮流的民族，一定是引领世界先进文化的伟大民族。"事有必至，理有固然"，中国武术文化凝现的中华民族精神是中华民族赖以生存、成长和发展的基石，是中华民族不可战胜的强大生命力的源泉。中华民族精神即是中华民族在共有文化上表现的一种共同心理素质，这种精神构成中华民族文化身份的确认与核心。

民族精神是一个民族的历史积淀和身份标签，是民族与民族之间区别的重要标志。"作为底蕴，沉淀于民族文化的最深层；作为支柱，屹立于民族大厦的最底层；作为引领，矗立于民族心灵的最高位。"[①] 中华民族的悠久历史滋养了中华民族精神，是中华民族逆境中崛起、顺境中腾飞的精神支柱和动力源泉，是新时代中华民族自信自强的底气与实力。武术精神是中国人的精神，武术精神的核心是爱国主义精神。中国武术人在抵御倭寇和国外搏击挑战所取得的胜利，是中华民族爱国精神的胜利，根植于中国武术人血脉中的爱国情怀，是中华民族生存发展的强大精神支柱和永不枯竭的动力源泉。

中国武术形象是中国武术自身发展与国际传播的声誉基础。中国武术形象是武术的象征资本，是和武术声誉相互联系的。良好的中国武术形象成就了中国武术的良好声誉，良好的武术声誉正是武术自身发展和国际传播的重要基础。长期以来，中国武术发展的尴尬境地是由中国武术负面形象的不良影响造成的。良好的武术形象澄清了武术的神秘虚

[①] 干成俊：《走向文化强国的精神动力：弘扬民族精神和时代精神》，人民出版社2017年版，第2页。

假,还原了武术的真实面目和本原形象,提升了中国武术自身发展的内在聚合力,是中国武术内涵发展和文化输出的重要保障。中国武术神秘文化的色彩是与中国武术发展过程中的社会环境分不开的。

中国武术一度被过分蒙上神秘色彩,被冠以中华神功的字眼。提起中国武术,人们也总会想起飞檐走壁、隔山打牛、刀枪不入、不死金身、蹬萍渡水、踏雪无痕、头撞石碑、金枪刺喉等神秘虚幻般的形象和场景。在信息社会的今天,神秘虚假的中国武术形象,已经成为中国武术国际传播的严重障碍。对于域外每一个武术参与体验者而言,只有把真实的中国武术还原给域外民众,中国武术的国际化交流和传播才会赢得尊重,中国武术的自我发展空间才会更加广阔。

在"文无第一,武无第二"的江湖社会中,中国武术各拳种门派并没有真正地将"贵和"的武术理想落实于心。门派争斗时有上演的武术江湖,与中国武术"崇德向善"的价值观相去甚远,也损害了中国武术应有的良好形象。中国武术倡导的"以和为贵""重礼崇德""武不凌弱"的价值理念是每个中国武术的参与者都应该践行的恒久理想,然而中国武术自身说一套做一套的不团结的形象已成为中国武术的顽疾。如果不能改变这种顽固不化的痼疾,中国武术的发展注定前路艰险,而唯一能改变现状的就是重塑中国武术"内求团结"的良好形象,助推中国武术的内涵发展。

"打铁还需自身硬",只有自身的强大,才是硬实力,才是硬道理,中国武术才会面对西方强势文化的挑战环境中保持一份沉稳和自信。中国武术形象是中国武术身份和精神的象征和体现,是武术象征资本和象征权力的标识,也是中国武术跨文化交流和未来发展的声誉基础。解读中国武术国际传播的多元价值,是为挖掘中国武术真正的普世价值与思想。尽管中国武术"走出去"取得了一定的成就,但是这些成就与我们期望的成绩相去甚远。"中国武术'走出去'的现状就像一个'有价无市'的艺术品一样,有满意的数字化组织机构,但着实缺少轰轰烈烈的人气。"① 重构价值，重塑形象，挖掘中国武术内在的价值，寻找中国武术不同于西方文化"特别的东西"，这种"特别的东西"才是域外民众内心真正所需要的东西。

二 中国武术形象国际传播的效应

拉斯韦尔提出的 5W 传播模型概括了信息传播的基本要素，其中最后一个要素，即产生的影响就是传播的效应问题。中国武术形象国际传播中一个首当其冲的问题是对域外社会及民众个人产生什么样的影响，即社会效应和个人影响。传播学中关于传播社会效应的理论主要有舆论领袖、大众舆论、培植性分析以及议题设置等，关于传播个人效应的理论主要有有限和强力效应、使用和满意理论、期望价值理论以及依从理论等。基于上述关于传播效应的理论基础，分析中国武术形象国际传播的社会效应和个人效应，理解中国武术国际传播价值评估的重要意义。

（一）中国武术形象国际传播的社会效应

传播学理论中占据重要位置的是关于信息传播与影响的研究。显然，在信息传播中，舆论领袖的作用是巨大的。社会中的每一个群体都有领袖人物，这种领袖人物在特定群体和特定环境的领导作用在信息传布中占据主导作用。信息从大众媒介向社区中某些舆论领袖传播，再由他们通过交谈传播给社区中其他人。某些舆论领袖从媒介获得信息，接着传输给其他人。信息和新思想的传布属于人际关系的一部分。人际关系网中人与人的相互影响在各种人际关系、小群体和组织中举足轻重，它同样在大众传播中关系重大。信息的传送是传播中最重要的结果，一种新的思想的诞生就是信息传输的结果，也就是说当一种创新的想法从起源地传向周边地区，然后陆续传向其他地区，一个新的思想就这样传

---

① 冉学东、王岗：《对中国武术文化"走出去"战略的重新思考》，《体育科学》2012 年第 1 期。

播开来了。

人际关系网并不只是舆论领袖与追随者之间简单的信息连接,与其说信息传布是信息简单地从一个人传到另一个人,还不如说是接受关系的产物。在中国武术形象国际传播中,舆论领袖是指在中国武术这一问题上具有重要影响力的单态性领导,比如武术家功夫明星以及武术学者等。在中国武术形象的国际传播中,上述舆论领袖的作用和影响无疑是重要的。中国武术内涵的价值理念对于域外受众而言就是一种新思想的传播,新思想一旦建立,都会对社会有所反馈,这种反馈呈现的正面结果正是我们期望的正面社会效应。传播与公众舆论的关系很大。

在当今信息社会中,公众舆论这一话题已受到了极大关注。公众舆论这一概念不是代表一小群个人的看法,而是代表公开发表的,涉及公共事业的,一般民众群体的看法。在现实社会中我们会发现,人们对于自己意见与大众意见一致时,就会发表自己的观点,反之就保持沉默,这就是"沉默螺旋"理论。显然,沉默螺旋理论体现着大众舆论对信息传播的主导作用,他人的批评威胁是使人沉默的强大力量,同时也避免了自己被群体孤立。中国武术形象的国际传播,如何协调发挥公众舆论与武术传播之间的关系,让中国武术正面形象的公众舆论成为大众舆论的"胜利"方,这同样考量着武术传播者合理利用大众舆论理论的智慧。

信息传播的社会效应同样需要培植,这就是培植性分析理论。培植性分析是基于人们长时间观看电视的现实提出的,完全沉溺于电视对于人们的认知方式和现实看法的培植都是重要的。电视一般对整个文化有种扩散性影响,进而对它们发生影响。事实上,培植性对不同的群体影响不同,你与他人之间的相互作用影响着你接受电视现实的倾向。培植性分析尽管对于大众传播的社会效应起到一定的影响作用,但培植性是电视的一般效应,它不是普遍现象。尽管培植性分析对于中国武术形象国际传播的社会正面效应只能起到有限作用,但是中国武术形象的国际传播仍需充分考虑武侠电影、功夫影视剧对域外民众扩散性的重要影响力。

议程设置功能同样是信息传播产生社会效应的重要方式和手段。也就是说，媒介建立大众议程的能力部分依赖于它与权力中心的关系，在媒介权力的影响下，媒介议程影响公众议程，公众议程影响政策议程。议程设置理论给予中国武术形象国际传播提供了重要的理论借鉴，那就是如何在中国武术的大众传播中合理设置有关中国武术形象的媒介议程，在合理设定媒介议程基础上，选择适当的层面影响公众对中国武术形象的认知观念，形成公众议程，在公众议程的基础上对政策议程施加适当影响，最终形成有关中国武术的政策议程。但是应该看到，议程设置并不是简单的过程，在中国武术形象的议程设置中，不仅要考虑议程设置的合理性，还要考虑到媒介力量的复杂影响因素。媒介的力量依赖媒介的可靠性，对于中国武术形象国际传播而言，处理好武术议程设置与媒介权力的关系是决定中国武术国际传播社会效应的重要因素。

（二）中国武术形象国际传播的个人效应

武术形象国际传播中的良好口碑是离不开个人效应的作用，特别是武术技术形象的塑造是通过武术习练者个体的主体性感知形成的对中国武术的良好评价来实现的。传播学中关于个人效应的理论主要是有限效应理论、使用满意理论、期望价值理论与依从理论。大众传播不是观众效应的必然和充分原因，它受到其他变量的调和，这就是有限效应。认为有许多变量卷入观众间的相互效应作用中，以各种方式形成效应。观众面对信息具有选择性，这种选择面对媒介的假设预示着人们在多数情况下将会选择与自己态度一致的信息。观众效应被群体、人际关系的选择所调和。有限效应理论提示我们中国武术形象大众传播的效果并不仅仅是媒介的作用，还需要人际关系、态度选择等其他变量的相互作用来调和与实现。

"使用—满意"的理论观点，针对的是消费者观众个人而不是媒介。媒介被认为只是满足个人需要的途径之一，个人可以通过媒介或其他途径满足需要。换言之，在媒介提供的选项之外，个人还可以挑选其他的途径满足需要。利用"使用—满意"的观点实现武术形象传播的个人效应需要提高武术习练者的愉快体验和情感满足，达到满足需要和接纳认同的传播效果和目的。"使用和满意"理论基本思想延伸出了期望价值理论，根据这一理论，人们按照信念和评价将自己在这个世界上定位，我们知道一种态度是由一组信念和评价组成的。简言之，你对媒介某个环节的态度是由你对它的信念和评价决定的。例如，如果你相信武侠影视剧能提供愉悦和想象的快乐，并评价很高，你会通过观看武侠影视剧寻求愉悦和满足感。相反，如果你对其评价不高，你就不会去观看。或者说，你对节目类型产生一些信念，对每一类各有评价，于是你对这类节目的倾向性就将由整组的看法和评价决定。

期望价值和依从理论都是依靠媒介提供的信息来达到媒介消费者的需求满足，因此，在武术形象传播中，应当提供高质量的侠武叙事的武术作品，满足广大受众的情感需求和心理满足，以此收获媒介受众对武术形象的高度评价。对于任意给定的群体来说，依赖于媒介某一环节成长起来的人将在认知上、情感上和行为上受其影响，观众为了他们自己的目的而使用媒介，但是在使用过程中可能会对其产生依赖。因此，对于特定的武术习练者群体而言，在武术习练中提供关于对中国武术形象的重要信息，武术习练者群体在对媒介信息依赖性增加的过程中也会增加对于中国武术形象的良好认知。当然，武术形象传播的个人效应单纯依靠媒介信息是不全面的，域外民众对于武术形象的良好认知更多的是通过自身对武术文化的主观体验来实现。

三 小结

作为中华民族生存和发展智慧结晶的中国武术，应在中华文化崛起的时代承担起中华文化复兴的责任和担当。"在人类历史的发展过程中，人们从来没有像今天这样强调形象的价值与魅力""对形象的追求与塑造已成为维系个体、群体、企业、政府、事业单位以及城市、区域、国家等社会组织生存、发展的一种基本目标和手段；形象的触角已延伸到社会生活的各个角落，人类正在步入一个形象制胜的时代"①。在中西文化交融过程中，要研究和适应"国际游戏规则"，既要重视中国武术形象国际传播中的社会效应和个人效应，又要坚守中国武术文化的精髓内涵和价值自信，在文化全球化的时代，中国武术需要以更加积极的姿态，塑造良好的正面形象。

第四节　中国武术国际传播的品牌形象及塑造

中国武术作为中国传统文化的代表形态，长期以来对于中国武术的国际传播和推广策略仅仅局限于将其限定在文化及技术层面的人际传播、群体传播等方面。在互联网和信息社会时代，企业传播、内部传播、金融传播、营销传播、大众消费传播等多维传播已经成为最为流行的传播营销策略。市场营销传播理论整合了形象以及品牌传播、大众消费传播的受众及趋势、营销传播的产业链特点、派生需求及个性化传播的工具、国际传播的环境和不同策略等内容，为中国武术国际传播的品牌形象塑造和传播推广策略提供了移植和借鉴的理论文本。本文从品牌传播和营销学的视阈出发，阐述了中国武术作为品牌的理论基础，构建中国武术品牌形象的识别系统，塑造中国武术国际传播中的文化品牌形象，试图为中国武术国际传播提供新的思路与借鉴。

一　品牌与品牌形象的概念

品牌的概念起自营销学，原意是表达一种标记、印记的意思。品牌

---

① 秦启文、周永康：《形象学导论》，社会科学文献出版社2004年版，第2页。

是一个复合性的概念,想要准确的界定一种品牌并不是简单的事。"品牌是什么?你在潜在顾客的心智中所拥有的独特的概念或认知。它是如此简单,又是那样的困难。"① 因此,从营销学的角度出发,"品牌是指识别商品或劳务的名称术语、象征或设计,及其组合""品牌是一个名字、名词、符号或设计,或是上述的总和""品牌是凝聚着企业所有要素的载体"②。可见,作为一个复合性的概念,品牌包含有多重意义。

从品牌与消费者的关系出发,品牌具有消费者"感知"的心理属性;从品牌的形成过程出发,品牌具有"传播"的行为属性;从品牌的内涵出发,品牌具有"文化"的社会属性;从品牌的实质出发,品牌具有独特的"价值"属性。品牌是没有国界的,或者说,任何一种品牌都有可能成为全球化的品牌。国家品牌是将一种产品打造成能够代表国家形象和国家特征的标志性认知符号。世界上的每一个国家、民族都有自己对事物的独特认知,也就是说,一个国家的心智资源非常重要,"如果一个品牌带有自己国家独特心智资源的认知,它就有可能成为全球品牌"③。

我们通常所说的某某品牌,是指对某种商品标识或者商品符号的认知,其中含有消费者对该商品价值、文化品质等的评价和信任意义。从营销学的意义出发,品牌不仅仅是商品的识别标志,还体现着消费者对该商品的品牌形象的认知度,品牌形象是一种象征性的无形资产。从营销学意义出发,"品牌形象是根据消费者的推断而对品牌的总体感知,这种推断是在想象和外部刺激的基础上,从经验中积累和形成的对于产品的信念"④。

---

① [美]艾·里斯、劳拉·里斯:《品牌22律》,寿雯译,山西人民出版社2011年版,第195页。
② 王钧、刘琴:《文化品牌传播》,北京大学出版社2010年版,第35—36页。
③ [美]艾·里斯、劳拉·里斯:《品牌22律》,寿雯译,山西人民出版社2011年版,第160页。
④ 胥琳佳:《品牌形象的国际化传播:基于受众的态度和行为的视角》,人民日报出版社2016年版,第15页。

因此，品牌形象应当准确体现该品牌的内涵及象征意义，品牌既要有明确的品牌名称和符号标识，又要体现产品属性和消费者、竞争者之间的有机关联。"品牌名称的力量在于人们心智中对品牌名称意义的理解"①。产品类别、产品个性、产品受众、产品定位等都是与品牌形象息息相关的因素，作为产品或者企业呈现给大众的总体印象，品牌形象的好坏从根本上取决于该产品的市场定位与推广。因此，品牌形象不仅要分析竞争对手在同类产品中的形象影响，更要关注来自专业受众对产品质量和真正需求的契合度，营销中哪怕是很小的关于该产品的负面形象都能左右和影响受众对该产品的购买选择。

二 中国武术品牌形象与国际传播

（一）中国武术品牌与中国武术品牌形象的概念

品牌与文化本身就存在着不可分割的紧密联系，独立性的品牌与社会历史文化之间的依存性关系也是品牌存在的社会文化基础，将中国武术打造成中国文化品牌已经在学界引起关注。品牌的实质是品牌的价值、文化和个性。中国武术孕生于中华民族传统文化的土壤，汲取着传统文化的丰富营养，携带着民族传统文化的生命基因，因而呈现了中华文化的总体特征。"中国武术的文化要义，集道德至上、追求教化、享受过程、艺术至上、和谐有度于一体，全面反映和折射出中华文化的特征和我们民族的核心价值观。"② 显然，武术具有品牌的重要特性。

"如果你想创建一个强大的品牌，你必须在顾客心智中建立一个强大的质量认知。"③ 对于武术品牌而言，同样需要在顾客心智中建构一

---

① ［美］艾·里斯、劳拉·里斯：《品牌22律》，寿雯译，山西人民出版社2011年版，第145页。
② 王岗：《中国武术：走向世界的文化品牌》，《中国社会科学报》2012年2月20日第B05版。
③ ［美］艾·里斯、劳拉·里斯：《品牌22律》，寿雯译，山西人民出版社2011年版，第60页。

个强大的质量认知意识，武术不同于一般意义的商品品牌，这种顾客心智中对中国武术的质量认知实质上指向对中国传统文化价值层面的认同和情感层面上的接纳，满足域外民众对中国武术文化的价值需求。"文化产品，当它具有某种'个性文化'，才可能在产品问世之处博取公众的好感与情感依附，并在内在价值优质的同时，最终赢得消费者的青睐，形成品牌或永久品牌。"① 打造中国武术文化产品，形成中国武术文化永久品牌，一是打造中国武术的个性文化，也就是形成中国武术独特的文化个性；二是打造中国武术文化品牌的优质价值。

武术品牌形象是与中国武术相关的所有因素的组合，也就是说关于中国武术的一些具体的因素，如中国武术的标识符号、拳种技术、武术器械等等都是构成武术品牌形象的重要因素。此外，还包括诸如武术文化价值、武术精神等内在与抽象的因素。也就是说，武术品牌形象与真实的武术商品不同，武术商品是真实存在的武术文化产品，而武术品牌则体现着武术精神和价值层面的抽象意蕴。武术品牌形象作为武术文化产品质量的衡量标准，更多的体现武术文化产品精神意义层面的表达，这种对武术精神意义的表达其不仅体现在武术习练者对武术价值的真实需求中，也存在于武术习练者对中国传统文化的美好想象里。

中国武术作为一种品牌形象，必然与韩国跆拳道、日本武道具有完全不同的文化价值、技术特征、思想内涵。或者说，中国武术品牌形象具有独特性、影响力、凝聚力、好感度等特征。中国武术品牌形象的独特性是指与其他武道文化和武道产品的品牌保持独立性、个性化品质与特征；影响力是指中国武术品牌在域外民众中产生一定程度的文化影响；凝聚力是指中国武术品牌相关因素内部的关联属性；好感度是中国武术在受众心目中形成的良好情感和正面口碑评价。应当明确，中国武术作为一种品牌，武术品牌的力量必须提供给消费民众对于中国武术文化价值和文化意义的理解，形成受众对中国武术良好的情感依附和价值

---

① 王钧、刘琴：《文化品牌传播》，北京大学出版社2010年版，第26页。

契合。

(二) 中国武术品牌形象的识别系统

任何品牌形象的塑造都是品牌构成要素的内在关联与系统整合。品牌并不仅仅是一个名称，而是品牌生命中逐步发展过程中所有可以识别因素的总和，如品牌文化价值理念的特征、品牌独特标识的设计、品牌宣传推广的广告词的描述、品牌色彩以及声音等符号的选取等，这些有形或者无形的因素不仅是品牌价值的体现，也是品牌形象塑造的重要因素。品牌的构成要素是品牌形象的核心，也是品牌识别体系的载体和表现形式，正是品牌的构成要素构成了品牌的视觉识别体系。视觉要素是品牌构成的外在化的表现形式，是企业产品和企业特色的载体和综合体现，视觉要素不仅仅是简单的符号设计，更要体现企业及产品的核心价值理念，包括文化内涵、企业愿景、未来规划等。"品牌的标识应该设计的符合眼睛的视觉感受，符合两只眼睛的视觉感受。"[1]品牌视觉识别体系体现在品牌字体标准、品牌标识设计、品牌色彩搭配等方面，品牌视觉识别系统是企业整体特色的综合反映和符号化的外在体现。

企业形象识别系统是企业通过各种手段将企业的各种特征向社会公众展示和传播，形成社会公众对企业的良好认知和情感，塑造企业的良好形象。借鉴企业形象识别系统的理论应用到武术形象中进行武术品牌形象的识别。"一个品牌标识，就是品牌的视觉符号（即商标）和用特殊字体设置的品牌名称的组合。"[2] 设计中国武术品牌形象的视觉识别特征是构建中国武术品牌形象识别系统的关键，中国武术品牌的塑造同样需要设计一套符合视觉习惯的特殊字体和武术符号，中国武术品牌的意义应当存在于所设置的中国武术特殊字体的词汇中。中国武术品牌的

---

[1] ［美］艾·里斯、劳拉·里斯：《品牌22律》，寿雯译，山西人民出版社2011年版，第139页。

[2] ［美］艾·里斯、劳拉·里斯：《品牌22律》，寿雯译，山西人民出版社2011年版，第141页。

字体设置和符号创意应基于易读性、清晰性、简明性的原则。"品牌的意义存在于字母或词汇中,而不是在视觉符号中"①,正如知名的耐克品牌,"是耐克这个名称赋予了钩子图形以意义,而钩子图形并不能赋予耐克这个品牌多少意义。当符号长期与一个名称联系在一起后,就会产生类似一种'画谜'的效果,该符号就可以代表这个名称。但是,保持品牌力量的仍然是品牌的名称"②。在关于中国武术的词汇以及字母中,尽管"中国武术""武术""功夫""Martial Arts""Kung fu"等都具有中国武术明确的表达意义,但是作为塑造国际传播中的一种文化品牌,仍然需要选取恰当的词汇和字母作为中国武术品牌的名称。

品牌标志是塑造品牌形象和品牌知名度不可或缺的重要因素。一般而言,人们对于图像的视觉习惯要比文字敏感,一个好的品牌标志可以让品牌被人们迅速的记忆和再认。中国武术的品牌标志是中国武术文化的符号化体现,作为中国武术品牌标志的设计,既要体现中国武术的文化形象和独特特征,又要简单明晰,方便域外人们的认知记忆并被不同的受众接受。品牌标语同样是塑造品牌形象的重要因素。耐克简单明了的那句"just do it",在不同的消费者心目中存在有无限联想,形成了消费者自身的不同理解和象征意义。"just do it",不仅蕴含着耐克公司的精神理念,同时又给予不同受众丰富的想象力。如果说品牌标志和品牌名称是品牌传播的第一信息,那么品牌标语则是企业品牌的有效补充和完善。因此,塑造中国武术品牌形象同样离不开中国武术品牌标语的设计,武术品牌标语的设计应是中国武术文化的高度凝练和中国武术哲学的高度总结。中国武术产品的本身内容广博,武术品牌构成元素又复杂多样,因此,构建这样一套跨文化传播武术品牌形象的识别系统,需要太多的工作要做。

---

① [美]艾·里斯、劳拉·里斯:《品牌22律》,寿雯译,山西人民出版社2011年版,第144页。

② [美]艾·里斯、劳拉·里斯:《品牌22律》,寿雯译,山西人民出版社2011年版,第144页。

(三) 中国武术品牌形象的国际传播

中国武术的国际传播属于跨文化传播活动，不同国家和地区的受众由于生活习惯、文化传统、社会背景、认知情趣等的不同都会影响中国武术的国际传播效果。相比较而言，如果一个国家在国际上的地位处于强势，那么该国家的文化基本被认为是强势文化。强势文化的优势在于，通过不断的文化输出形成国际化的话语体系以及能够被国际所接受的话语逻辑。中国武术的国际传播应当立足于中国武术自身的文化个性、价值内涵，建构中国武术自身的特色品牌形象和品牌传播话语体系，也就是将中国武术文化产品打造成能够代表国家形象和国家特征的标志性认知符号，塑造中国武术的国家品牌形象。

我们客观地承认，在中国武术国际传播中武术品牌形象的推广策略中，中国武术在国际传播中文化内涵和象征意义的表达还不足，或者说，中国武术还没有在国际传播中形成自身特色的品牌形象话语体系。相比较韩国跆拳道的国际化推广，中国武术在国际传播中创新能力和竞争力的不足同样让中国武术在国际化推广中处于劣势。即便是漫步中国国内城市甚至乡村街道，步入眼帘的多是汉城黑带跆拳道的字眼，却很少看到中国武术俱乐部的标牌，在国外的情景基本类似。

从营销学的视角出发，任何品牌形象的国际传播，一方面是品牌制造者主动地传播品牌信息；另一方面是品牌的接收者，通过对品牌信息的认知，完成从态度、情感到行为的转变，中国武术品牌形象的国际传播如此。武术品牌形象源起于武术品牌自身，因此，武术文化本身的品牌内涵是武术品牌形象国际传播的关键因素，也就是说，武术品牌形象的国际传播，首先是基于中国武术文化内涵基础之上而建构的形象传播话语。好莱坞的中国功夫片就是将中国武术内涵的意识形态通过功夫影视的形式，创造性地改造和编写，引导好莱坞观众对中国武术文化认同而产生心理共鸣，对中国武术产生情感上的善意，进而成为中国功夫的学习者和追随者。

"品牌形象并不是一个笼统而统一的概念和形象标识,而是一个个具体的形象总和"①,具体而言,在国际传播过程中,不能笼统地以"武术"或"功夫"作为中国武术的品牌,中国武术的国际传播,还需要基于"拳种细分"的品牌构建。回应域外民众对于中国武术文化的精神需求和心理需求,针对受众的武术需求,从供给侧调整中国武术文化的传播供给,选择适宜受众需求的拳种,坚持武术拳种的品牌性输出,使中国武术成为众多文化形态中具有品牌身份的文化,这也是构建中国武术国际传播品牌话语的关键所在。"文化战略的生命象征,与要一堆香甜可口的果实,加一根粗壮实用的木头,不如要一棵枝繁叶茂的大树。"② 提升中国武术文化品牌的全球传播力,打造具有中国特色和国家形象标识的武术文化产品,建构中国武术国际传播的品牌话语体系,就是要确立中国武术自身的形象话语、媒介话语和品牌话语体系,让其成长为一棵枝繁叶茂的大树。

三 个案分析:太极拳国际传播的品牌形象塑造

中国武术拳系丰富,拳种众多。对于中国武术的国际传播而言,我们并不能将中国武术的上百个拳种笼统地一股脑盲目传播出去,一是做不到,二是不可行。因此,在中国武术国际传播的过程中,需要选择中华武术文化系统中的子文化元素进行重点传播,分层推进,以期实现事半功倍的效果。在信息时代"如果你不去表达自己,就会被别人所表达"③。在博大精深的中国武术品类中选择太极拳代表中国武术的国家品牌,无疑是最优的选择,太极拳是在《易经》等传统文化理论基础

---

① 胥琳佳:《品牌形象的国际化传播:基于受众的态度和行为的视角》,人民日报出版社2016年版,第29页。
② 姚国华:《全球化的人文审思与文化战略》,海天出版社2002年版,第162页。
③ 王义桅:《以公共外交提升国家实力大力传递中国声音》,《环球时报》2004年5月7日第13版。

上产生的特色拳种，是一种具有大自然运转规律及特点的拳术。在中国武术拳种的百花园中，太极拳项目是最为靓丽耀目的武术拳种。太极拳代表着中国武术文化最为典型的符号意义，在国际社会已经拥有较高的知名度，具有深邃的传统文化意蕴，在服务人类健康，关爱人类生命的多元化价值中具有其他武术拳种不可替代的独特价值。

（一）太极拳国际传播国家品牌形象建构的现实意义

武术文化是中华民族的血脉和灵魂，太极拳是中国武术的经典拳种，是中国传统文化的标志性符号，中国太极拳文化的国际传播是中华民族对人类文明重大贡献的具体体现。太极拳作为中国武术文化的标识性符号和中国代表性的文化元素，太极拳的精神体现了中华民族关注整个世界，"以天下为一家，以中国为一人"的价值理念。换句话说，太极拳文化凸显武术文明"天下体系"的人类情怀，担负着服务人类命运共同体，调和当今世界异质文明之间冲突的重任。但我们看到，国内某些地域对于太极拳文化的归属权争夺已经严重影响到太极拳文化的国际传播和交流，而更为震惊的是，韩国在将端午祭成功申报成为"人类口头和世界非物质遗产代表作"成果之后，又觊觎来自中国本土的太极拳文化，试图将太极拳文化纳入韩国自身的传统文化系统。

目前全世界学习和习练太极拳的人口有亿人之众，太极拳的价值和文化影响力巨大。中国太极拳的国际传播，并不仅仅是太极拳技术的传播，更是将中国传统文化的和谐价值观传播给国际社会，体现了中国武术文明服务人类命运共同体的天下情怀。因此，中国太极拳文化的传播，不应囿于国内眼光，而是放眼全球，使全球各国"同气相求、民胞物与"，在共享中华武术文明的基础上，建立人类的一致性尊严，求同存异，和谐发展。基于目前太极拳文化传播的世界影响力，作为中华文明的太极拳未来的传播和发展，必须理性地筹划自己的未来，建构太极拳国家品牌，认真思考太极拳文化如何更好地服务人类命运共同体的现实问题。

第五章 中国武术国际传播形象塑造及机制

尽管在今天,太极拳已经家喻户晓,甚至蜚声海内外,但看似热闹的太极拳传播的背后并非一帆风顺,而是隐藏着巨大的隐忧。首先,国内的太极拳门派不下上百种,都言之确凿地称自己的门派有明确的传承和独特的风格。实际上,除了公众熟知的陈、杨、孙、武、吴式太极拳以及赵堡太极拳等少数太极拳门派有自己的传承体系和演练风格之外,其他相当数量的所谓某氏或某式太极拳都存在着出处可疑、也不存在什么独特的演练特点,甚至于是来自改编或者自创的所谓某派太极拳。其次,太极拳传播的国际环境方面。近邻韩国已于2005年成功申报江陵端午祭为联合国教科文组织正式确定的"人类口头和非物质遗产代表作",在韩国将端午祭"申遗"成功之后,又开始将"申遗"的目光瞄准了太极拳。当然,觊觎中国太极拳文化的并不止韩国,日本、印度等国家也都开始着手太极拳"申遗"的工作。"从历史上看,一个世界大国的崛起,必然要提出具有世界影响的主张,带动国际性的意识形态和文化潮流,建立新的国际合作框架。"[1] 显然,太极拳的"申遗"只是表面上的文化争夺,在这背后却隐藏着锻造国家文化品牌,引领太极拳国际性文化潮流,提升国家文化世界影响力的根本目的。

作为中国传统武术文化的标识性符号,塑造太极拳国际传播的国家品牌形象,扩展太极拳文化国家品牌的世界影响力,对于提升中国文化软实力和提升中国国家形象方面无疑都具有不可估量的巨大作用。"品牌具有价值在于一个原因,而且只有这一个原因,就是这主导了一个品类。"[2] 中国太极拳品牌的价值就在于其在全球范围内分别主导了武术这一品类,从而可以形成全球最具价值的品牌。因此,打造中国太极拳的国家品牌形象,使之体现中国武术鲜明的人文识别意义和独特的和谐价值理念。通过中国太极拳国家品牌战略,对域外公众的思想观念、思维方式、生活方式等施加良好的文化影响,并通过这种影响改变国际

---

[1] 王钧、刘琴:《文化品牌传播》,北京大学出版社2010年版,第24页。
[2] [美]艾·里斯、劳拉·里斯:《品牌22律》,寿雯译,山西人民出版社2011年版,第10页。

社会和域外民众原有的武术认知,最终改变国际社会和域外民众对中国武术形象的刻板印象。太极拳国家品牌形象的建构,有利于国际社会和域外民众形成对中国武术的良好认知和情感善意,进而提升中国文化在国际社会的文化软实力和世界影响力。

(二) 太极拳具有独一无二的中国文化身份与核心价值

我们所处的人类世界是一个具有不同身份的民族多元共存的人类命运共同体。每一个民族或者特殊群体都有自己的身份标志,这种标志意味着自身与他人的种种不同,而文化身份即是如此。在当今全球化的视阈中,中国功夫或者中国武术已经深刻烙上了中国文化独特身份的印记,以至于在域外民众的眼中,所有的中国人都是会中国武术的,会不会中国功夫也就成为域外民众对中国人身份辨识的重要特征之一。

太极拳作为中国武术的经典拳种,其在世界范围内的广泛传播,正在成为域外民众辨识国人文化身份的重要标志性特征。从王宗岳的《太极拳论》的内容看,该文利用太极阴阳学说评论当时的各流派拳法,与庄子"说剑"如出一辙,是对太极拳理论的经典论述。从王宗岳的《太极拳论》的整体内容来看,该文并不是对某种太极拳拳谱的著述,而是立足于中国传统文化,对太极拳理论基础、练习方法、技击要领、风格特点等进行综合论述的经典太极拳文献。《太极拳论》是目前太极拳界公认的论述太极拳的经典著作,这是世界上独一无二可以明确太极拳中国文化身份的权威著作。

赋予中国太极拳独立的、唯一的中国身份,这是建构中国太极拳国家品牌的基础,也是形成太极拳品牌影响力的根本所在。"一个品牌的力量在于它有一个独立的、唯一的身份,而不是在于它在人们心智中与一个完全不同的品牌之间的联系。"[①] 将中国太极拳打造成国家品牌,必须明确中国太极拳的文化身份,也就是赋予太极拳一个独立的、唯一

---

① [美]艾·里斯、劳拉·里斯:《品牌22律》,寿雯译,山西人民出版社2011年版,第133页。

的中国身份,这个中国身份与那些所谓的韩国太极拳、日本太极拳、印度太极拳完全不同,或者说没有任何联系。"每一种品牌,就像每一个人一样,必来自某个地方"①,"因为关于自己身份的观念以各种方式影响着我们的思想和行动。"② 也就是说,在世界范围内提起太极拳,它一定是来自中国,我们建构太极拳国家品牌的重要意义即是赋予太极拳独一无二的中国文化身份。

太极拳体现了中华民族的核心价值追求。在中国国家形象的宣传片拍摄中,张艺谋导演接受采访时说:"我一直对中华武术中的太极很感兴趣,它是中华民族的国粹。要在短短的56秒镜头中充分体现出东方的形象,唯有太极。"③ 学者陈炎同样认为,太极拳的和谐理念蕴含着中华文化的基因,中国武术最能体现"中华元素"。太极拳对生命意义的求索是人类世界对当前现代化发展过渡开发自然的反思。

当现代化的发展让"人与自然"成为一种无法调和的矛盾,生命的意义又在哪里?"行到水穷处,坐看云起时",就是在这样的现代化的社会里给了人们一种对生命意义的思索和感悟,感受人生的真谛,感悟生命的意义。尽管作为世界上最大的发展中国家,中国的崛起已经赢得了来自世界多方的掌声,但是当我们将中国文化发展力放置在全球文化发展力的平台上做一个全面的比较,就会发现中西文化发展力还存在着明显的差距。随着人类社会全球化的进程,中国正在面临一个双重考验,一是全球化带来的前所未有的严峻挑战,二是世界全球化带来的千载难逢的复兴契机。中国太极拳为代表的中国武术文化,太极拳蕴含的和谐意蕴以及对人类生命意义的思考体现着中华民族的核心价值追求,是中华民族的宝贵精神财富。太极拳独一无二的民族文化身份和核心价值及

---

① [美]艾·里斯、劳拉·里斯:《品牌22律》,寿雯译,山西人民出版社2011年版,第164页。
② [印]阿玛蒂亚·森:《身份与暴力:命运的幻象》,李风华等译,中国人民大学出版社2009年版,第2页。
③ 《20人谈武术形象》,《中华武术》2003年第7期。

其广泛的传播影响力，必将在文化全球化的时代赋予中国武术强劲的文化发展力，提升中国传统文化在全球化语境中的广泛影响力和感召力。

(三) 太极拳国际传播的品牌形象塑造

加强顶层设计，塑造国家品牌形象。顶层设计"是统筹考虑项目各层次和各要素，追根溯源，统揽全局，在最高层次上寻求问题的解决之道；是运用系统论的方法，从全局的角度，对某项任务或者某个项目的各方面、各层次、各要素统筹规划，以集中有效资源，高效快捷地实现目标"①。太极拳的品牌形象需要整合当前中国有影响的太极拳流派有"陈、杨、孙、武、吴"这些不同拳种门派的，协调好各方利益，必须集聚各方智慧，坚持战略发展的眼光，进行国家层面的顶层设计，在国家层面进行系统性、体系化的形象战略规划和形象总体方案规划，塑造太极拳国际传播的国家品牌形象。

传播太极拳品牌内涵价值，确立民族文化身份。对太极拳文化品牌的内涵和核心价值进行梳理，确立其民族文化的身份，是塑造太极拳作为国家品牌文化形象的根基所在。国家品牌的文化形象是社会公众对国家品牌所体现的品牌文化和国家文化的认知、态度和评价。太极拳的国际传播应当追求中国身份和中国面貌，太极拳国家品牌的文化是中华民族传统优秀文化的积淀，体现着中华民族的核心价值观、行为准则、历史传统、道德观念、民族精神和国民风貌等。

确立"中华太极"名称，设计专有品牌标识。太极拳"走出去"战略，要在政府传播为主的框架下，确立"中华太极"名称，设计专有品牌标识。品牌标志是能引起人们对品牌美好印象的联想物。"品牌识别由文化层、标识层和附属层构成，文化层是品牌的核心价值和个性特质，附属层是品牌所代表的产品，是品牌文化和品牌符号生命的附着点。"②

---

① 刘松柏：《"顶层设计"的魅力和价值》，《经济日报》2011年6月22日第13版。
② 江亮：《我国赛事品牌开发理论与实证探索——以环中国国际公路自行车赛为例》，《中国体育科技》2014年第1期。

所以，太极拳的国家品牌标志的设计要体现中国传统文化的特色，同时也要体现太极拳特殊的文化意蕴和核心价值设计太极拳专有品牌标识。设立体验基地，推广产业品牌。在太极拳发源地建立一批与旅游一体的太极拳体验馆，让每一位来旅游的人都通过体验太极拳的魅力来传播太极拳品牌，使消费和品牌推广融合一起，不但能够满足消费者的体验需求，更能达到品牌宣传的目的。同时还需要在武术产业发展过程中进一步发展和完善市场机制，大力促进武术社会化、市场化，打造以"中国太极拳"为精品的产业化基地，集赛事、传媒、运营为一体的太极拳产业链。

加强国际交流，促进太极拳文化认同。了解、认知和融合是跨文化传播的基本策略。中西方存在的文化差异和文化误解是客观的，如何化解这样的误解和缩小之间的差异，必须想方设法使得东西双方变得更值得信任和理解，保持与西方武技的交流和互访，增加相互了解。在太极拳国际化推广和交流中，加深国际社会和国际友人对太极拳的认知和习练积极性，增进国际社会对太极拳文化的认同和情感，向国际社会传递太极拳文化的"和谐""道义"等特质，让世界公众去领略中华民族传统文化的无穷魅力。

四　小结

正如每个国家都有自己的国家形象品牌一样，中国武术作为中国的文化国粹，也应当发展和建构中国武术的国家形象品牌。中国武术多年来对外发展和传播的不足，很大程度上是中国武术塑造国家形象和国家品牌的缺位。中国武术具有品牌的重要特性，中国武术品牌形象作为武术品牌质量的衡量标准，更多的体现武术文化产品精神意义层面的表达，这种对武术精神意义的表达不仅体现在武术习练者对武术价值的真实需求中，也存在于武术习练者对中国传统文化的美好想象里。中国武术品牌形象的国际传播中,要确立中国武术自身的形象话语、媒介话语和品牌话语体系,打造具有中国特色和国家形象标识的武术文化产品,建构中国武术国际传播的品牌话语体系,提升中国武术文化品牌形象的全球传播力。

结　语

随着全球化时代的到来，以及中华民族伟大复兴进程的推进，中国武术国际传播亦将越来越深入。国家社科基金项目《中国武术国际化传播形象研究》（15BTY093），对中国武术国际传播形象问题进行了较为系统的梳理和讨论。《中国武术国际传播形象论》一书作为项目成果，对成果进行了进一步修改和提炼。全书以中国武术形象概念为原点，论析了中国武术国际传播形象认知与定位；"自我"与"他者"形象；中国武术在日、俄、欧美的域外形象；日韩武道国际传播形象；以及中国武术国际传播形象塑造等相关问题。

中国武术形象，是指作为一种文化形态的中国武术在传播和发展过程中，形成的社会个体、群体、民族对中国武术的整体认知和评价。武术形象的定位是中国武术国际传播的形象塑造的基础。中国武术国际传播的形象定位必须展现真实的属于中国身份的武术个性，体现中国武术的核心价值理念和身体文化特征，并有利于中国武术的国际传播和未来发展。文明武术、艺术武术、自然武术、智慧武术形象是中国武术国际传播的形象定位，体现着中国武术的内在品质和武术精神，也是中国武术国际传播追求的"特色"与"个性"。文明的武术形象体现了中国武术对道义和谐的追求；艺术的武术形象表征了中国武术是蕴含东方神韵的身体技击艺术；自然武术形象体现了中国武术的生态人文关怀；智慧的武术形象闪耀着中华民族的灵动智慧。

任何文化及文化形象的认知都是基于一定的文化语境进行的，对于中国武术文化以及武术形象的认知同样如此。武术形象的认知在不同民族、不同民众群体或个体眼中同样存在差异。中国武术形象本身的复杂性、东西方文化传统、文化个性以及文明特性的不同是造成对武术形象认知差异的主要原因。"打"和"不打"的二元认知形象，长期以来一直形成为中国武术国际传播中普通民众对中国武术形象的二元化认知。澄清中国武术国际传播中的关于中国武术"打"的形象误读，消弭武术形象认知上的误解，可以顺应文化全球化时代中西文化交流的时代趋势，增加文化交流互信，增强域外民众对中华武术文化的认同，更好地促进中华武术文化"走出去"。

武术形象作为一种客观存在，具有其相对稳定的一面，但在武术形象的历史演进过程，亦并非一成不变。从历史的视角而言，武术从起源到现在历经数千年的历史洗礼，人们对于武术自我形象的认知也伴随着时代的变迁在不断发生着变化。中国武术是在东方文化的人文性、包容性、创造性等文化特质基础上形成的，中国武术的"自我形象"是东方文化语境下身体攻防技击的表意实践。整体上，中国武术自我形象经历了由实到虚，由单一形象到多元形象的历史演化进程，在不同历史阶段呈现出不同的武术形象，武术形象的演化是当时社会主流思想和主流文化引导的结果。

中国武术的国际传播离不开他者的视阈，把中国武术放在西方现代性社会他者的视野中追寻异域民族对中国武术形象表征意义的理解，探究西方的中国武术形象是如何生成的问题，就成为中国武术国际传播必须思考的理论和现实问题。在考察西方关于中国形象话语传统、思维方式、意象传统特征的基础上，揭示西方对中国形象刻板印象的成因，并在此基础上分析西方的中国武术形象作为一种有关"文化他者"的话语，是如何建构、生产与分配的。历史语境、意识形态是中国武术国际传播"他者形象"建构的重要条件。

思考西方现代性"异己分化"力量对中国武术他者形象建构的影响,并在他者意象关联中重构中国武术国际传播的主体性形象。今天,人类世界任何单边主义的行为都将受到全人类命运共同体这一主流思想的抵制,东、西方文化之间的交流与融合的时代已经来临。在中国文化对外交流和国际传播的基础上,考察中国武术国际传播的形象变迁,探究中国武术文化与西方文化的价值契合,促进中国武术文化与西方文化的他者认同,实现中国武术自我形象与他者形象的跨文化接受与融合,是中国武术远播四方、泽被世界,服务人类的愿景理想。

文化区实质上是由共同文化属性的人群所占据的区域。显然,中国武术的国际传播并不能狭隘地指向中国武术在西方国家的传播,而是应当涵盖中国武术在世界不同国家和文化区的传播。全面考察中国武术国际传播的形象问题,必然将研究视野投向世界不同国家和不同文化区的广阔空间,带着全球主义的视野与期望研究世界不同国家和文化区的中国武术形象,思考这些国家和文化区关于中国武术形象特征与表现方式的话语表征,尝试寻找这些不同国家和文化区的武术形象是否具有某种共性或者导向,是否隐藏着现代性赋予西方的武术形象的文化霸权?由于世界存在着不同的文化区,这些文化区的国家对于中国武术的形象认知必然依赖于自身的文化传统与利益关切,并在自身文化传统和利益关切的基础上呈现出不同的话语特征。按照文化类型和文化区的划分,我们选择了中国武术在日本、俄罗斯以及欧美等世界不同国家和文化区的形象来阐述他者视阈下对中国武术形象的认知与意义。

日本对中国武术的双重矛盾形象体现了日本武士内心渴望战胜中国武术的骄横心态,实际上却对中国武术抱有一种敬畏之心。在日本现代性的世界观念体系中,日本民族试图构建日本自身民族文化的自立和认同提供证据。这种文化自卑反映在以武立国的武士文化体系中,想当然地把中国武术形象作为一种东亚病夫的形象去书写和想象,从轻蔑和贬低中国武术的叙事中,为日本武士现代性身份提供有效的证明,成为日本武道渴望强大自我隐喻的幻想。对于俄罗斯民族而言,中国武术是来自长城那边异域民族的神奇功夫,俄罗斯民众对中国武术的神奇形象源于对其自身"桑搏"技击文化的隐喻和确认。神秘的中国功夫是欧美国家对中国武术的现代性想象,在西方现代文化构筑的知识秩序中,中国武术文化为西方欧美国家的技击文化提供了"文化他者"的形象叙事,在与中国武术家交战的历史记载中,中国武术家的出场,颠覆了傲慢的高大的欧美武术家的想象,无法战胜的中国功夫,让西方欧美国家对东方中国武技充满了神秘想象。

日本武道在国际传播中成功塑造了日本武道的文化形象、创新形象和开放形象,这是日本武道在国际社会赢得广泛赞誉和认同的重要基础。韩国跆拳道在国际化推广过程中,根据各自的受众需求进行了技术改造,竞技跆拳道的简约化技术改进契合了跆拳道作为竞技体育的需求,传统跆拳道则融合了中国武术与日本武道的相关技法,创新了传统跆拳道特色化的技术体系。韩国跆拳道在国际化推广中,重视跆拳道杰出传播人物的重要作用,塑造了跆拳道的精神形象和文化品牌形象,为跆拳道的国际化推广奠定了坚实厚重的基础。借鉴日本武道和韩国跆拳道国际传播形象塑造的成功经验,为中国武术国际传播提供参照与借鉴,塑造新时代中国武术国际传播的正面形象,这既是对中国文化走出去国家战略的回应,也是加速中国武术国际传播步伐的现实关切。

对中国武术形象的构成要素进行优化,塑造有利于中国武术发展和国际传播的正面良好形象,中国武术国际传播中应当:树立武术形象国家意识,加强武术形象顶层设计,塑造中国武术国际传播的国家形象;注重武术价值与精神内涵传播,拓展武术传播媒介与途径,塑造中国武术国际传播的文化形象;注重参与者主体性体验,提升武术传播者自身形象影响,塑造中国武术国际传播的技术形象;基于武术拳种品类细分,彰显拳种民族个性,塑造中国武术国际传播的拳种形象;基于讲好中国武术故事，做好武术文本译介输出，塑造中国武术国际传播的艺术形象。

  中国武术形象的人际传播、群体传播、组织传播和大众传播是中国武术形象传播的主要途径。语言交流与非语言行为差异、话语权和意识形态等都是影响和制约中国武术形象国际传播内在机制的主要因素。中国武术形象的价值表现为多元化的特征。中国武术形象是中国武术身份和民族文化的身份象征；中国武术形象根植沉淀了中华民族精神，是中国武术精神的重要呈现；中国武术形象是国家形象的展示窗口；中国武术形象是中国武术自身发展与国际传播的声誉基础。中国武术具有品牌的特性。武术品牌形象更多地体现武术文化产品精神意义层面的表达，这种对武术精神意义的表达其不仅体现在武术习练者对武术价值的真实需求中，也存在于武术习练者对中国传统文化的美好想象里。打造中国特色和国家形象标识的武术文化产品，建构中国武术国际传播的品牌话语体系，提升中国武术文化品牌形象的全球传播力。

主要参考文献

一 著作

安田朴：《中国文化西传欧洲史》，商务印书馆 2013 年版。

财新传媒编辑部：《世界期待一个怎样的中国》，红旗出版社 2017 年版。

蔡毅编译：《中国传统文化在日本》，中华书局 2002 年版。

陈来：《中华文明的核心价值》，生活·读书·新知三联书店 2015 年版。

陈文殿：《全球化与文化个性》，人民出版社 2009 年版。

戴国斌：《武术：身体的文化》，人民体育出版社 2011 年版。

丁韪良：《汉学菁华：中国人的精神世界及其影响力》，世界图书出版公司 2010 年版。

费孝通：《文化与文化自觉》，群言出版社 2010 年版。

费孝通：《乡土中国》，人民出版社 2008 年版。

冯天瑜：《中华文化史》，上海人民出版社 1990 年版。

干成俊：《走向文化强国的精神动力：弘扬民族精神和时代精神》，人民出版社 2017 年版。

桂翔：《文化交往论》，人民出版社 2011 年版。

国家体育总局武术研究院编：《中国武术史》，人民体育出版社 1997 年版。

郭玉成：《中国武术与国家形象》，高等教育出版社2015年版。

郭镇之：《全球化与文化传播》，北京广播学院出版社2004年版。

郝士钊：《中国先哲智慧全书》，中国城市出版社2011年版。

胡刚：《中国特色社会主义文化创新研究》，中国社会科学出版社2018年版。

胡晓明：《国家形象》，人民出版社2011年版。

华博：《中国世界武术文化》，时事出版社2007年版。

季羡林：《季羡林谈东西方文化》，当代中国出版社2015年版。

季羡林主编：《神州文化图典集成（序）》，中央编译出版社2008年版。

姜义华：《中华文明的经脉》，商务印书馆2019年版。

金耀基：《从传统到现代（补篇）》，法律出版社2010年版。

劳承万、蓝国桥：《中西文化形态论》，中国社会科学出版社2014年版。

李印东：《武术释义》，北京体育大学出版社2006年版。

李勇、周宁：《西欧的中国形象》，人民出版社2010年版。

李正良主编：《传播学原理》，中国传媒大学出版社2007年版。

李仲轩：《逝去的武林》，当代中国出版社2006年版。

李宗桂：《传统与现代之间：中国文化现代化的哲学省思》，北京师范大学出版社2011年版。

梁敏滔：《东方格斗文化》，天津古籍出版社2002年版。

梁漱溟：《中国文化的命运》，中信出版社2010年版。

梁漱溟：《东西文化及其哲学》，商务印书馆2012年版。

刘俊骧：《武术文化与修身》，中央编译出版社2008年版。

马克垚主编：《世界文明史（下）》，北京大学出版社2004年版。

孟华主编：《比较文学形象学》，北京大学出版社2001年版。

聂伟主编：《华语电影的全球传播与形象建构》，广西师范大学出版社2014年版。

欧阳斌：《名字决定品牌生死》，中国社会出版社2012年版。

乔凤杰：《武术哲学》，社会科学文献出版社2007年版。

秦启文、周永康：《形象学导论》，社会科学文献出版社2004年版。

清华大学思想文化研究所编：《世界名人论中国文化》，湖北人民出版社1991年版。

邱丕相：《中国武术文化散论》，上海人民出版社2007年版。

泉敬史、何英莺：《武道》，上海辞书出版社2007年版。

孙澄：《形象的本质》，山东大学出版社2009年版。

体育院系教材编审委员会武术编写组编：《武术》，人民体育出版社1978年版。

谭华主编：《体育史》，高等教育出版社2009年版。

王岗：《中国武术技术要义》，山西科技出版社2009年版。

王岗：《中国武术文化要义》，山西科技出版社2009年版。

王岗：《思考与争鸣：对中国武术发展的边走边思》，北京体育大学出版社2017年版。

王均、刘琴：《文化品牌传播》，北京大学出版社2011年版。

王立新：《美国传教士与晚清中国现代化》，天津人民出版社1997年版。

王丽雅：《美国人眼中的中国形象》，北京大学出版社2018年版。

汪民安：《文化研究关键词》，江苏人民出版社2007年版。

王秀丽、梁云祥：《日本人眼中的中国形象》，北京大学出版社2017年版。

王岳川：《文化战略》，复旦大学出版社2010年版。

王岳川：《发现东方》，北京大学出版社2011年版。

王治河：《福柯》，湖南教育出版社1999年版。

温力：《中国武术概论》，人民体育出版社2005年版。

武斌：《中华文化海外传播史（第一卷）》，陕西人民出版社1998年版。

武斌：《中华文化海外传播史（第三卷）》，陕西人民出版社1998年版。

吴大品：《中西文化互补与前瞻：从思维、哲学、历史比较出发》，海洋出版社 2014 年版。

吴晓群：《希腊思想与文化》，上海社会科学院出版社 2009 年版。

吴友富：《中国国家形象的塑造和传播》，复旦大学出版社 2009 年版。

习近平：《习近平谈治国理政》，外文出版社 2014 年版。

许嘉璐：《中国文化的前途与使命》，中华书局 2017 年版。

杨祥全：《中国武术思想史》，山西科技出版社 2017 年版。

姚国华：《全球化的人文审思与文化战略》，海天出版社 2002 年版。

余英时：《士与中国文化》，上海人民出版社 1987 年版。

余英时：《文史传统与文化重建》，生活·读书·新知三联书店 2004 年版。

于志均：《传统武术文化史》，中国人民大学出版社 2006 年版。

赵毅衡：《对岸的诱惑：中西文化交流记》，上海人民出版社 2007 年版。

张传玺主编：《中华文明史（第二卷）》，北京大学出版社 2006 年版。

张岱年、方克立主编：《中国文化概论》，北京师范大学出版社 1994 年版。

张岱年、程宜山：《中国文化精神》，北京大学出版社 2015 年版。

张国良：《传播学原理》，复旦大学出版社 2018 年版。

张珊珍：《党史必修课》，人民出版社 2017 年版。

张文勋、施惟达、张胜冰、黄泽：《民族文化学》，中国社会科学出版社 1988 年版。

张维为：《中国震撼：一个文明型国家的崛起》，上海人民出版社 2016 年版。

张维为：《文明型国家》，上海人民出版社 2017 年版。

张旭东：《全球化时代的文化认同》，北京大学出版社 2008 年版。

张荫麟、吕思勉：《国史十六讲》，中国友谊出版公司 2009 年版。

郑永年：《中国民族主义的复兴——民族国家向何处去》，东方出版社 2016 年版。

郑永年:《中国的文明复兴》,东方出版社2018年版。

郑晓云:《文化认同论》,中国社会科学出版社1992年版。

郑旭旭、袁镇澜:《从术至道:近现代日本武道发展轨迹》,厦门大学出版社2011年版。

中国武术教程编写委员会、邱丕相主编:《中国武术教程》,人民体育出版社2003年版。

周宁:《天朝遥远:西方的中国形象》,北京大学出版社2006年版。

周宁:《跨文化研究:以中国形象为方法》,商务印书馆2011年版。

周宪、许均:《文化认同与全球化过程》,商务印书馆2006年版。

周雁翎:《后现代社会的挑战》,北京大学出版社2003年版。

宗坤明:《形象学基础》,人民出版社2000年版。

二 译著

[法]阿芒·马特拉:《全球传播的起源》,朱振明译,清华大学出版社2015年版。

[印]阿玛蒂亚·森:《身份与暴力:命运的幻象》,李风华等译,中国人民大学出版社2009年版。

[美]艾·里斯、劳拉·里斯:《品牌22律》,寿雯译,山西人民出版社2011年版。

[美]艾·里斯、劳拉·里斯:《广告的没落,公关的崛起》,寿雯译,山西人民出版社2009年版。

[美]艾伦·布卢姆:《美国精神的封闭》,战旭英译,译林出版社2011年版。

[法]埃米尔·涂尔干:《社会分工论》,渠东译,生活·读书·新知三联书店2000年版。

[英]安东尼·吉登斯:《现代性的后果》,田禾译,译林出版社2000

年版。

［英］伯特兰·罗素：《西方的智慧》，亚北译，中央编译出版社2011年版。

［美］查尔斯·比尔德：《美国文明的兴起（上）》，杨军译，北京时代华文书局2018年版。

［美］丹尼斯·麦奎尔：《麦奎尔大众传播理论》，崔宝国、李琨译，清华大学出版社2010年版。

［美］德弗勒、丹尼斯：《大众传播通论》，颜建军等译，华夏出版社1989年版。

［法］费尔南·布罗代尔：《文明史》，常绍民等译，中信出版集团2017年版。

［美］汉娜·阿伦特：《暴力与文明》，王晓娜译，新世界出版社2013年版。

［日］加藤嘉一：《日本的逻辑》，光明日报出版社2011年版。

［日］加藤仁平：《嘉纳治五郎——在世界体育史上闪耀》，逍遥书院出版社1964年版。

［日］家永三郎：《日本文化史》，刘绩生译，商务印书馆1992年版。

［美］杰斯普森：《美国的中国形象》，姜智芹译，江苏人民出版社2010年版。

［奥］康罗·洛伦兹：《攻击与人性》，王守珍、吴月娇译，作家出版社1987年版。

［美］克利福德·格尔茨：《文化的解释》，韩莉译，译林出版社2014年版。

［美］柯文：《在中国发现历史：中国中心观的兴起》，林同奇译，中华书局1989年版。

［美］鲁思·本尼迪克特：《菊与刀》，吕万和等译，商务印书馆1990年版。

[美] 露丝·本尼迪克特：《文化模式》，王炜等译，生活·读书·新知三联书店1988年版。

[法] 路易·阿尔都塞：《保卫马克思》，顾良译，商务印书馆1984年版。

[美] 罗伯特·福特纳：《国际传播》，刘利群译，华夏出版社2008年版。

[德] 马克斯·韦伯：《经济与社会学》，林荣远译，商务印书馆1997年版。

[德] 马克斯·韦伯：《学术与政治》，冯克利译，生活·读书·新知三联书店2005年版。

[德] 马克斯·韦伯：《新教伦理与资本主义精神》，马奇炎、陈婧译，北京大学出版社2012年版。

[美] 尼德曼：《美国理想：一部文明的历史》，王聪译，华夏出版社2004年版。

[罗] 尼古拉·斯帕塔鲁·米列斯库：《中国漫记》，商务印书馆1990年版。

[法] 皮埃尔·布尔迪厄：《帕斯卡尔式的沉思》，刘晖译，生活·读书·新知三联书店2009年版。

[英] 普雷斯蒂奇：《骑士制度》，林中泽等译，上海三联书店2010年版。

[法] 乔治·维加雷洛：《从古老的游戏到体育表演：一个神话的诞生》，乔咪加译，中国人民大学出版社2007年版。

[加] 让路易·鲁瓦著：《全球文化大变局》，袁粮钢译，海天出版社2016年版。

[英] R.G.科林伍德：《精神镜像或知识地图》，赵志义、朱宁嘉译，广西师范大学出版社2006年版。

[美] 萨义德：《文化与帝国主义》，李混译，生活·读书·新知三联书店2003年版。

[美] 塞缪尔·亨廷顿：《文明的冲突与世界秩序的重建》，周琪等译，新华出版社2010年版。

［希腊］塞莫斯·古里奥尼斯：《原生态的奥林匹克》，沈健译，上海人民出版社2008年版。

［美］史景迁：《西方眼中的中国：大汗之国》，阮叔美译，广西师范大学出版社2013年版。

［美］史景迁：《追寻现代中国1600—1949》，温洽译，四川人民出版社2019年版。

［德］斯宾格勒：《西方的没落》，陈晓林译，黑龙江教育出版社1988年版。

［英］斯图尔特·霍尔编：《表征：文化表象与意指实践》，徐亮、陆兴华译，商务印书馆2003年版。

［俄］索洛维约夫：《俄罗斯思想》，南泽林、李树柏译，浙江人民出版社2000年版。

［日］天儿慧：《日本人眼里的中国》，范力译，社会科学文献出版社2006年版。

［日］尾藤正英：《日本文化的历史》，彭曦译，南京大学出版社2010年版。

［美］沃纳·塞弗林、小詹姆斯·坦卡德：《传播理论》，郭镇之等译，华夏出版社2000年版。

［美］沃特·李普曼：《公共舆论》，上海人民出版社2006年版。

［西］西格蒙德·弗洛伊德：《文明及其缺憾》，杨韶刚译，中国法制出版社2018年版。

［美］约翰·奈斯比特：《亚洲大趋势》，蔚文译，外文出版社1996年版。

［日］子安宣邦：《东亚论：日本现代思想批判》，赵京华译，吉林人民出版社2004年版。

三 期刊

戴国斌：《看不见的武术套路美：一项文化研究》，《体育科学》2004年第 4 期。

《20 人谈武术形象》,《中华武术》2003 年第 7 期。

郭沂:《价值结构及其分层:兼论中西价值系统的区别与融通》,《南国学术》2018 年第 3 期。

龚波:《日本文明的现代转型与日本足球的成功对中国足球改革的启示》,《天津体育学院学报》2011 年第 4 期。

侯胜川、赵子建:《解读与超越——对中国武术技击的再讨论》,《北京体育大学学报》2019 年第 2 期。

江亮:《我国赛事品牌开发理论与实证探索——以环中国国际公路自行车赛为例》,《中国体育科技》2014 年第 1 期。

劳承万、劳业辛:《中西文化形态之大别——"类比律·纲目体系"与"因果律·逻辑体系"之比较研究》,《清华大学学报》(哲学社会科学版)2013 年第 5 期。

赖华先:《中国文象思维与中国传统文化的生态精神》,《鄱阳湖学刊》2012 年第 6 期。

刘杰:《马丁·布伯论"东方精神"的价值》,《文史哲》2000 年第 6 期。

李琳:《佛家的禅定般若与现代精神生态平衡》,《敦煌学辑刊》2010 年第 1 期。

李龙:《论中国武术的出场形态》,《西安体育学院学报》2011 年第 4 期。

李勇:《形象:想象的表意实践——形象学中形象概念的内涵新探》,《天津社会科学》2012 年第 4 期。

卢育田、唐明:《浅谈体育在工业时代后期的价值取向》,《科技创新与应用》2012 年第 5 期。

李源、梁勤超、闫民:《社会转型期武术文化的现代角色转化与话语权的重拾》,《山东体育学院学报》2013 年第 5 期。

李源、梁勤超、姜南:《"打"与"不打":武术形象的二元认知》,《北京体育大学学报》2018 年第 7 期。

李源、王岗:《中国武术形象的概念内涵与价值阐释》,《成都体育学院学报》2014年第4期。

李源、王岗、朱瑞琪:《中国武术负面形象的形成原因及反思》,《北京体育大学学报》2013年第9期。

罗长海:《关于形象五层含义的哲学思考》,《社会科学辑刊》2002年第3期。

冉学东、王岗:《对中国武术文化"走出去"战略的重新思考》,《体育科学》2012年第1期。

谭广鑫:《原始武舞与巫术交融的武术萌芽状态》,《体育科学》2019年第4期。

王军:《关于中国武术文化形态及演变的研究》,《北京体育大学学报》2006年第9期。

王岗:《中国武术:一种追求过程的文化》,《体育文化导刊》2007年第4期。

王岗:《民族传统体育发展中的问题:文化模仿》,《体育科学》2006年第7期。

王岗、陈连朋:《中国武术的发展是要"面子"还是要"里子"》,《体育学刊》2015年第2期。

王岗、金向红、马文杰:《对走进新时代的中国武术文化研究的思考》,《首都体育学院学报》2019年第1期。

王岗、郭华帅:《"文化立国"战略指导下的中国武术发展研究》,《成都体育学院学报》2009年第5期。

王岳川:《消费社会中的精神生态困境:博德里亚后现代消费社会理论研究》,《北京大学学报》(哲学社会科学版)2002年第4期。

王岳川:《新世纪中国身份与文化输出》,《广东社会科学》2004年第3期。

吴松、王岗:《对中国武术技术形态的"艺术性"研究》,《北京体育大学学报》2012 年第 5 期。

习近平：《关于中共中央关于全面深化改革若干重大问题的决定的说明》，《中国监察》2013 年第 23 期。

闫民：《武术的主体性思维及表达》，《体育与科学》2015 年第 2 期。

杨利英：《新时期中国文化"走出去"战略的意义》，《人民论坛》2014 年第 8 期。

尹霞、谭月华等：《后现代主义观下的体育价值取向》，《西安体育学院学报》2008 年第 5 期。

雨果·狄泽林克：《论比较文学形象学的发展》，《中国比较文学》1993 年第 1 期。

于万岭：《科技文化形态下武术的文化变迁》，《上海体育学院学报》2012 年第 5 期。

袁盛勇：《"感悟"在中国文化中的存在论基础》，《中国文化研究》2005 年春之卷。

张华强：《论后现代主义下以人为本的体育观》，《上海体育学院学报》2005 年第 2 期。

张晒：《从文本中心主义到历史语境主义语境：概念与修辞》，《理论月刊》2013 年第 5 期。

后 记

新时代中华文明的复兴让一个文明型中国的崛起正在成为现实。"中国是世界上唯一的文明型国家,她是延续五千年而没有中断的伟大文明与一个超大型的现代化国家的重叠。"① 文明型国家的最大智慧是"求同",文明型国家的显著特征是"家国情怀"与"天下情怀","中国'文明型国家'的特征决定了中国不是一个寻求对抗的国家"②。历史经验已经证明,近代世界体系中一直占据支配地位的西方中心地位行将终结,取而代之的是东方文化和中华文明的兴盛。"今天,我们不得不面对这样一个现实:东方的崛起"③,经历过近代以来历史性蜕变的中华文化,正展现出勃勃生机和美好绚烂的发展前景,在世界文化的舞台中,中华文化无疑将占据最重要的一席,开放包容的中华文明将在新时代的历史起点上为建构人类命运共同体和灿烂的世界文明做出新的贡献。

一个民族或国家文化的进步,离不开文化传播的健康发展。站在东西文化交流融汇的时代起点,放眼望去,世界不同文化和多元文明千岩竞秀,相激相荡,永葆活力。具有包容情怀的中华民族,自信开放地向

---

① 张维为:《文明型国家》,上海人民出版社2017年版,第3页。
② 张维为:《中国震撼:一个文明型国家的崛起》,上海人民出版社2016年版,第59页。
③ [美]约翰·奈斯比特:《亚洲大趋势》,蔚文译,外文出版社1996年版,第246页。

世界各民族传播来自东方文明的时代强音，讲述古老的中华民族改革开放的巨变故事。大而弥德，久而弥新的中华文化正以前所未有的自信，前所未有的恢宏胸襟，在与世界各民族交往的进程中，传播良好的中国国家形象，展现中华文化在构建人类命运共同体的包容情怀和担当精神。

"明哲之士，必洞达世界之大势，权衡较量，去其偏颇，得其神明，施之国中，翕合无间。外之既不后于世界之思潮，内之仍弗失固有之血脉，取今复古，别立新宗。"这是先民留于后世关于中国文化发展的基本思想，这一文化发展的基本思想至今仍是指导中国文化未来发展前行的重要理念，这同样是新时代中国武术文化发展的根本遵循。今天，人类世界面临现代化社会的诸多问题和重重危机：道德体系的崩溃、自然生态系统的破坏、人变的漂浮不定没有根底。"人类文化在西方主义中面临'单边主义''霸权主义'的情态下，在人类精神生态出现价值空洞和生存意义丧失的危机中……我们必得思考人类未来究竟何去何从？"①

中国武术文化是中国和平型文化的典型形态，蕴含着中华民族对个体生命的尊重和对人类世界和平共处意义的理解。面对新时代的人类命运共同体的建构，我们应该思考的是中国文化走出去和中国武术走出去，中国基于一种怎样的考量？中国武术拥有怎样的未来？又该展现怎样的担当精神？文化是民族的灵魂，中国武术作为中国传统文化，承担着对中华民族培根铸魂的时代重任。中国武术国际传播是将中国武术广播四海，与世界人民共同分享中国武术文化之价值，从更深层次来讲，中国武术的国际传播，实际上是中华古老文明和中国传统文化价值的世界共享，是为了增加国际社会对中国现实的了解和尊重，培养国际社会对中国社会的美好情感和善意。

新时代中国的强大，将会践行中国对世界和平发展的责任与担当。我们可以信心满满地期待：新时代中华民族伟大复兴和文化复兴的梦想

---

① 王岳川：《新世纪中国身份与文化输出》，《广东社会科学》2004年第3期。

后 记

一定可以实现。中国武术文化的世界传播，让世界人民更加理解和尊重中华民族崇尚和平的文化传统，也向世界释放一个明确的信号：新时代中国的强大，将更加有利于世界的和平、发展与合作。中华民族武术精神的世界弘扬，是中国传统文化精神与世界共享的根本理想。中国期待一个灿烂的未来，世界期待一个负责任的中国，中国武术文化的国际传播，本质上是与世界人民一起分享中国传统文化的价值与精神，实现"建大中以承天心"安顿世界民族灵魂的人类理想。

新时代的今天，中外文化交流已经"无孔不入"地渗透到了每个领域，由于现代交通工具的发达和现代网络以及通信技术的应用，世界各国之间的文化交流愈发频繁，各民族之间互相沟通了解，相互融合，使得全球人类命运共同体有了更多的共同语言和共同的价值基础。文化的发展，是在各异质文化的相互交流中前进的。"进入 21 世纪的中国，无论是经济还是文化都已经与世界逐渐融为一体，世界渴望了解中国，中国更需要把自己优秀的文化介绍给世界。"① 中国武术文化的国际传播，是中华民族站在服务整个人类世界的高度，将中华武术文明与世界人民分享。

新时代的中国已经迈出了自信自强的强健步伐，中国文化开放包容的情怀将对人类命运共同体的建构做出更多更大的贡献。将中国武术文化置放在文化全球化的视野，在现代社会最有建设性的跨文化交流和实践中，抓住这样难得的时代机遇，重塑中国武术国际传播中的主体性正面形象，实现中国武术国际传播历史性的飞跃。在构建人类命运共同体和平美好世界的时代征程中，中国武术一定会奉献给国际社会和域外民众最为完美的文化盛宴。

2021 年 6 月于济南

---

① 季羡林主编：《神州文化图典集成（序）》，中央编译出版社 2008 年版，第 3 页。